مشكلات الأطفال السلوكية

في البيت والمدرسة

بسم الله الرحمن الرحيم

الإهداء
إلى
المربية الأولى
أمي
رحمها الله وطيب ثراها

مشكلات الأطفال السلوكية
في البيت والمدرسة

د. حكمت الحلو

بطاقة فهرسة

فهرسة أثناء النشر إعداد الهيئة العامة لدار الكتب والوثائق القومية

إدارة الشئون الفنية

الحلو، حكمت

مشكلات الأطفال السلوكية في البيت والمدرسة/د. حكمت الحلو. ط1 – القاهرة: دار النشر للجامعات، 2009.

200ص، 24سم.

تدمك 2 314 316 977 978

1- الأطفال – علم النفس

2- السلوك (علم النفس)

أ- العنوان   155.4

تاريخ الإصدار: 1430هـ - 2009م

حقوق الطبع: محفوظة للناشر

رقم الإيداع: 2009/11338

الكود: 2/242

دار النشر للجامعات

ص.ب (130 محمد فريد) القاهرة 11518
ت: 26347976 – 26321753 ف: 26440094
E-mail: darannshr@link.net

مقدمة

مقدمة

تعد مرحلة الطفولة من المراحل المهمة في حياة الإنسان، وإن لم تكن أهمها جميعًا؛ لكونها مرحلة تكوين وإعداد، تُغرس فيها البذور الأولى لمقومات وملامح شخصية الفرد المستقبلية، وتتشكل فيها عاداته واتجاهاته، وتنمو ميوله واستعداداته، وتتحدد مسارات نموّه الجسمي والنفسي والعقلي والوجداني متبعًا لما توفره البيئة المحيطة من عناصر تربوية وصحية، ولما تمنحه الوراثة من قدرات واستعدادات، ومن هنا فقد أصبحت تربية الأطفال التربية المنشودة والاهتمام بها هدفًا تسعى إلى تحقيقه كل النظريات التربوية والسيكولوجية والاجتماعية، وأصبح بناء الفرد في الوقت الحاضر يُعدُّ مقياسًا مهمًّا على تحضر الأمم وتقدمها ، وأخذت الأمم المتقدمة تهتم بالطفولة كمرحلة أساسية ومهمة في حياة الإنسان، إذ إن المعالم الرئيسية لشخصيته تتحدد فيها، فضلاً عن أنه يكتسب قيمه واتجاهاته الأساسية، ويتعلم عاداته وأنماطه السلوكية فيها أيضًا، فالطفل يتأثر بعملية التفاعل بدرجة أكبر نسبيًّا من تأثر الراشد ، إذ إن للسن والخبرة الاجتماعية أثر كبير في هذه العملية ، لهذا فإن العاملين في ميدان التربية وعلم النفس والاجتماع يؤكدون على الأهمية الكبرى لعملية التفاعل هذه لأنها تعد الدعامة الأساسية، ويتشرب من خلالها الكثير من القيم والعادات والاتجاهات والخبرات، ونوع المعاملة التي يتعرض لها، فضلاً عن نوع الانفعالات والعواطف التي تسود الأسرة، لهذا فإن تأثيرها يكون كبيرًا على الطفل وعلى مستقبله فيما بعد، فالأفراد الذين نتعامل معهم في الحياة اليومية ذوي طبائع وسلوكيات مختلفة ومتباينة، ولعل السبب في ذلك يعود بالدرجة الأولى إلى الظروف الأسرية التي مرّوا بها؛ فأنت تجد الجبان والشجاع، الواثق والمهزوز، اللص والأمين، الفاشل والناجح، الأناني[1] والمضحي..إلخ، سلوكيات مختلفة ومتناقضة تطالعك كل يوم ، ولو عدت إلى دراسة تاريخ كل

(1) رياض الأطفال في الجمهورية العراقية، تطورها ومشكلاتها ، وأسسها التربوية والنفسية ، نجم الدين علي مروان (1973) ، مطبعة الزهراء، بغداد ، ص54 .

واحد منهم؛ يظهر لك أن الأسرة هي التي شكَّلت هذه الأنماط السلوكية المختلفة، وهي التي أسهمت إلى حدٍّ كبير في بلورة شخصية كل فرد من هؤلاء.

إن المشكلة الأساسية التي تواجه التربية الأسرية في مجتمعنا العربي – لا بل في أغلب بلدان العالم – هي عدم وجود (ثوابت تربوية) – إن صح التعبير- داخل الأسرة يتربّى على أساسها كـل الأطفال على حد سواء – مع مراعاة مبدأ الفروق الفردية بالطبع – فالتربية التـي يتـزود بهـا الطفل من قبل أبيه هي غير التربية التي تريدها أمه، وهناك تناقض صريح وتأرجح واضـح في الأساليب التربوية التي يعامل بها كلٌّ من الأم والأب أطفالهما، وهناك تفاوت واضح أيضًا في أسلوب التعامل مع الأطفال تبعًا لترتيبهم العمري والولادي، فما زال الطفل البكر يحظى بموقع متميز داخل الأسرة بين إخوانه الذين يلونه في الترتيب، وما زال الذكر يتمتع بحظوة كبيرة بـين أخواته البنات، وما زال الطفل الأخير في الأسرة، (آخر العنقود) هـو الطفـل المدلل الـذي تعده الأسرة (دمية) تتسلى بها – الأبوين والأخوة على حد سواء-وما زال الطفل الوحيد في الأسرة هو المحظي على طول الخط؛ فليس لمطالبه حدود، وليس هناك من مبرر لأُمه أو لأبيه في أن يردُّوا أي طلب له، والذكر الذي يأتي بعد عدد من البنات، أو البنت التي تأتي بعد عدد من البنين، فإن لكل منهما أيضًا موقع لا يباريهما فيه أيُّ طفل في الأسرة..هكذا هي التربية التي تسود مجتمعنا العربي، ولو أضفنا إلى هذه الأساليب التربوية المستوى المعيشي للأسرة، فإن الحالـة تبـدو أقسىـ وأمر؛ فالأسرة ذات الدخل المادي المحدود سيكون النمط التربوي داخلها هو غير النمط التربوي الذي تجده داخل الأسرة التي تعيش ظروفا مادية سهلة وميسورة، أضف إلى ذلك مستوى تعليم الأبوين، والبيئة الاجتماعية التي تعيش فيها الأسرة، وعوامل أخرى كثيرة، تؤثر كل واحدة منها – بقدر معين – في تنشئة الطفل وفي تحديد ملامح شخصيته المستقبلية.

وعلى الرغم من أهمية الأسرة كمؤسسة تربوية في البناء التربوي للطفل – أيًّا كانـت هـذه التربية – فإنها بلا شك لا يمكن أن تقدم للطفل كل ما يحتاجه من رعاية وتربية، فلقد أوجبت التربية الحديثة أن تقف إلى جانب الأسرة مؤسسة تربوية

أخرى تسهم في إعداد الطفل وتهذيبه وتربيته، وتقويم سلوكه غير المرغوب اجتماعيًا، تلك هي المدرسة التي تعد بالنسبة للطفل الذي يدخلها لأول مرة حدثًا مهمًّا في حياته؛ إذ يتعرض إلى جملة من العوامل والمتغيرات الجديدة التي تؤثر في نموّه الجسمي والعقلي والاجتماعي والانفعالي، مما يجعله ينمو في هذه المرحلة من عمره تبعًا لتلك المؤثرات التي واجهته، فضلا عن غرسها للمبادئ والقيم والعادات والتقاليد الفاضلة في نفسه، وتحقيقها النمو المتكامل الذي يحقق له التكيف السليم، ويضمن له السلامة الجسمية والنفسية.

ولو عدنا إلى أدبيات التربية وعلم النفس؛ لوجدنا أن هناك كمًّا كبيرًا من الحقائق التي أكدت على: " أن الطفل يولد وهو لا يعرف القيم التي سيخضع لها، ولهذا تسمى مرحلة الطفولة أحيانًا بمرحلة النظام، فعلى الطفل أن يتعلم كيف يسلك المسلك المناسب في الوقت والمكان والموقف المناسب، وأن يفهم الأسس التي تقوم عليها هذه العملية؛ حتى لا يكون خضوعه لها خضوعًا آليًّا، بل خضوعاً محببًا إلى نفسه، يبذله عن طواعية ورضى، فكل طفل بحاجة إلى نظام ؛ لأن النظام يحقق للطفل الشعور بالطمأنينة، ويحقق له حدود والخير والشر، وحدود والحرية والفوضى"[1].

والمدرسة هي من أولى المؤسسات النظامية التي ينتمي إليها الطفل، والتي تفرض عليه مطالب كثيرة، يأتي في مقدمتها اتباع النظام المدرسي، والتقيد بقواعد الضبط والالتزام، وكيفية التعامل مع المعلمين ومع الأقران الآخرين، وهذه بالنسبة للطفل محددات غير مرغوبة لنشاطه واندفاعه الذي اعتاد عليه في المنزل، ومن هنا تبدأ مشكلة الطفل مع المدرسة التي قد تكون ذاتيّة؛ مردّها الإحساس بأنه مقيد بنظام لا يعرف أهدافه، أو أنها تكون بسبب المثيرات الاجتماعية التي يخلقها المعلمون وأساليب تعاملهم مع الأطفال داخل الصف أو خارجه، أو بسبب المعايير التي يضيفونها لتقييم التلاميذ، وهناك العديد من الدراسات التي تناولت

---

(1) " الأسس النفسية للنمو"، فؤاد البهي السيد (1975) ، القاهرة ، دار الفكر العربي، ص222.

المشكلات السلوكية داخل المدرسة ، ولكننا ما زلنا نفتقر إلى الدراسات الميدانية التي تناولت مشكلات الأطفال داخل أُسرهم.

وعلى العموم فإن هذا الكتاب هو جهد علمي متواضع يضاف إلى جهود باحثين آخرين أدلوا بدلوهم في هذا المجال، يأمل منه المؤلف أن يسد ثغرة، ويكون إضافة مهمة تغني المكتبة العربية، ويكون عونًا لكل أب ومربٍّ ومعلم وهم ينهضون بمهمة تربية أبنائهم من النشء الجديد، وقد سعى المؤلف أن يكون هذا الكتاب مركّزًا في طرحه، منظمًا في تقديمه، وقد توزع على أربعة فصول رئيسية، تصدَّر كل فصل منها عرضٌ لواحدة من مراحل النمو في الطفولة وفقًا لترتيبها:

1- مرحلة الرضاعة (مرحلة المهد) 1 – 2 سنة. Infancy stage

2- مرحلة الطفولة المبكرة (مرحلة الحضانة ورياض الأطفال) 3-5سنة.

Early childhood

3- مرحلة الطفولة الوسطى 6 – 8 سنة. Mid – childhood

4- مرحلة الطفولة المتأخرة 9 – 12 سنة. Late childhood

ثم عُرضت فيما بعد مشكلات كل مرحلة من هذه المراحل، إذ طرحت كل مشكلة وشخِّصت أسبابها، وقدمت الأساليب العلاجية المناسبة لها، وقد تم التوسع في طرح بعض المشكلات زيادة عمّا تقدم تبعًا لأهمية المشكلة، عندما وجدنا أن الحاجة تقتضي هذا التوسع.

وفي الختام فإننا نلتمس من القارئ الحصيف العذر إذا ما وجد في هذا الجهد ثغرة، أو هفوة، فالكمال لله وحده، وعذرنا أن هذا الجهد هو محاولة وإضافة علمية لا يمكن أن تكتمل صورتها إلا من خلال إضافات القارئ الكريم، والحمد لله الذي به تتم الصالحات.

الدكتور

حكمت الحلو

الفصل الأول

مرحلة الرضاعة Infancy stage

أو مرحلة المهد Cradle stage

تبدأ هذه المرحلة منذ الصرخة الأولى التي يطلقها الطفل معلنًا عـن قدومـه إلى الحيـاة ومغادرته رحم أمه، وتستمر حتى نهاية السنة الثانية من عمره، فعنـدما يـدخل الطفل العالم الخارجي يتحول من جنين متطفل عـلى أمـه إلى رضيع يناضل مـن أجـل أن يبقـى وأن يقوم بوظائفه الفسيولوجية الحيوية؛ كالتنفس والمص والبلع والهضم والتمثيل والإخراج والنوم، لهذا فهو يبذل جهدًا كبيرًا في تكيُّفه هذا ، وقد يخفق في بعض الحـالات؛ فيبكي أو يعطـس ويختلج فكّه، أو عندما يعاني صعوبة في التقاط الثدي أو في مص الحليـب ودفعـه إلى الجهـاز الهضمي، وقد يتقيأ ويرفض الحليب، أو يصاب بالحمى أو اليرقان أو بعض العوارض الحياتية الأخرى التي لم يكن قد ألفها وهو في بطن أُمه.

ولكي لا يتداخل الكلام بين **جوانب النمو المختلفة**، فقد آثرنا أن نتناول كل جانب من هذه الجوانب على انفراد لنستعرض التطورات النمائية التي يمر بها الوليد الجديد في هذه المرحلة:

1- النمو الجسمي: Physiological growth

لو تابعنا المظهر العام لجسم الوليد لوجدناه يعطي تصورًا أوليًا أن هـذا المخلـوق هـو إنسان ، لكنه إنسان مخيف حقًّا، فجلده أحمر غامق اللون مجعدًا تكسوه طبقة شمعية وطبقة أخرى من الشعر الكثيف، أما رأسه فهو الآخر مغطى بالشعر لكنه كبير نسبيًّا، حيث يشكل ربع طول الجسم تقريبًا، أما وزنه الكلي فيبلغ (3- 3.5) كغم تقريبا في المتوسط، يصبح ثلاثة أضعافه في نهاية السنة الأولى ، أي: بحدود (9-10) كغم تقريبا- أما طوله فيبلغ (20) إنشا عند الولادة، يزداد ليصل

(28-29) إنشا بعد مرور عام من عمره تقريباً.

أما الجهاز العظمي لهذا الوليد فيتكون من نسيج غضروفي لدن رغم أن عملية التكلس فيه قد بدأت قبل الولادة، وتستمر عملية التكلس هذه للمواد العظمية في بعض العظام وتتأخر في أخرى لوقت أطول، وهذا هو السبب الذي يجعل الكسور fractures لدى الأطفال قليلة الحدوث بسبب ليونتها؛ إذ إنها تنثني عند الشدّة وتعود لوضعها، إلّا إذا كان الضغط شديدًا عليها فإنها تنكسر، وأولى العظام التي تتكلس وتتعظم هي بعض عظام اليدين والرسغين ثم الأطراف السفلى، أما الجمجمة Skull فإن منطقة اليافوخ Fontanelle الواقعة في أعلاها تتصلب تدريجيًا وتأخذ وضعها النهائي من حيث التكلس في حدود السنتين من عمر الطفل، وعلى العموم فإن العوامل الوراثية تلعب دورًا مهمًا في هذا الجانب، غير أن الدراسات وجدت أن تصلب العظام هو في صالح الإناث بدءًا من الولادة وفي المراحل اللاحقة، كما أن الأطفال ذوي الأجسام الواسعة والعريضة يميلون إلى السرعة في تكلس العظام أكثر من ذوي الأجسام النحيفة.

أما الأسنان فليس لها علاقة بجوانب النمو الجسيمة الأخرى كالطول والوزن، لكنها وثيقة الصلة بالعوامل الوراثية، و في العادة فإن السن الأول يظهر في مقدمة الفك الأسفل بحدود الشهر السابع من عمر الطفل مع وجود الفروق الفردية Individual differences بالطبع في هذا الجانب، وتتفوق الإناث على الذكور في ذلك، وسيتم الحديث عن موضوع التسنين بشيء من التفصيل فيما بعد.

أما في الجانب الحسّي، فإن الطفل يولد وهو مزود باستعدادات موروثة وقدرات فطرية عديدة، فإن جهازه التنفسي يبدأ بالعمل ويتنفس للوهلة الأولى بعد انفصاله عن أُمه، ويتناول ثدي أمه، ويتثاءب ويعطس، ويحس بالألم ، ويسمع ويرى، ولكن وفق قواعد السلوك الانعكاسي، ووفقًا لعمل الجهاز العصبي الذي يكون بعد الولادة غير مكتمل وظيفيًا ولم تتخصص أجزاؤه بعد.

ففي مجال الإبصار نجد أن الطفل المولود حديثًا لا يستطيع التركيز على الأشياء المرئية؛ فهو يراها على شكل أشباح مهتزة غير واضحة المعالم، لاسيما إذا كانت متحركة؛ لأن التآزر العضلي للعينين يكون غير مكتمل تمامًا، كما أن أعصاب الإبصار التي تنقل الصورة من العين إلى الدماغ لتفسيرها تكون هي الأخرى غير ناضجة بشكل كاف.

أما السمع فيكون عند الولادة ثانيًا إلى حدٍّ ما، لكن الطفل عندما يوجه إليه مثير صوتي فإنه لا يحدث الاستجابة إلَّا إذا كان هذا المثير الصوتي قويًّا، وذلك بسبب وجود السائل الذي يتسرب إلى الأذن الوسطى، والذي ينصرف تلقائيًّا وبمرور الوقت من أذن المولود.

وتظهر الإحساسات اللمسية لدى الوليد في وقت مبكر بعد الولادة؛ فهو يدير رأسه عندما يحس بإصبع تلامس وجهه، كما أنه يستجيب لدرجات الحرارة العالية والمنخفضة بالبكاء.

أما بالنسبة لحاسة الذوق Taste sense فإن الأطفال يقبلون على السوائل المحلاة، ثم يتعودون فيما بعد - عندما يتناولون الأطعمة - على الأطعمة المالحة ومن ثم على الحوامض، وفي فترة لاحقة يميزون بين الأطعمة المرّة ويبدون تقززًا منها.

أما الروائح فإن الطفل يبدأ بالتعرف على أول نوع من هذه الروائح وهي رائحة الأم التي يلتصق بها عند الرضاعة، ويشعر بالدفء والأمان إلى جانبها، ثم يتعلم فيما بعد أصناف الروائح عن طريق تقليد الكبار.

وبصورة عامة فإن الطفل بعد الولادة يحتاج إلى عدد من الحاجات الفسيولوجية physiological Needs الضرورية لكي يستمر في الحياة مثل: الحاجة إلى الأوكسجين؛ إذ يولد بعض الأطفال وهم يعانون من جهد كبير في عملية التنفس، إلا أن ذلك لا يعني أن جهازه التنفسي غير مستعد لاستقبال الأوكسجين، إن المشكلة هنا تكمن في وجود بعض السوائل المخاطية في الأنف والمجاري

التنفسية التي تمنع عملية التنفس، وبمجرد سحب هذه السوائل بجهاز خاص Sucker تصبح هذه المجاري سالكة.. ويأخذ الطفل الهواء بشكل منتظم، فيستخلص منه الأوكسجين ويطرح ثاني أوكسيد الكربون بعملية الزفير.

ومن الحاجات الأساسية أيضًا : الحاجة إلى النوم، والحاجة إلى الإفراغ، والحاجة إلى الغذاء. وسوف نقدم شرحًا وافيًا عن كل واحدة منها عند الحديث عن مشكلات النوم، والتدريب على طرح الفضلات، وعن مشكلات التغذية فيما بعد.

2- النمو الحركي: **Motor Growth**

يسير النمو الحركي بشكل متسلسل ومتتابع ومنتظم، فالطفل لا يمكنه أن يمشي مستقلًا Walking alone قبل أن يزحف Crawling ، ولا يمكنه أن يقف أو ينتقل من مكان لآخر إلا بمساعدة الآخرين Walking wigth help ، أو بالاستناد إلى الأشياء ، فهذه المهارات الحركية Motor skillsتنمو بالترتيب، وهي بحاجة إلى نمو العضلات والجهاز العصبي والعظمي، فضلا عن تقدمه في النمو العقلي والإدراكي، لكن الذي يمكن ملاحظته أن أولى المهارات الحركية التي يقوم بها الطفل هي حركة العينين إلى الجهتين في متابعة شيء ما، والتي تتم في عمر شهر تقريبًا، والتي تصبح متناسقة تمامًا في حدود الشهر الرابع، كما أن الطفل في الشهر الأول أيضاً يقوم برفع رأسه إلى الأعلى قليلاً عندما يكون في وضع الانبطاح Prone position على بطنه، ويتمكن من الجلوس sitting up في عمر أربعة أشهر تقريبًا، ويستدير بجسمه عندما يكون ممددًا على ظهره إلى الجانب بحدود 4 – 6 شهور، أما حركة اليد ومدها للقبض Grasping على الأشياء فتتم في عمر4 – 5 أشهر، أما في الشهر الثامن فيتمكن من مدّ يده لالتقاط الأشياء من الأرض باستخدام أصابعه.

أما الساقان والقدمان فإنه يستخدمهما في بادئ الأمر في الزحف Crawling ، إذ يبدأ بدفع جسمه زاحفًا إلى الأمام، وذلك بسحب جسمه بواسطة ذراعيه في عمر سبعة أشهر.

والطفل يسحب جسمه في محاولة منه للجلوس في الشهر الرابع، ويمكن أن يجلس بالاستناد إلى الآخرين أو الوسائد أو أشياء أخرى في الشهر الخامس، ويتمكن أن يجلس وحده دونما مساعدة في الشهر التاسع، ويحبو على اليدين والركبتين في الشهر التاسع أيضًا، وعلى الأربع في الشهر العاشر.

ويتمكن من الوقوف بمساعدة في الشهر الثامن، وبدون مساعدة في الشهر الحادي عشرـ، ويمكن أن يمشي بمساعدة في هذه السن لكنه عندما يبلغ السنة من عمره فإنه يمشيـ وحده دونما مساعدة.

إن القياسات والأرقام التي قدمناها آنفًا هي ليست أرقامًا ثابتة تمامًا، فهي قابلة للزيادة والنقصان تبعًا للفروق الفردية Individual differences الموجودة بين الأطفال الناتجة عن العوامل الوراثية والبيئية، وهذه القياسات والأرقام إنما هي معدلات متوسطة يمكن أن تنطبق على الأطفال الاعتياديين وذوي النمو الطبيعي الخالي من أية مشكلات صحية أو وراثية أو بيئة.

بقي شيء يمكن أن يقال في هذا الصدد، وهو أن الطفل يمكن أن يتسلق الدرج زاحفًا أو حابيًا قبل أن يمشي، ويتمكن من النزول عائدًا للخلف وهو في عمر سنتين، وهذا بالطبع يستدعي من الكبار ملاحظته ومساعدته خوفًا من تدحرجه وسقوطه وتعرضه للأذى.

3- النمو اللغوي Linguistics Growth:

اللغة هي وسيلة اتصال يعبر من خلالها الإنسان عن أفكاره ومشاعره وينقلها إلى الآخرين، وهذه الوسيلة تشتمل على كل أنواع التعبير الاتصالي من أصوات وكلمات منطوقة أو مقروءة أو مسموعة، ومن لوحة مرسومة، أو قطعة موسيقية، أو إشارات وإيماءات، أو حركات يراد بها إيصال فكرة إلى الآخرين، ولما كانت اللغة بهذه السعة وهذا الشمول؛ فقد ذهب بعض العاملين في ميدان الطفولة إلى اعتبار صرخة الميلاد Birth Crying هي الإشارة اللغوية الأولى التي يطلقها الوليد معلنا فيها لمن حوله عن مجيئه إلى هذا العالم.

وتبقى لغة الطفل فى الأشهر الأولى من عمره عبارة عن أنواع مختلفة من الصراخ، حيث يأخذ نمطًا أو وتيرة واحدة، ثم ما يلبث أن يتمايز هذا الصراخ بحيث يمكن التعرف من خلال شدّته ونغمته على نوع الحالة الانفعالية أو الجسمية التي يعاني منها، وفي حدود الشهر الثاني يدخل الطفل في مرحلة جديدة ضمن سياق تطوره اللغوي؛ تلك هي المناغاة Babbling أو إطلاق الأصوات الوجدانية التي يبدؤها بحروف العلّة التي يطلقها بشكل متصل، كأن يطلب حرف الألف هكذا: آ آ آ ، أو حرف الواو على شكل و و و و... ثم ما يلبث أن يطلق بعض الحروف الشفوية كالباء والميم، ويقوم بتركيب مقاطع منها مع حروف العلة التي سبق له أن نطقها في فترة سابقة، فهو يؤلف مثلاً من الباء والألف مقطع (با) ويروح يكرره بشكل مستمر، أو الميم مع الألف ليتألف المقطع(ما)، وهكذا تنخدع بعض الأمهات عندما تجد أن طفلها راح يكرر المقطع (ما) وتتصور بأنه يقول (ماما) فتفرح لذلك، لكنه في الواقع لا يعني ذلك أبدًا.

وتلي هذه المرحلة مرحلة أخرى، تلك هي مرحلة تقليد الكبار، وذلك بين الشهرين السادس والسابع، حيث ينظر الطفل إلى الكبار وهم يتكلمون ويتأملهم مليًّا، ثم يحاول أن يكرر ما يقولونه من كلمات ، لكنه يخفق في ذلك، وتستمر محاولاته هذه حتى يبدأ بنطق الكلمة الأولى المفهومة في حدود الشهرين العاشر والثاني عشر، والتي تكون في الغالب كلمة ماما أو بابا، هاتين الكلمتين السحريتين اللتين يبدأ أغلب أطفال العالم بنطقهما قبل أية كلمة، برغم اختلاف بيئاتهم ولغتهم.

وعمومًا فإن التطور اللغوي للطفل يبدأ بشكل سريع بعد نطقه الكلمة الأولى، تلك التي يلقى عليها الإثابة والتشجيع، ثم يبدأ بعدها بنطق الكلمات الأخرى بطريقة المحاولة والخطأ Trail and Error ، وعن طريق تقليد الكبار، ثم يحاول فيما بعد نطق بعض الجمل القصيرة، يصحبها بحركات وإيماءات متأملاً الآخرين ليرى وقعها وصداها لديهم؛ فإذا ما وجدت تشجيعًا أو استحسانًا كررها أكثر من مرة، ثم ينتقل إلى جملة أخرى وهكذا، كما أنه يتمكن في نهاية السنة الثانية من استعمال الضمائر التي يشير بها إلى نفسه أو إلى الآخرين.

4- النمو الانفعالي: Emotional Growth

تظهر الاستجابة الانفعالية لدى الأطفال منذ وقت مبكر بعد ميلادهم وهم يتشابهون في المراحل التي يمرون بها في النمو الانفعالي، غير أن طرق التعبير عنها تختلف باختلاف بيئاتهم وبسبب الفروق الفردية الموجودة بينهم، كما أن نمو هذه الانفعالات يعود في الغالب إلى عاملين متداخلين يصعب الفصل بينهما؛ هما النضج والتعلم، فالنمو الذي يحصل في الغدد الصماء Endocrine glauds يساعدها على أن تتمايز وظيفيًّا، وهذا التميز بدوره يعد ضروريًّا للنمو الانفعالي؛ لاسيما في الغدد الأدرينالية والكظرية والدرقية.

أما التعلم فيسهم كثيرًا في نمو انفعالات الأطفال وتطورها، فالطفل عندما يريد أن يعبر عن انفعالاته فإنه إما أن يستخدم أسلوب المحاولة والخطأ في محاولة منه لمعرفة أي الأساليب الانفعالية أجدى استخداماً في المواقف المختلفة، فعندما يعرف أن الانفجارات الغضبية توصله إلى أهدافه فإنه يستخدمها ويستمر عليها، وعندما يرى أن هذا الأسلوب يرفضه والده ولا يمكن أن يشبع حاجاته من خلاله فإنه يتركه إلى أسلوب آخر وهكذا.

وقد يستخدم التقليد كوسيلة يعبر من خلالها عن انفعالاته فهو يلاحظ الكبار في المواقف المختلفة التي تثير الانفعال، وكيف يسلكون، ثم يقوم بتقليدهم، فالأم التي تظهر خوفها لرؤية صرصار في الحمام سوف يقلدها الطفل الموجود معها في نفس المكان، ويستجيب بنفس الأسلوب الذي استجابت به أمه، وهكذا، وهناك أسلوب تعليمي ثالث يسهم في بلورة انفعالات الأطفال وتنميتها؛ ذلك هو التعلم الشرطي، وهذا الأسلوب شائع جدًّا، لاسيما في المراحل المبكرة من عمر الطفل؛ لأن الطفل تنقصه القدرة على الاستدلال والخبرة لتقييم الموقف بصورة موضوعية، فهو يعمم الموقف الواحد مع المواقف المشابهة، فالطفل الذي تقوم علاقاته مع والديه على الحب سوف ينمو لديه حب الآخرين أيضًا أكثر من طفل آخر لا يعيش مثل هذه الأجواء مع والديه.

بقي أن نقول: إن أبرز انفعالات الأطفال خلال سنتي المهد هي التهيج العام؛ ويقصد به ردود الانفعال الحشوية للمثيرات القوية والحركات الجسيمة الظاهرية، والبكاء المتصل؛ وهذه الانفعالات يمكن ملاحظتها بصورة واضحة في الشهرين الأولين بعد الولادة، أما في عمر ثلاث أشهر فإن هناك انفعالين متناقضين يمكن ملاحظتهما لدى الطفل؛ هما الضيق أو الابتهاج المعبر عنه بالابتسام وإبداء الارتياح.

أما في الشهر الخامس فتظهر انفعالات جديدة؛ تلك هي الغضب والكراهية، وفي الشهر السادس يظهر الطفل انفعال الخوف، وفي حوالي السنة يتمايز انفعال الحب، و هكذا تتمايز في السنة الثانية انفعالات أخرى جديدة؛ كالنفور والغيرة والحذر وحب الصغار الآخرين.

5- النمو العقلي: **Mental Growth**

يولد الطفل وهو لا يمتلك من الفهم لما يحيط به شيء، فضلاً عن عدم قدرته على حل المشكلات المحيطة به، أو ابتكاره لوسائل جديدة عن طريق العمليات العقلية كما هو الحال لدى الكبار، لكنه يكتسب كل ذلك من خلال النضج والتعلم، واكتشافاته الحسية التي تأتي عن طريق الخبرة المتكررة، وخاصة تلك التي يلفظها أو يتعامل بها الآخرون بطريقة معينة، عندها تتكون المفاهيم التي تلعب الحواس في تكوينها دورًا كبيراً، فكلما كانت حواسه ناضجة بشكل كاف، كلما كان ذلك أدعى لإدراك المفاهيم إدراكًا حقيقيًا صحيحًا والعكس بالعكس.

ويرى بياجيه Piaget - وهو من بين أفضل علماء النفس الذين درسوا النمو العقلي للطفل- أن هناك مرحلتين أساسيتين في تطور النمو العقلي؛ هما: المرحلة الحسية الحركية Sensori motor stage التي تبدأ من الولادة وحتى نهاية السنة الثانية، ومرحلة الذكاء التصوري Conceptual intelligence stage الذي يمتد من نهاية السنة الثانية إلى النضج، وسوف نركز الحديث على المرحلة الأولى باعتبارها تشتمل على السنتين الأولتين واللتين نحن بصددهما.

ففي المرحلة الحسية الحركية يكون الطفل مشغولاً بالإحساسات التي ينقلها إليه الجهاز العصبي وقوى الحركة في جسمه، ويتعلم وفقًا لذلك كيفية الاعتماد على نفسه في القيام بأفعال معنية؛ إذ يقوم بتنظيم فعالياته الحركية وأنشطته الحسية، ويرى بياجيه أن هذه المرحلة تنقسم إلى ستة مراحل نمائية فرعية هي:

1- مرحلة الأفعال المنعكسة: وتمتد من اليوم الأول للميلاد إلى نهاية الشهر الأول، وتمتاز هذه المرحلة بالأفعال الانعكاسية الفطرية التي يأتي المولود وهو مزودٌ بها كامتصاص الثدي استجابة للتنبيه الصادر عن الحلمة Teat ، ويعد بياجيه هذه الاستجابات مهمة جدًّا في حياة المولد الجديد؛ لأنها القاعدة التي سينطلق منها السلوك التكيفي للطفل فيما بعد.

2- مرحلة ردود الفعل الدود الفعل الدورية الأولية: وتمتد بين الشهرين الثاني والرابع، وتتميز بتكرير المولود للأفعال البسيطة كالمص المتكرر، وفتح قبضة اليد وغلقها، وهي فعاليات لا تنطوي على نيّه أو قصد من فعلها.

3- مرحلة ردود الفعل الدورية الثانوية: وتنحصر بين الشهرين الرابع والسادس، يقوم الطفل خلالها بتكرار الاستجابات التي يشعر معها بالمتعة مثل: تحريك ساقيه فوق الفراش بقوة (الرفس) Kicking ليتمتع بإحداث أصوات في لعبة مدلّاة فوق رأسه، وبهذا فإن بياجيه يرى أن النيّة والقصد في هذه المرحلة هي الأساس في استجابات الطفل؛ لأن عملية تحريك ساقيه بالنسبة له اكتشاف جديد، يوفر له متعة تحريك اللعبة وسماع صوتها، فهو إذًا قد قام بتغيير بيئته عن قصد من أجل الوصول إلى هدف.

4- مرحلة توافق ردود الفعل الثانوية: وتمتد بين الشهرين السابع والعاشر، يقوم الطفل خلالها بحل بعض المشكلات البسيطة باستخدامه لبعض الاستجابات التي سبق له وأن تمكن بها من الحصول على هدف معين، فهو يرى أن تحريكه لساقيه على الفراش في المرحلة السابقة - والذي حقق له هدف تحريك اللعبة، وجعلها تصدر أصواتًا يتسلى بها- قد يساعده الآن في العثور على لعبة مخبّأة تحت الوسادة،

هو يستخدم نفس الاستجابة - ضرب الوسادة برجليه - علّه يصل إلى هدفه بالعثور على اللعبة.

5- مرحلة ردود الفعل الدورية الثالثة: وهذه المرحلة تمتد من الشهر الحادي عشر وحتى الشهر الثامن عشر، في هذه المرحلة يستخدم الطفل طريق التجريب أو المحاولة والخطأ ليتكيف مع المواقف الجديدة دون اللجوء إلى استخدام خبراته السابقة، بل بالبحث عن وسائل جديدة أخرى، بمعنى آخر: أنه يتعلم أن هناك عالمًا خارجيًا مليئًا بالأشياء المنفصلة عنه والمحيطة به، وأنه بإمكانه أن يحدث تغييرًا في هذا العالم، وهذه إشارة على ولادة التفكير عند الطفل.

6- مرحلة اكتشاف الوسائل الجديدة عن طريق التصور الذهني، وتمتد بين سنة ونصف إلى سنتين، وفيها يبدو الطفل وكأنه يفكر في آثار استجاباته، ويوم بتقدير فاعلية هذه الاستجابات قبل أن تصدر عنه، بمعنى آخر: أنه يبدأ بتكوين تصورات ذهنية مسبقة عما ستئول إليه الاستجابات التي سيبديها إزاء موقف معين.

وفضلاً عما قدمّه بياجيه عن المرحلة الأولى من مراحل تطور النمو العقلي لدى الطفل فإننا يمكن أن نضيف في هذا المجال أن الاهتمام بالنشاطات التي يؤديها كل طفل وقدرته على تنظيمها ترتبط ارتباطًا وثيقًا بالفرص المتاحة داخل بيئته، أي: إن الطفل الذي يعيش في بيئة مليئة بالاستثارة ومليئة بالكبار والصغار ممن يلعبون معه؛ سوف تدفعه بيئته ليبدي تقدمًا وارتقاءًا في نموّه العقلي والمعرفي أكثر من الأطفال الآخرين الذين يعيشون في بيئات أقل استثارة.

6- النمو الاجتماعي: **Sociological growth**

يقصد بالنمو الاجتماعي : اكتساب القدرة على السلوك وفقًا لمعايير المجتمع وتوقعاته، وهذه العملية تتطلب أن يعرف الطفل معايير المجتمع؛ لكي يكيف سلو كه وفقها، ويقوم بممارسة السلوك الاجتماعي الذي ترتضيه الجماعة وتوافق عليه، وبالتالي يتحول هذا الطفل من وجهة نظرها إلى كائن اجتماعي، وتعد الخبرات الاجتماعية الأولى في حياة الطفل مهمة جدًا لتقرير ما سيكون عليه الطفل فيما بعد،

ففي السنوات الأولى تتكون اتجاهاته الاجتماعية الأساسية نحو الناس والمجتمع، وهذه الفترة يطلق عليها بالفترة الحرجة Critical period؛ إذ إن فيها تنمو بعض أنواع السلوك الطبيعي، وإذا لم تتوفر الفرصة خلالها لنمو هذه الأنواع في الوقت المحدد لها؛ فقد يصعب تكوينها بشكل طبيعي فيما بعد، حتى لو توفرت الفرصة لذلك، والفترة الحرجة هذه تبدأ من منتصف السنة الأولى إلى نهاية السنة الثالثة، إذ تتكون فيها العلاقات الاجتماعية للطفل، وتحدث الخبرات الاجتماعية المبكرة مع أعضاء الأسرة والمجتمع، ولعل أولى العلاقات الدافئة والحميمة هي تلك التي تتكون بين الطفل وأُمِّه منذ الأيام الأولى لولادته، لاسيما خلال فترات الرضاعة، فالطفل في الوقت الذي يأخذ الحليب من أُمِّه بفمه فإنه يلتصق بكل جسمه مع أمِّه physical contact؛ فيشعر بالدفء والحنان، وفي نفس الوقت فإن الأم أيضا تحس بأمومتها وبأن هذا الحضين هو جزء منها ومن كيانها، وهذه هي الاستجابة الطبيعية المطلوبة كأساس للعلاقة بين الاثنين وعندما يرتوي الطفل من حليب أمِّه ودفئها، وتتقادم الأيام عليه، وينمو في مختلف الجوانب؛ فإنه يبدأ رحلته الاجتماعية الجديدة، لاسيما بعد أن يمتلك ناصية اللغة، ويقدر على المشي، ويتصل بالآخرين، وتنمو مدركاته الحسية والعقلية، فيشعر بحاجة لبناء علائق اجتماعية أوسع، وهذه العلائق تنطلق في بادئ الأمر من خلال نوع العلاقة التي كانت سائدة بينه وبين أمِّه، فإذا كانت هذه العلاقة - كما أسلفنا - مبنية على التقبل والدفء والحنان؛ فإن ذلك سيدفع الطفل لبناء علاقة إيجابية مع الآخرين، والعكس بالعكس.

ولو تابعنا أنماط السلوك الاجتماعي للطفل منذ الولادة لوجدنا أن هذا السلوك يظهر بشكل واضح ابتداء من الشهرين الأولين؛ إذ يستجيب لبعض المنبهات البسيطة في بيئته، أما في الشهر الثالث فيبدأ بالتمييز بين الناس والأشياء، ويستجيب بصورة مختلفة لهم، ولعل ذلك عائد إلى تكامل جهازي السمع والإبصار اللذين يستجيب من خلالهما لمنبهات بيئته، فهو قادر على إدارة رأسه عندما يسمع صوتًا، ويبتسم لمن يناغيه، ويعبر عن سروره بالرفس Kicking ودعك وجهه بيديه، ويبكي عندما يترك وحيدًا، ويصيخ السمع إذا ما نادته أمُّه من المطبخ أو من غرفة قريبة.

وفي الشهر الرابع يرتاح الطفل كثيرًا عندما يحمله الآخرون، ويركز انتباهـه عـلى الوجـوه، ويبتسم لمن يتحدث إليه، ويبدي سروره عند ملاطفتـه واللعـب معـه أو العنايـة بـه، وفي هـذه السن أيضًا يبدي اهتمامًا بالأطفال الآخرين؛ فيبتسم لهم، وينظر إلـيهم بـاهتمام عنـدما يـراهم يبكون، وقد يشرع بالبكاء معهم.

أما في الشهرين الخامس والسادس، فإن الطفل يستطيع التمييز بين الابتسام النـاتج عـن المودة والألفة وبين الزجر الناتج عن منعه مـن الإتيـان بعمـل مـا، أو عنـد إغضـابه، ويميـز بـين الأصوات الدافئة التي تنم عن الرضى والقبول والاستحسان وبين الأصوات الزاجرة، كمـا أنـه في هذه الفترة يحاول من جانبه أن يبدي تـودُّدًا وملاطفة لمن يحملونه أو يلاعبونه؛ فيقوم بتحسس أنوفهم، أو الإمساك بشعرهم، وفي الشهرين الثامن والتاسع يقلد الآخرين بنطق بعض الكلمـات الناقصة في معناها ومبناها، ويكرر ذلك عندما يجد تشجيعًا مـن الآخـرين لـه، وفي عمـر سـنة تقريبا ينتبه لأوامر المنع عندما يواجه بكلمة (لا) لفترة قصيرة، ثـم مـا يلبـث أن يعـاود نفـس السلوك، وفي هذا العمر أيضا يبدي تخوفه من الغرباء، ويبكي عندما يقتربون منـه، ويلـوذ بمـن هو قريب منه، وفي عمر سنة ونصف تقريبًا يبدي تعلقًا Attachment ومودة كبيرة بمـن يحـب؛ فيلتصق به، ويبكي عندما يتركه أو يغادره، وفي عمر سنتين يتعامل مع الآخرين بالابتسامة كلغـة يكتشف مردودها الإيجابي لدى الكبار، ثم يلعب مع الأطفال الآخرين بتلقائية وهدوء.

ويعد الابتسام من أبـرز معـالم السـلوك الاجتماعـي لـدى الطفـل في هـذه المرحلـة، هـذه الابتسامة التي تشيع البهجة والسرور لدى الكبار، وتدفع الطفل لمعاودتها كلـما وجـد علامـات القبول في وجوه الآخرين، فعقب الولادة بقليل يظهر المولود ابتسامة تلقائية أو انعكاسية دون أن يصحبها تجعدات في العضلات المحيطة بالفم، وبعد مرور أكثـر مـن شهر تظهـر الابتسامة الاجتماعية العامة أو غير المميزة؛ لأن الطفل لا يميز بـين الوجـوه التـي يبتسم لهـا، وهـي أكـثر اتساعًا مما كانت عليه في السابق؛ إذ يكون الطفل أكثر يقظة، وعنياه أشد بريقًا، أمـا في الشهر السادس تقريبا فتظهر لدى

الطفل الابتسامة الاجتماعية المميزة، وهذه تعني أنه قد أصبح قادرًا على تكوين تصورات ذهنية للأحداث ولمن حوله.

ومن معالم السلوك الاجتماعي الأخرى : التعلق أو التواد، فالطفل يميل للالتصاق والتشبث بواحد أو أكثر من الكبار المحيطين به، يطلب منهم حمله، ويبدأ هذا السلوك في الظهور بين الشهرين السادس والتاسع، ثم يزداد حدة في الأشهر القليلة التالية، وهناك بالطبع فروقًا فردية في شدة التعلق ترجع إلى الخصائص التكوينية للطفل، وإلى العوامل البيئية، أي: إلى الأفراد المحيطين بالطفل، وعلى العموم فإن الطفل يميل بشكل أوَّلي إلى أن يكون قريبا بدرجة ما من أفراد مجتمعه، وإن تعلقه هذا غير ناجم عن عملية تعلم؛ بل هو لحاجته إلى التلامس والاستثارة والانتباه ، وهذه الحاجات لا تقل أهمية عن حاجاته البيولوجية كالطعام والشراب والإفراغ، وتجدر الإشارة إلى أن سلوك التعلق تخف حدته عندما يبدأ الطفل بالانشغال في أنشطة أخرى، مثل استكشاف البيئة المحيطة به، والتفاعل الاجتماعي مع الآخرين في المراحل اللاحقة.

مشكلات مرحلة الرضاعة أو مرحلة المهد:

فيما يأتي عرض لأهم المشكلات النفسية والتربوية في هذه المرحلة وهي:

1- مشكلات التغذية.

2- مشكلة الفطام.

3- مشكلة التسنين.

4- التدريب على التواليت.

5- اضطرابات النوم.

* * *

1- مشكلات التغذية Nutrition problems

تأتي أهمية دراسة مشكلات التغذية في هذه المرحلة من سبب رئيسي مهم؛ هو أن مصدر اللذة للطفل ينحصر في الفم، وهذه اللذة تتمثل بالمص Sucking (عند الرضاعة) والابتلاع (عند تناول الطعام) والرفض (عندما يكون الطعام غير مرغوب فيه)، وهذه العمليات من وجهة نظر التحليل النفسي تعد الأساس في تحديد الكثير من سمات الشخصية فيما بعد، وبدون الخوض في تفاصيل هذه النظرية أو غيرها من النظريات فإن الذي لا يمكن نكرانه أن الطفل هو وحدة متكاملة، وأن جوانب نموّه المختلفة ترتبط مع بعضها ارتباطًا وثيقًا لا يمكن فصله أن وضع حدود واضحة بين جوانبه هذه، ولعل أشد هذه الجوانب ارتباطًا هما الجانبين الجسمي والانفعالي، فلقد بات واضحًا أن الكثير من الأمراض العضوية منشؤها الانفعالات التي تواجه الإنسان في حياته اليومية.

والطفل في هذه المرحلة يتعرض لانفعالات كثيرة ومؤثرة، وقد نراها نحن الكبار سهلة ولا تستوجب مثل هذا التضخم أو الاهتمام؛ لكنها في الواقع انفعالات ذات تأثير كبير في مجرى حياته الحالية وفي المستقبل، وتبدأ هذه الإرهاصات مع بداية حياته، ومع مرحلة الرضاعة تحديدًا فالطفل الذي يعتمد في رضاعته على ثدي أمِّه إنما يأخذ مع غذاءه دفئًا وحنانًا وأمنًا نفسيًا ورعاية هو أحوج إليها، أما الطفل الذي تضطره الظروف إلى تلقي التغذية الصناعية فهو طفل محروم من حنان أمه ودفئها وعاطفتها .

وحتى الأطفال الذين يرضعون من أمهاتهم رضاعة طبيعية، قد يتعرضون لمثل هذه المشكلات إذا لم تكتنف هذه العملية أواصر الألفة والضم والقبول، أو عندما تصبح عملية ميكانيكية تتحكم فيها الأُم كما تشاء، أو لا تهتم براحة الرضيع وهو يتناول الثدي، وتتأكد من شبعه وراحته في تناول غذاءه.

أما عندما يتمكن الطفل من تناول الطعام، فإن هناك مشكلات من نوع آخر

تبرز في عملية التغذية، لعل الوالدين هما المصدر الأساسي في ظهورها؛ إذ يستخدمون وسائل وأساليب قد تدفع الطفل إلى رفض الطعام Food refuesal وعدم تناوله، فمن هذه الأساليب:

1- أن بعض الأمهات يتصورن – خطأ – أن الطفل ما دام في مرحلة النمو فهو بحاجة إلى أكثر قدر من الطعام لكي ينمو بشكل سريع وطبيعي؛ وعليه فهي تحرص على أن تقدم لطفلها كميَّات من الطعام لا يقدر الطفل على تناولها، لكن إلحاحها وإغراءها- وفي بعض الأحيان التهديد له- يجعله ينظر إلى الطعام في إطار انفعالي غير سار، فتضطرب العلاقة بين الأم والطفل، فهو قلق؛ لأنه يرى علامات عدم الرضا عنه من قبل أُمه بسبب عدم تلبية رغبتها في تناول الطعام، وهو من جهة ثانية غير قادر على تناول هذا الطعام لمحدودية جهازه الهضمي، أو عدم رغبته في نوع الطعام المقدم له.

2- وهناك بعض الأمهات يبدين مخاوفهن أو تذمرهن من عدم إقبال الطفل على الطعام، أما الطفل نفسه – وفي هذه الحالة – فإنه يشعر بالسيطرة على أمه؛ فيستغلها ويبتزها عن طريق الامتناع عن الطعام إلا إذا لبت له رغباته ومطالبه.

3- تستخدم بعض الأمهات شتى الأساليب الملتوية والحيل لدفع طفلها إلى الطعام؛ فقد تغريه بامتياز معين، أو ترشيه، أو أنها تستخدم أسلوب الإلحاح والتهديد والتظاهر بالزعل، وقد يتملكها البكاء لتستميل طفلها نحو الطعام، فيتناوله إرضاءً لها وهو غير راغب فيه، فتفرح الأم لذلك، لكنها تفاجأ أن الطفل يتقيَّأ هذا الطعام ويطرده من معدته بعد قليل لأنه غير راغب فيه، أو لأن معدته مملوءة ولا تتقبله.

4- ترتبط عملية التغذية لدى بعض الأسر بأنماط وطقوس لا يرتاح لها الطفل؛ كالقلق والخوف، والتألم، والضيق ، والعناد، والثورة، وهذه الانفعالات من شأنها أن تقلل من شهية الطفل للطعام Appetite، ومن فاعلية عملية الهضم التي تحتاج إلى حالة نفسية هادئة خالية من الانفعالات لكي تتم عملية التمثيل الغذائي بشكل مفيد للطفل ولجسمه.

5- وهناك بعض الأمهات اللواتي يكثرن من الأوامر والنواهي خلال الطعام بدعوى أنهن يعلمن أبنائهن آداب المائدة Table Manners، وحسن التصرف عند تناول الطعام، وهذا ما يصرف الطفل عن الطعام احتجاجًا على هذه الأوامر والنواهي التي لا يجد لها ما يبررها، كما ينتهز أية فرصة يجد فيها الطعام ولا يجد أمه - الرقيبة - لتناوله بشهية وإقبال وعلى طريقته الخاصة.

نماذج من مشكلات التغذية:

1- فقدان الشهية: **Anorexia**

هذه الحالة يمر بها معظم الأطفال، لاسيما بعد الشهر التاسع من الميلاد لأسباب كثيرة منها: الفطام المبكر الذي تفرضه بعض الأمهات على أطفالهن، أو إصابة الطفل بتورم في اللثة بسبب التسنين، أو التهاب اللوزتين، أو الإمساك الشديد، أو عدم ميله إلى الطعام المقدم إليه، أو أنه يعزف عن الطعام بسبب الإجراءات التي تتبعها الأُم عند تقديم الطعام إليه.

وإذا لم يكن لأي من الأسباب السالفة دور في هذه الحالة فإنه يمكن أن يكون السبب في ذلك هو أن الطفل تنخفض معدلات نموّه خلال السنة الأولى، فتنخفض معها شهيته للطعام، أو قد يكون السبب هو نفور الطفل من الأساليب التي يقدم بها الطعام إليه؛ كالتهديد والإجبار والضغط، أو فرض كمية من الطعام عليه ليأكلها كلها دون مراعاة لرغبته فيه، وقد يكون لرغبة الطفل في أن يسترعي اهتمام والديه إليه السبب في عزوفه عن الطعام عندما يشعر أنهما قد انصرفا عنه أو أنهما لم يعودا ينتبهان إليه كما سبق.

2- الشره: **Gluttony**

وهي عكس الحالة الأولى، إذ يقبل الطفل على الطعام بشهية مفتوحة، وبنهم وولع شديدين، وهذه الحالة قد تكون وقتية، وقد تصبح حالة مستمرة مع الطفل، أو أنها قد تكون مرتبطة بنوع معين من أنواع الطعام، أو أنها تحدث في ومناسبات معينة، يجد فيها الطفل متعة في تناول الطعام بين مجموعة من الأطفال، أو في جو

بهيج مليء بالسعادة والغبطة.

وقد تكون أسباب الشره جسمية مثل الديدان، أو اضطراب عمل الغدد، أو أنها نفسية تحصل بسبب فقدان الشعور بالأمن، أو لإنقاص التوتر، أو للتعبير عن مشاعر العدوان، أو للتعويض عن فقدان الرعاية والاهتمام، والحرمان العاطفي بسبب التدليل الزائد الذي يشعر معه الطفل بأن كل رغباته ممكنة التحقيق، وأنه بإمكانه أن يأكل ما يشاء وفي أي وقت.

3- التقيؤ : Vomiting

ولهذه المشكلة أيضا أسباب عضوية وأخرى نفسية؛ فقد يكون السبب في التقيؤ هو المرض، أو ارتفاع درجة الحرارة، أو التهابات الجهاز الهضمي المختلفة، أو أن أسبابه هي: إجبار الطفل على تناول نوع من الطعام لا يرغبه، أو بكميات أكثر مما يحتاج إليه، أو بسبب ارتباط الطعام بالتوتر والانفعال، فهو يستحدث استجابة فسيولوجية تلقائية ينبه بها الأم إلى خطأ أسلوبها معه في الطعام، فيتقيأ كرد احتجاجي عليها، أو أن القيء يأخذ صورة العقاب للأم عندما يحس الطفل بإهمالها له Rejective وبُعدها عنه؛ فيلجأ - لا شعوريًا- لهذه الاستجابة ليثير اهتمام أمه ، وليشعرها بضرورة القرب منه والعناية به.

نصائح وإرشادات:

1- من المهم جدًّا، وفي مرحلة مبكرة من عمر الطفل، أن تعوّد الأم طفلها على أن يتناول طعامه بمفرده، لكي يعتمد على نفسه، ولكي يتناوله بحرية تامة ، وعليها أن تغض الطرف عندما ينثر الطعام من حوله، أو يلوث ملابسه ، فهذه أمور يمكن تلافيها بتقدم عمره، وبالنصيحة الهادئة المقرونة بالابتسامة والتشجيع، أما إذا كانت الأسرة مكونة من عدد من الأطفال فيمكن أيضا أن تتم تغذيتهم سويًّا؛ لأن ذلك يتيح الفرصة للصغير أن يتعلم ممن هو أكبر منه سنًّا، فضلاً عن أن هذا الأسلوب يفتح شهية الأطفال عندما يأكلون سويًّا.

2- يجب أن تتجنب الأم كل وسائل الرشوة والإغراء والتملق أو التهديد

والوعيد في الطعام، بل عليها أن تدع الأمور تجري بشكل طبيعي، فإن عزف الطفل عن الطعام لأنه مشغول باللعب فلتؤجل إطعامه لحين فراغه، وإذا لم يكن راغبًا في الأكل فلا تلح عليه؛ لأنه سيطلب الطعام بنفسه عندما يجوع.

3- يجب أن تقدم للطفل كميات قليلة من الطعام ليأكلها، وبعد أن ينتهي من تناولها تسأله الأم إن كان راغبًا في المزيد لتقدمه إليه، فإن تقديم كميات كبيرة منه قد يفقده الميل إليه.

4- إن الأم التي تبالغ في اهتمامها بغذاء طفلها أمامه؛ إنما تسمح له أن يحكمها ويتحكم بها، وبالتالي فإنها ستبقى غير قادرة على عمل شيء مفيد لها ولطفلها، وعليه فإن الأم إذا ما قدمت الطعام لطفلها ووجدته غير راغب فيه فما عليها إلا أن تعيده من حيث أتت به، ولا تشعره باهتمامها الزائد في ذلك لكي لا يستغل هذا الاهتمام في تحقيق رغباته الخاصة، إنها بذلك تروّض طفلها على تناول طعامه برغبة فيه، وعندما يحس بحاجته إليه.

5- على الأم أن تعطي الفرصة الكافية لطفلها، وهو يتناول طعامه ولا تستعجله عندما يتلكأ أو يتلهى في طعامه، فبعض الأطفال يلذُّ لهم ما يقال عن بطئهم، فتترسخ لديهم هذه العادة التي يشعرون معها أن الأم والأسرة مهتمين بها، وقد يكون للبطء في تناول الطعام أسباب فسيولوجية تتعلق بصعوبة المضغ نتيجة لتشوه الفك أو الأسنان، أو أنهم يبطئون في طعامهم لعدم الميل إليه، أو لتصورهم أن عملية الطعام ما هي إلاّ ضرب من اللعب، فيتعاملون معها على هذا الأساس.

6- التأكد من عدم إصابة الطفل بأي مرضٍ من الأمراض المتعلقة بالجهاز الهضمي كالإمساك المستمر، أو ضعف قدرة الطفل على المضغ والبلع.

7- يمكن أن تهيئ الأم بعض الأطباق والملاعق والأكواب الملونة والجذابة الخاصة بالطفل، فقد يكون لها أثر إيجابي في إقبال الطفل على الطعام.

* * *

2- مشكلة الفطام Weaning

يعدُّ الفطام حدثًا مهما في حياة الطفل، ومشكلة حقيقة يتعرض لها، وقد يكون هذا الحدث سببًا في ظهور مشكلات أخرى كالاضطراب الانفعالي الذي ينجم عن تغيير أسلوب التغذية لدى الطفل، وإحلال عادات جديدة لم تكن مألوفة لديه فيما سبق، فبعد أن كان يتناول طعامه من ثدي أمه، فإن عليه بعد الفطام أن يتناول أطعمة صلبة ويستخدم أسنانه، وإن عليه أن يمضغ ويبلع، فضلا عما يتبع هذه العملية من تغييرات في عمليات الهضم في المعدة والأمعاء، وفي طرح الفضلات، وهذا التغيير في عملية التغذية للطفل هو ليس تغيرًا آليًّا محضًا يتعرض له الطفل وحده؛ بل تشترك معه الأم أيضًا في كون المرحلة السابقة للفطام (مرحلة الرضاعة) هي مرحلة إحساس (بالمعيّة) بين الطفل وأمه، وهي التصاق بدني وعاطفي مشوب بابتسامة ومناغاة وتلامس ودغدغة، physical contact ومسحة من يد الأم على جبين الطفل؛ مما ينمي صلة الحب والتعاطف بينهما، ولهذا فإن الفطام بالنسبة للطفل يعني الحرمان من الأمن والعطف والحنان والدفء، أما بالنسبة للأم فهو شعور بخيبة الأمل والحزن، وإحساس منها بفقدان صلتها السيكولوجية الوثيقة بالطفل بعد أن كان لصيقًا بها.

إن الفطام هو أول موقف إحباطي يتعرض له الطفل، ولعل ما يزيد الأمر صعوبة هو أن بعض الأمهات يتبعن أساليب ضارة وبدائية ومؤذية لتحقيق الفطام المبكر لأطفالهن، فالبعض منهن يضعن موادًّا مرة المذاق أو مقززة منفرة على حلمة الثدي منع الطفل من الرضاعة، وإجباره على ترك الثدي، ومغادرته إلى طعام آخر، لهذا نجد أن الطفل يصاب بصدمة كبيرة وإحباط شديد عندما يجد أن أمه -مصدر الحنان والدفء- تريد الابتعاد عنه، وأن ثديها- مصدر غذائه- قد تحول إلى مصدر ألم وشقاء، ومن هنا ينشأ الصراع والتناقض بين إحساس الطفل تجاه أمه المبني على الحب والكراهية في آن واحد، وهذا الإحساس قد يبقى تأثيره واضحًا في شخصية الطفل في مراحل حياته اللاحقة، أو أنه قد يلجأ لاتباع أساليب ملتوية لا توافقية؛

مثل: مص الأصابع، أو النكوص والارتداد إلى المرحلة الفمية كوسيلة بديلة للإشباع، ومن ثم الثبات Fixation على هذه المرحلة التي سبق له أن غادرها.

متى وكيف يكون الفطام؟

ليست هناك سن معينة تتبعها الأمهات في كل المجتمعات لإحداث الفطام؛ فهذه المسألة تخضع لتقاليد كل مجتمع، وإلى أساليب التنشئة فيه، فبعض الأمهات يبدأن بتهيئة الطفل للفطام منذ الشهر الثالث لميلاده؛ وذلك بإضافة بعض أنواع الأغذية سهلة الهضم وبشكل تدريجي مع تقليل كمية الحليب وبشكل تدريجي أيضًا إلى أن يعطى وجبة كاملة بدلًا من إحدى الرضعات الرئيسية، وخاصة في الساعة العاشرة صباحًا، أو رضاعة الساعة السادسة مساءً، كما أن من الأمهات من تبدأ مع طفلها بهذه الطريقة بعد الشهر السادس، عندما تجد الأم استعدادًا لدى طفلها لتناول الطعام، وتطمئن إلى أن جهازه الهضمي قد تكامل وأصبح مستعدًّا لتناول المواد النشوية والفواكه والخضراوات المطبوخة، ومستعدًّا للمضغ والبلع، أما بعض الأمهات فيتهيأن بعد السنة الأولى للقيام بهذه المهمة مع أطفالهن عندما تظهر أسنان الطفل، وقد تمتد الفترة لتبلغ سنة ونصف أو سنتين، لا بل إن بعض الأمهات يسمحن باستمرار الطفل بالرضاعة مادام راغبًا فيها إلى أي سنٍّ يعاف فيه ثدي أمه وينتقل إلى الطعام مع الأسرة.

أما الأساليب المستخدمة في تطويع الطفل على حالة الفطام، فهي الأخرى تختلف باختلاف المجتمعات ونوع التربية السائدة في كل بلد؛ فهناك أمهات يستخدمن العقوبة والقسوة لفرض الفطام على الطفل، وإيقاف عملية الرضاعة في الوقت الذي يخترنه ويحددنه، وهناك الأسلوب المفاجئ في فرض الطعام على الطفل دون تمهيد مسبق، وهناك بالطبع الأسلوب المتدرج، وهو أفضل هذه الأساليب؛ إذ تقوم الأم بإضافة رضعات صناعية مع الرضعات الطبيعية، أو بإضافة وجبات غذائية بين الرضعات، أو بتقليل كمية الرضاعة، وإكمالها بوجبات غذائية سهلة الهضم والتناول ويرغب الطفل فيها.

كيف نحقق فطامًا سهلاً ؟

1- يجب أن تعلم الأم أن عملية الفطام ليست عملية سهلة يمكن أن تمر بشكل هادئ وبسيط إن لم تكن محتاطة لها تماما؛ لذا فإن الفطام يجب أن لا يحدث بشكل فجائي؛ بل بالتدرج؛ حيث يعطى الطفل تدريجيًا من وقت لآخر بعض الطعام بالملعقة ثم بالكوب كي يدرك أنه يمكن أن يكون هناك حب وحنان تمنحه الأم بطرق أخرى غير الثدي.

2- ينبغي ألا يتم الفطام عندما يكون الطفل مريضًا أو مصاباً باختلال هضميٍّ كالإسهال أو الإمساك أو المغص المعوي أو ضعف الشهية، أو في فترة التسنين، أو محاولته البدء بالمشي- وإنما يجب أن نختار وقتًا مناسبًا يكون فيه الطفل بصحة جيدة وحيوية مناسبة.

3- عند تقديم الطعام للطفل يجب أن نختار الصنف الذي يحبه ويميل إليه من الأطعمة، ثم نقدمه له عندما يكون جائعًا وراغبًا بالطعام.

4- على الأم أن تتمتع بالهدوء الكافي والاتزان الانفعالي وعدم المبالغة في تقديم الوجبات البديلة، وعليها أن تترك الأمور تسير سيرًا طبيعيًا ؛ لكي يجتاز الطفل هذه الفترة دونما إرهاصات أو مشكلات.

5- على الأم أن تكون حريصة على تقديم الحب والحنان بشكل مستقر ومتوازن دونما قلق أو مبالغة؛ لأن عملية الفطام هذه ترافقها عملية فطام نفسي- لما فيها من الاستقلال والاعتماد على النفس Independence، وعليه فإن أي خلل في الفطام سينسحب بآثاره السلبية على شخصية الطفل، وعلى توافقه الحالي وفي المستقبل.

6- إن كلاً من التكبير والتأخير في الفطام عن الموعد المعقول والمقبول ستكون له آثار سلبية خطيرة، فالتبكير سيعرض الطفل للحرمان Deprivation من عطف أمه وحنانها، ذلك الذي يحققه من عملية الاتصال بها أثناء الرضاعة، أما التأخير فإن من شأنه أن يثبت بعض العادات الطفلية في المراحل اللاحقة؛ كالسلوك الاتكالي Dependency Behaviour والانسحابي، أو البكاء في المواقف الضاغطة وإظهار العجز ولاستسلام، أو الاندفاع والتهور في بعض مواقف الحياة.

3- مشكلة التسنين Teathing

تبدأ أسنان الطفل بالتكون وهو في رحم الأم، ومنذ الشهر الثالث للحمل تقريبًا، وهناك حالات نادرة ولد فيها أطفال ولديهم سن أو سنتين، إلا أن الأطفال الاعتياديين يظهر السن الأول لديهم في الشهر السادس أو السابع بعد الميلاد في المتوسط، وقد تمتد هذه الفترة لتصل إلى سنة أو أكثر لدى بعض الأطفال.

وفي الغالب فإن السن الأول يكون من نوع القواطع، ثم ما يلبث أن يظهر في الفك الأسفل، وقد يتبعه قاطع آخر إلى جواره، ثم ما يلبث أن يظهر في الفك العلوي قاطعان آخران فوقهما ليصبحا أربعة قواطع، وهذا التقدم في التسنين يعطي للفم قيمة وأهمية كبرى لدى الطفل، ففضلاً عن أهميته في إشباع الجوع؛ فإنه ينقله من حالة الضعف إلى القوة؛ فيمكنه من كسر الأشياء الصلبة، ويدفعه للاستقلال عن أمه، والاعتماد على نفسه في تناول طعامه، كما أنه يمنحه الثقة في الدفاع عن نفسه عن طريق العضِّ Bitting، وتوسيع دائرة خبراته في التعامل مع الآخرين.

وفضلاً عن ذلك فإن لظهور الأسنان في هذه الفترة أيضا آثارًا انفعالية كثيرة على الوليد من جهة، وعلى الوالدين من جهة ثانية، فبالنسبة للوليد فإن ظهور الأسنان يعني ظهور بعض المشكلات الصحية؛ كالنوم القلق وكره الرضاعة وتورم اللثة وكثرة البكاء، أمَّا بالنسبة للوالدين، فإن تأخر الأسنان قد يولد المخاوف لديهما ويعطيهما مؤشرات على اعتلال صحة الطفل أو ضعف مادة الكالسيوم في التركيب العظمي مما يدفعهما إلى مراجعة الطبيب للاطمئنان عليه، وهذا القلق قد يكون له ما يبرره عندما لا يعرف الوالدان أن الأسنان ليس لها علاقة بأوجه النمو الجسمي المختلفة الأخرى؛ كالطول والوزن، أو عندما لا يقدِّران دور العوامل الوراثية والفروق الفردية في هذا الجانب.

ولو عدنا إلى الفترة التي يظهر فيها السن اللبني الأول للطفل، فإننا سنجد أن هناك خلافًا حول تحديد هذا الموعد، لكننا نُذكِّر بالكلام الذي قلناه في بداية هذا

الموضوع، وهو أن هناك بعض المواليد قد جاءوا إلى الحياة وفي أفواههم سن أو أكثر، ويقدر عدد هؤلاء واحدًا لكل ألف مولود، ومن هؤلاء بعض المشاهير في التاريخ مثل يوليوس قيصر، والملك ريتشارد الثالث وغيرهم.

وبشكل عام فإن الشائع في موضوع التسنين أن أول ما يظهر من الأسنان هما القاطعان الأماميان الأوسطان في الفك الأسفل بين الشهرين السادس والثامن؛ وتدوم عملية ظهور كل سن حوالي عشرة أيام، ثم يظهر القاطعان العلويان في الفك العلوي، ومن ثم تبرز القواطع السفلى في عمر (8-11) شهرًا، ويلي القواطع الأربعة ظهور الثنيات (القواطع) الجانبية الأربعة في الفكين، والأضراس الأمامية الأربعة في الفكين أيضًا خلال شهرين تقريبًا، أي بعمر (12-15) شهرًا، أما الأنياب الأربعة (العليا والسفلى) فتبرز فيما بين (18-24) شهرًا .

وفي عمر سنتين إلى سنتين ونصف أربعة أضراس خلفية (عليا وسفلى) وبهذا تتكامل أسنان الطفل اللبنية، ويمكن تلخيص مسيرة التسنين هذه بالجدول الآتي وبالرسم التوضيحي الذي يبين مواقع هذه الأسنان.

العمر بالأشهر	نوع السن	الفك
6 – 8	القاطعين الأماميين	السفلي
8 – 11	القواطع الأربعة القاطعين الجانبيين	العلوي السفلي
12 – 15	الأضراس الأمامية الأضراس الأمامية	السفلي العلوي
18 -24	النابان النابان	السفلي العلوي
24 – 30	الأضراس الخلفية الأضراس الخلفية	السفلي العلوي

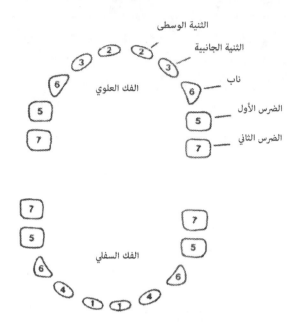

الثنية الوسطى

الثنية الجانبية

ناب

الفك العلوي

الضرس الأول

الضرس الثاني

الفك السفلي

شكل (أ) رسم تخطيطي يبين التسلسل الاعتيادي لظهور الأسنان اللبنية

ولابد من الإشارة إلى أن الأسنان اللبنية تدوم قرابة (5 – 6) سنوات ثم ما تلبث أن تبدأ بالتساقط بعد أن تختفي جذورها، ومن الضروري أيضا التنويه إلى أن ترتيب ظهور الأسنان بالكيفية التي تم تقديمها ليس إلزاميًا أو ثابتًا، ولكن هناك قاعدة يمكن الاسترشاد بها لمعرفة عدد أسنان الطفل وهي: عدد أشهر عمر الطفل مطروحًا منها الرقم (6) فتكون النتيجة ما ينبغي أن يكون عليه عدد الأسنان ، مثل ذلك: إذا كان عمر الطفل (11) شهرًا فإننا نطرح منها الرقم (6)، فيكون الناتج (5) وهو عدد الأسنان المفترض وجودها في فم الطفل.

مصاحبات التسنين:

هناك مضاعفات نفسية وجسمية ترافق عملية التسنين، لكن الذي يجب تأكيده هنا أن هذه المضاعفات لا تشكل أية خطورة على الطفل؛ لأن هذه الأعراض ليست مرضية؛ فالإسهال وارتفاع درجات الحرارة والهزال والضعف هي عوارض مرضية

لها أسبابها، ولا علاقة لها بالتسنين، فأغلب الأطفال لا يعانون من هذه الفترة كثيرًا، لكن الأسنان عندما تبدأ بالبروز فإنها قد تجعل الأطفال يحبون فرك اللثة بأي شيء، وربما يرافق ذلك بعض الألم الذي يدفع الطفل للامتناع عن الطعام لأن اللثة محتقنة أو متورمة .

وعندما يبدأ أحد أسنانه بالظهور فإنه قد يكون دافعاً لسيلان لعابه Driddling أكثر من المعتاد، وقد يلذ لبعض الأطفال في هذه الفترة وضع قبضاتهم في أفواههم لتدليك اللثة المتورمة، وهذه الإشارة هي أول إعلان عن بدء عملية التسنين.

ومن المصاحبات النفسية لهذه العملية هي الحساسية الزائدة، فالطفل يصرخ أكثر من المعتاد بسبب آلام اللثة، أو بسبب آلام الأذنين عندما تبدأ الأضراس بالظهور، ومن المؤشرات الأخرى الغريبة التي يمكن الاستدلال منها على بداية التسنين : ظهور بقعة حمراء براقة على أحد وجنتي الطفل.

نصائح وإرشادات لمساعدة الطفل في مرحلة التسنين:

1- يميل الطفل عند التسنين إلى قضم ومضغ أشياء صلبة يحك بها لثته المتورمة، وعليه فبالإمكان إعطاؤه أشياء نصف قاسية، أو كسرة خبز أو بسكويت ليشبع ميله إلى القضم، ويشعر بالراحة، وتباع الآن في الصيدليات قطع مطاطية بأشكال وألوان مختلفة تستخدم لهذا الغرض، لكن الذي يجب الانتباه إليه هو أن يتم تعقيمها بالماء المغلي قبل إعطائها للطفل.

2- يجب عدم رفع أي سن من أسنان الطفل اللبنية قبل أن يحين موعد سقوطها، وعند حصول مشكلات معينة في هذه الأسنان، فإن الأولى هو أن يستشار الطبيب؛ لأن قلعها قبل موعدها أو لسبب قد لا يكون مهمًا سوف يؤدي إلى ظهور الأسنان الدائمة في غير مكانها.

3- قد تسبب آلام اللثة لدى بعض الأطفال في ظهور العناد والبكاء المستمر، وتقلب المزاج، وما على الأم في هذه الحالة إلّا أن تتحلى بمزيد من الصبر والأناة.

فهذه الفترة قصيرة ومؤقتة، سيجتازها الطفل بهدوء إذا ما ساعدته أمه على ذلك.

4- يميل الطفل في هذه الفترة - كما أسلفنا سابقًا- إلى وضع يده أو عدد من أصابعه في فمه، وهذا يستدعي من الأم الانتباه إلى طفلها خوفًا من وضع بعض الأشياء الضارة في فمه وإيذاء نفسه.

4- التدريب على التواليت Toilet Training

في المرحلة التي تسبق ميلاد الطفل تطرح الفضلات المتخلفة عن العمليات الحيوية عبر الحبل السري إلى المشيمة Placenta ، ومن ثم إلى مجرى الدم، وما أن يولد الطفل حتى تبدأ أعضاء الإخراج بالعمل لطرح مادة غليظة سوداء ضاربة للاخضرار تدعى العقي Meconium التي يتخلص منها الوليد خلال الأيام الأولى لميلاده، ثم يتحول لون البراز فيما بعد إلى اللون الأخضر بعد أن يبدأ الطفل بأخذ الحليب من أمه ويبدأ الجهاز الهضمي بالعمل؛ وتأخذ العاصرات الشرجية بالارتخاء لا إراديًا عندما تمتلئ الأمعاء ، وبنفس الطريقة ترتخي العاصرة الإحليلية عندما تمتلئ المثانة بالبول، فتنساب الفضلات بشكل تلقائي دونما إرادة من الطفل، ودون أن يتمكن من السيطرة على هاتين العملتين؛ بسبب عدم نضوج الجهازين العصبي والعضلي اللذين يقومان بعمليات الضبط الإرادي لهاتين العمليتين، ورغم ذلك فإن بعض الأمهات يحاولن تعليم أطفالهن استعمال الوعاء بعد أشهر قليلة من الولادة، إلاّ أنهن لا يحققن أي نجاح في ذلك؛ لأن الطفل في هذا العمر ما زال أصغر من أن يتعلم، وقد تتصور بعض الأمهات أن الطفل لابد أن يتعلم من خلال الحزم والشدة، متناسيات قدرة الطفل ورغبته في التدريب والتعلم، وقدرته على التحكم في عضلات الإخراج، لهذا فقد تبدو على الطفل أعراض القلق إذا ما أجبر على التدريب في سن مبكرة جدًا، ويزداد هذا القلق لديه عندما يعاقب على فعل طبيعي يقوم به دونما إرادة منه.

وتسعى بعض الأمهات لتحقيق التدريب لمبكر لطفلها من خلال مراقبته

وملاحظة بعض الأصوات أو الحركات التي يصدرها أثناء قيامه بعملية الإخراج، فتسرع إليه وتجلسه على رجلها أو على الوعاء مرددة نفس الصوت الذي يردده، كنوع من التشجيع له ليقوم بهذه العملية، ومن هنا يحصل الارتباط بين هذه الأصوات وبين حاجته إلى الإفراغ، وهناك بعض الأمهات يراقبن أطفالهن في أوقات معروفة لديهن خصوصًا بعد الأكل مباشرة، أو في الصباح الباكر حال استيقاظ الطفل من نومه، وعادة ما تكون هذه الحالة أيضًا مرتبطة بكلمة معينة يرددها الطفل أو تستخدمها الأم لتحفيزه على الإخراج.

وفضلاً عن عدم قدرة الطفل على التحكم في الشهور الأولى من عمره في عمليات الإخراج؛ فإنه أيضًا لا يستطيع التمييز بين ما هو مسموح به من عادات وسلوكيات، وبين ما هو غير مسموح به، ولكنه عندما يفهم ذلك وتتضح لديه وظيفة التفريغ و التخلص من الفضلات ؛ فإنه قد يلجأ إلى استخدام هذه العملية كوسيلة لإثارة أمه وإقلاقها ومعاندتها عندما يمسك عن الإخراج، لاسيما إذا أدرك أن أمه تهتم بهذه العملية ، وقد يزيد في إثارتها ويشد انتباهها حينما يتبول على نفسه أمامها أو يعاندها بالإمساك عن التبرز.

متى يبدأ التدريب ؟

ليست هناك أوقات ثابتة لتدريب الطفل، فبعض الأمهات يرغبن في تدريب أطفالهن في وقت مبكر، ويحاولن إجلاس الطفل على الوعاء، فإذا نجحت هذه المحاولة فإنها ستخلص الأم من مشكلة الحفاظات Nappies والملابس المبتلة والمتسخة، وإذا لم تنجح فإنها سوف لا تخسر شيئًا، كل ما في الأمر أنها تنتظر فرصة أخرى ملائمة لمعاودة التدريب، ولكن الذي يجب أن تعرفه الأم قبل التدريب هو أن الطفل في الشهر الأول بعد ميلاده يكرر الإخراج من 3 – 4 مرات يوميًّا، وفي الغالب فإن ذلك يكون مصاحبًا للاستيقاظ، أما في نهاية الشهر الثاني فإن الإخراج يصبح مرتين في اليوم للطفل العادي؛ واحدة بعد استيقاظه صباحًا والأخرى خلال إحدى الرضعات أو بعدها بقليل، وفي نهاية الشهر الرابع تكون هناك فترة معروفة ومستقرة بين الرضاعة والإخراج، ولهذا فإن ضبط عملية التبرز تتم غالبًا في الشهر

التاسع، وعندما يبلغ الطفل من العمر سنة ونصف فإن جهازه العضلي قد وصل إلى درجة من النضج الكافي لتحقيق القدرة على الاستجابة والتكيف لمطالب ومهام التدريب على النظافة وضبط الإخراج، حيث تنمو وتنضج بعض الأغشية والعضلات الضرورية لعملية القبض والبسط للمثانة والأمعاء.

أما في نهاية العام الثاني تقريبا، فإن الطفل يصبح نظيفًا رغم استمرار تبوله أثناء النوم فترة أطول، وذلك حتى يزداد فهم الطفل للغة والأوامر، فضلاً عن نضجه الفسيولوجي الضروري لتلك العملية.

أما التبول، فإنه يكون متكررًا وعلى فترات متقاربة الأسابيع الأولى، ثم تتباعد الفترات تدريجيًا، بينما تزداد كمية البول مرة بعد أخرى، وفي نهاية الشهر السابع تطول فترة جفافه إلى 1- 2ساعة، أما في نهاية السنة الأولى فإن فترة جفافه تطول، وقد يظهر عدم ارتياحه عندما يبلل، ولهذا فإنه يمكن ضبط عملية التحكم بالمثانة Bladder Cantrol بين منتصف العام الثاني والعامين، وقد يتأخر ذلك عند بعض الأطفال نتيجة أخطاء في التربية يتسبب عنها كثير من المشكلات الانفعالية.

والصعوبة في هذا الموضوع لا تكمن في معرفة السن الذي يمكن أن يبدأ به التدريب وحسب،وإنما في مطالبة الطفل خلال هذه العملية في أن يتحمل بعضًا من المسؤولية إزاء نفسه بعد أن كان سلبيًا وغير مسؤول، فهو مطالب بالسيطرة الإرادية على عملية كانت تجري بشكل تلقائي لا إرادي ، وهو مطالب بأن يعيد ترتيب إجراءات هذه الحالة، وأن يتعلم القيام ببعض الاستجابات وهو يحاول ضبط استجابة الطرد المُلحّة هذه.

وخلاصة القول: إن المشاكل المتعلقة بالإخراج كثيرة، غير أن أهمها: مشكلة التدريب المبكر، وقبل نضج الأجهزة الضابطة للعمليتين، ومن هنا تبرز أهمية النضج إلى جانب التدريب، فالتدريب الهادئ المقرون بالتشجيع مهم في إتمام العملية بنجاح،أما التشدد فيه فإنه قد يؤخر هذه العملية، وهناك دراسات كثيرة أجريت في هذا الصدد توصلت إلى مثل هذه النتيجة.

الأنماط السلوكية التي تنشأ عن التدريب الخاطئ:

تتطلب عملية ضبط الإخراج أن يطلب من الطفل القيام بفعل منعكس مضاد للاستجابة الطبيعية التي يستشعرها، فعملية القبض على العضلات ومطالبته بالسيطرة عليها تعد في الواقع أكبر وأصعب من أن يفهمها الطفل الصغير، فهي بالنسبة إليه مسألة غامضة برغم محاولته القيام بتنفيذ تعاليم الكبار رغبة منه في عدم التعرض للعقاب أو فقدان حسب والديه.

وترى نظرية التحليل النفسي ـ أن مرحلة التدريب على النظافة تتواكب مع المرحلة الشرجية، وهي المرحلة الثالثة من مراحل النمو النفسي؛ إذ يتركز اهتمام الطفل بذاته، لاسيما في عمر سنة ونصف إلى ثلاث أعوام تقريبًا، فنجد أن العناد في عمليات الإخراج يصبح موضوعًا يعبر فيه عن نفسه، فهو يؤكد ذاته من خلال مخالفة تعليمات أمه في هذه الشأن، ويقوم بمعاقبتها بطريقته الخاصة؛ فيلوث ملابسه ويبلل فراشه، ولا يقوم بعملية الإخراج في الوقت أو المكان المناسبين (من وجهة نظر الأم بالطبع)، وكلما تشددت الأم معه في هذا الموضوع ازداد إصرارًا على الرفض، وقد يحول عملية الإخراج إلى إمساك يستمر أيامًا عدة، وتؤكد هذه النظرية أيضًا على أن هناك أنماطًا سلوكية قد تحدث نتيجة لهذه الخبرات غير السارة أثناء عملية ضبط الإخراج والتدريب على النظافة في المراحل التالية من نمو الطفل؛ كالبخل والتقتير والمنع والاحتفاظ والادخار، أما إذا كانت عملية الإخراج لدى الطفل لا تحكمها ضوابط أو قيود من نوع معين فإن المراحل التالية من نمو الطفل قد تتميز بالتبذير والإهمال والقذارة وعدم النظام، ولهذا فإن كلا الأسلوبين (الصارم والمتساهل) في ضبط عملية الإخراج سيقود إلى ظهور أعراض مرضية عديدة تشير إلى سوء التوافق في مرحلتي الطفولة والمراهقة.

أما نظرية التعلم الاجتماعي فترى أن الإفراط في القسوة لإجبار الطفل على التدريب يولد:

1- إدراكًا سلبيًا للأم؛ لأنها بالنسبة إليه أصبحت مصدرًا للألم والخوف والقلق، كذلك فإن أسلوب النبذ والبرود في التعامل معه قد يزيد من احتمال ظهور مشاعر سلبية نحو الأم.

2- سوء التوافق: فالعقوبة الشديدة والقيود الصارمة قد تدفع الطفل إلى العدوانية تجاه الوالدين أو القائم بالتدريب، وتتمثل بالهجوم والصراخ والعض والرفس والعدوان اللفظي، وبالتالي مقاومة التدريب أصلاً كعملية يعاني منها الطفل، ومقاومة رغبة أمه في الإخراج في المكان المحدد.

وقد أكدت دراسات كثيرة أن عملية التدريب على ضبط الإخراج قد ينتج عنها أعراض سلوكية غير مقبولة في مراحل لاحقة من حياة الطفل تشير إلى سوء توافقه مع نفسه ومع الآخرين [1].

3- الوظيفة الجنسية: أي إن من بين أسس القلق المتصل بالجنس في مرحلة الرشد ما قد ينشأ خلال فترة التدريب على الإخراج، إذ أن هناك تقاربًا ماديًا بين الأعضاء التناسلية وقناة البول والشرج، يجعل من السهل أن تعمم استجابات القلق من الإخراج لتشمل الوظيفة الجنسية.

4- الإدراك السلبي للذات: أي إنه لما كانت مصادر اتجاهات الطفل نحو نفسه هي الأبوين، فإن التدريب القاسي له قد يدفعه إلى تفسير شدة والديه واستيائهم من عدم قدرته على ضبط عملية الإخراج على أن يظن بنفسه أنه إنسان غير مرغوب فيه، أو أنه غير جدير بتنفيذ أوامر والديه، وأنه غير مقبول منهما، فتتولد لديه الإدراكات السلبية نحو نفسه، فتهتز ثقته بنفسه، وتظهر لأول مرة علامات الشخصية المترددة في هذه المرحلة المبكرة من عمره، والتي سيكون لها أثر سلبي في حياته المقبلة.

وفضلا عن التنظيرات النفسية هذه فإننا يمكن أن نتلمس آثار التدريب الخاطئ

---

(1) " سيكولوجية الطفولة والشخصية"، جون كونجر وآخرون (1970) ترجمة أحمد عبد العزيز سلامة وجابر عبد الحميد جابر، دار النهضة العربية، القاهرة ص256-258 .

على نفسية الطفل من خلال البديهية التي تقول: إن التعلم الناجح يعتمد على استعداد المتعلم من جهة، وعلى الطريقة التي تمَّ بها من جهة أخرى. وعليه فإن عملية التدريب إذا ما بدأت قبل أن يكون الصغير مستعدًّا لذلك من الناحية البيولوجية واستخدمت معها الشدة والقسوة ؛ فإن من الطبيعي أن ذلك سيقود الطفل إلى الشعور بالإحباط والضيق من الضغط المفروض عليه، ولهذا يكون التقدم في التعلم ضعيفًا ولا يتفق مع الوقت والمجهود اللَّذْين يُبذلا فيه، وقد يتعلم الطفل الإحساس بالخجل والخزي وما يرتبط بذلك من مشاعر وإحساسات نحو الأعضاء الجنسية لكونها أعضاء الإخراج.

إن كثيرًا من الأمهات يعقِّدن الأمور دونما وعي منهن؛ فيبدأن التدريب مبكرًا مع استخدام أساليب القسر والشدة، إما لرغبتهن في أن يمتاز أطفالهن بالنظافة وإما بسبب أفكارهن المبالغ فيها عن الصحة الجسمية، وتصورهن الخاطئ في أن عضلات الإخراج جاهزة وقوية ، تمكن الطفل من ضبط عمليتي الإخراج دونما إزعاج لها.

وقد يكون لخبراتها السابقة في مرحلة الطفولة دور في هذا الموضوع، فالأم التي لاقت من الصرامة والقسوة والعنت في طفولتها، أو التي قد عانت من الخجل والشعور بالذنب من جراء تلك العادات، يجعلها ذلك تندفع لعدم تعريض طفلها لمثل تلك الخبرات الانفعالية التي عانت منها في طفولتها، وقد تتحكم فيها هذه المشاعر؛ فتجعلها تتهاون في ترك طفلها على سجيته، وكأنما هي بذلك تنتقم لنفسها من تلك الخبرات التي تعرضت لها.

وهناك من الأمهات من تمارس عملية التدريب لطفلها في فترات حرجة جدًّا من حياته، فقد تتزامن هذه العملية مع فترة فطامه أو في فترة التسنين أو المرض أو ميلاد أخ جديد له، لهذا فإن عملية التدريب تصبح مجهدة متعبة للأم وللطفل، حتى الأطفال الذين سبق لهم التدرب على هذه العملية ثم تواجههم مثل هذه الظروف فإنها قد تدفعهم للنكوص والعودة إلى تبليل ملابسهم الداخلية وتلويثها، أو أن البعض منهم يستخدم أسلوبًا دفاعيًّا آخر؛ هو الامتناع عن الطعام احتجاجا على أمه

وعلى أساليبها معه، فيسببون لأمهاتهم الحيرة والقلق، أو قد يلجأ الطفل إلى أسلوب آخر يكايد به أمه، وهو قيامه بالتبول أو التبرز على نفسه أو في ملابسه الداخلية حينما ترفعه أمه من على الوعاء، وقد يكون سبب الرفض من جانب الطفل للقيام بهذه العملية هو أن عملية جلوسه على الوعاء تقترن بالتوبيخ أو الضرب والشدة، لهذا فهو يفرغ فضلاته بمجرد رفعه عن الوعاء، وهناك سبب آخر قد يدفع الطفل لرفض التدرب على الإخراج؛ هو رغبته الشعورية في مضايقة أو تحدِّي الوالدين ، أو الانتقام منهما لإهماله أو شعوره بعدم الحب.

ومن الأساليب الأخرى الشائعة لدى الأطفال في هذه المرحلة أن يلجأ الطفل إلى حيلة نفسية يستفز بها أمه، خصوصًا عندما يعاني من صراع داخلي بين كراهيتها – لأي سبب يراه – وبين رغبته في إرضائها، فقد يلجأ إلى التهتهة أو اللجلجة في الكلام وقد يندفع لإيذاء الآخرين وكراهيتهم وضربهم، أو أنه على العكس من ذلك يجنح للذل والخذلان فيتقبل أذي الآخرين وتوبيخهم.

كيف تحقق تدريبًا سليمًا بلا مشكلات ؟

إن ما نقدمه من نصائح وتوجيهات للأمهات والقائمين على رعاية الطفل في الأسرة أو دار الحضانة ليست وصفات جاهزة ، بل هي آراء يمكن أن تهتدي بها الأم أو المربية وتكيفها وفقًا للظروف والموقف التي تحدث فيها عملية التدريب، ومن هذه النصائح:

1- أن عملية التدريب على التحكم في عضلات الإخراج ليست عملية سهلة، بل هي تحتاج إلى صبر وطول أناة، وقدرة على التحكم في الأعصاب، ومرونة وهدوءًا وتسامحًا بعيدًا عن الانفعال والعقوبة؛ لأن الأُم فعلت ذلك فإنها ستعطل عملية التعلم أو تؤخرها.

2- أن الإثابة تزيد في تقوية الاستجابة المطلوبة وتساعد على تثبيتها، وعليه فإن الأم التي تقيم صلات ودية وثيقة بينها وبين طفلها فإن المتوقع أنها سوف لا تجد صعوبة في تدريبه، لا، بل إن الطفل سيستجيب لها بسرعة كنوع من الإثابة المتقابلة

وليكسب ودها ورضاها.

3- تتفق أغلب الدراسات في هذا الجانب على أن أفضل سن للتدريب على التبرز هو بعد العام الأول، أما التبول فحتى نهاية العام الثاني، فلا داعي للتسرع والعجلة في فرض أوامرنا وقيودنا على الأطفال، فالانتظار يُمكِّن الطفل من إتمام النضج المطلوب في أجهزة الإفراغ، وبالتالي قدرته على التحكم في هذه العملية، وقدرته على القيام بهذا الدور بمساعدة وتوجيه كلٍّ من الأم أو المربية.

4- من المهم جدًا ونحن ندرب الطفل أن لا نلجأ إلى العقاب أو التهديد والتوبيخ والصراخ، فإن ذلك من شأنه أن يثبت الحالة فضلا عن أن الطفل يشعر بالاضطهاد وسوء المعاملة في عقابه على أمر يحدث رغمًا عنه، وبهذا فإن علاقته مع أمة سوف تتوتر، وسوف يسيطر عليه القلق والخوف، وقد تترك هذه الظواهر آثارها السلبية عليه في مستقبل حياته.

5- يمكن للأم أن تُدوِّن الأوقات التي يتبرز أو يتبول فيها الطفل لبضع أيام وتستطيع على ضوئها وضع جدول تهتدي به للأوقات التي يشعر فيها برغبة في الإخراج.

6- أن الاتجاه السليم في التعامل مع الطفل خلال عملية التدريب على الإخراج هو أن لا ننظر إليها على أنها مسألة ذات أهمية قصوى؛ بل على الأم أن تظهر موافقتها وإثابتها عندما ينفذ هذه العملية بشكل صحيح فالطفل يرغب في إرضاء أمِّه ، ومن غير الصحيح أن تجعل تفكير الطفل ينحصر في هذه العملية دون مبرر، فسرعان ما يدرك أن راحته تزداد إذا استخدم المرحاض استخدامًا صحيحًا.

7- بعض الأطفال قد يتأخر اكتسابهم السيطرة على هذه العملية لبعض الوقت، وفي هذه الحالة فإن على الأم أن يكون موقفها مشبعًا بالرفق والدفء والحنان لطفلها، مبتعدة عن الزجر والتأنيب، فإن ذلك يعقد الأمور أكثر.

8- على الأم أن تقوم خلال فترة التدريب بتحرير الطفل من (اللفة) أو الملابس الداخلية حتى لا يلوثها أو يبللها، فهي بذلك تشعره بلذة البقاء نظيفاً.

وتدفعه إلى مناداة أمه لتساعده عندما يريد أن يقوم بالإفراغ.

9- يجب أن تعرف الأم أن الطفل يحس بلذّةٍ حسيّةٍ وراحة في عملية الإخراج الطبيعية غير المقيدة ، وعليه فإن عملية التدريب يجب أن تتضمن صبرًا وأناة من قِبَل الأم؛ لأن هذه المرحلة لا تستمر طويلاً، وما يلبث الطفل أن يغادرها إلى مرحلة أخرى، يساير فيها رغبات والديه، ويشعر معها بالراحة حينما يؤدي هذه الوظائف الجسيمة في مكان معين، وعلى فترات منتظمة.

10- عندما يكون الطفل مندمجًا في اللعب؛ فإنه قد ينسى نفسه فيبلل ملابسه أو يلوثها، فإذا ما هرع إلى أمه يخبرها بذلك فيجب أن لا تزجره لهذا، بل عليها أن تعرف أن إخباره لها دليل على شعوره بالمسئولية وهي خطوة مشجعة لتعليمه، وما عليها إلا أن ترشده بهدوء بأسلوب مشجع، وتطلب منه أن يخبرها برغبته في الإخراج في المرات القادمة.

11- يجب ألا نتوقع أن يتقدم الطفل بانتظام وسرعة في تعلم التحكم بأجهزة الإخراج، فقد يعاوده الخطأ عندما يبتدئ في النطق والكلام مثلا، حيث إن الطفل عندما يتعلم شيئا جديدًا كثيرًا ما تعاوده بعض الأخطاء الماضية لمدة قصيرة في بعض الأشياء التي يكون قد تعلمها، كما أن أي تغيير مفاجئ في الجو أو في صحته العامة قد يكون سببًا لمعاودة الخطأ في العادة التي نشجعه على تعلمها.

5- اضطرابات النوم Sleep disturbances

النوم هو حاجة فسيولوجية مهمة وضرورية للإنسان، وفرصة يستطيع من خلالها أن ينظم فعالياته، ويعيد نشاطه، ويجدد حيويته، ولا يتصور البعض منا أن النوم حالة يمارسها الإنسان بعد ميلاده ثم تبقى ملازمة له حتى موته، بل هي حالة تبدأ مع البدايات الأولى لتكوينه، فالجنين في رحم أمه هو في حالة نوم مريح أو سبات كامل، وما حركته داخل الرحم إلاّ إشارة ليقظة قصيرة ما تلبث أن تنتهي بنومة طويلة، وهكذا.

أما بعد الميلاد، فإن الأطفال حديثي الولادة يقضون معظم أوقاتهم في النوم، ويستيقظون لفترة قصيرة من أجل الرضاعة، وتبلغ نسبة الوقت الذي يقضي فيه المولود الجديد نومه حوالي 80% ، فيما يقضي 20% من الوقت يقظًا، وبعض المواليد الصغار يستغرقون في النوم بحيث يصعب على الكبار إيقاظهم، لكن هذه الفترة ما تلبث أن تتناقص بتقدم الطفل في العمر لاسيما في النهار.

وهناك عوامل بيئية وبدنية ونفسية تـؤثر في عمليـة النـوم، كـالنور السـاطع، والضوضاء، ودرجـة الحـرارة، والرطوبـة، ومكـان النـوم، والألم، والتـنفس، والجـوع والعطـش، والقلـق، والخوف..إلخ. هذه العوامل التي تؤثر إلى حدٍّ معين في طبيعة النوم وعمقه ومدته ، فقد تجعله متقطعًا، غير مريح ، أو قد تدفعه إلى الأرق وعدم النوم.

وجدير بالذكر أن النوم عملية معقدة جدًّا، يلعب الـدماغ وأجزاؤه المتخصصـة فيهـا دورًا كبيرًا؛ فالإحساس بالنعاس والإغفاء، ومن ثم النوم واستمراريته هـي ليسـت عمليـات انعكاسـية وتلقائية صرفة، بل إن هنـاك مراكـز متخصصة في الـدماغ مسـئولة عـن تنظيـم ومتابعـة هـذه الفعاليات الحسية؛ وهي الهايبوثالاموس Hypothalamus (تحت المهاد) والمنطقة الأماميـة مـن التركيب الشبكي في القنطرة والنخاع المستطيل، ومناطق أخرى تنظم النوم وتضبط التناسـق بـين فعاليات القشرة الدماغية والمراكز الحسية الأخرى.

نوم الأطفال:

لا يخضع نظام النوم عند الأطفال لأسلوب أو تقنين محـدد لأسباب كثيرة؛ منهـا الفـروق الفردية Individual differences فيما بينهم، والحالة الجسيمة لكل طفل، والتغذية التي يتناولها، وظروف المكان الذي ينام فيه من حيث الهدوء والضوضاء، والحرارة والـبرودة والرطوبـة، فضلاً عن الظروف الطارئة التي يمر بها، مثل فترة التسنين والفطام، أو بعض الأمراض التي يتعرض لها.

وعلى العموم فإن الطفل العادي ينام في الأسابيع الأول بعد ميلاده بمعدل (20) ساعة في اليوم، تتناقص في عمر ستة أشهر لتصل إلى (16) ساعة في اليوم، ويتدرج هذا التناقص ليصل إلى (12) ساعة في عمر سنة تقريبًا، أما في نهاية السنة

الثانية فيبلغ معدل نوم الطفل (10) ساعات تقريبًا، وهذه التوقيتات لا تعني أن هذا النوم يحصل ليلاً فقط؛ وإنما هناك إغفاءات متفرقة خلال النهار، لكن الوقت الأوفى والأطول نومًا هو في الليل بالطبع.

أسباب مشكلات النوم في هذه المرحلة:

1- تعويد الطفل على أساليب نوم خاطئة، فبعض الأمهات يعوِّدْن أطفالهن على الربت على الكتف قبل النوم، أو الغناء، والمناغاة والهدهدة فيحصل لديه اقتران بين النوم بين هذه الأساليب التي قد لا تكون الأم مهيئة على طول الخط للقيام بها، فيعرض الطفل عن النوم.

2- إرغام الطفل على النوم في وقت قد لا يكون مهيئًا فيه للنوم، أو لم يمض على استيقاظه فترة طويلة تدفعه للنوم.

3- عدم فصل الطفل عن و الديه في منام مستقل وفي وقت مبكر لهذا فإن الطفل يستشعر الحرمان deprivation والنبذ Rejection عندما تحاول أمه في فترة لاحقة فصله في منام مستقل، فيختلق الأعذار ويصطنع المشكلات ليبقى قريبًا من والديه.

4- أن بعض الأطفال لا يستغرقون في نوم هادئ ومريح عندما تكون أنوار الغرفة مضاءة، وعلى العكس فإن بعض الأطفال لا يحلو لهم النوم في غرفة معتمة عديمة الضياء، وقد تتراءى لهم في العتمة أشباح ورؤى مختلفة تقلقهم وتذهب بنومهم.

5- الخوف الذي ينتاب الطفل من خلال المواقف التي يتعرض لها قبل نومه، كأن يكون من خلال القصص التي يسمعها من والديه أو الأفلام المخيفة التي يشاهدها، أو المشاهد المرعبة التي يقوم بها بعض أفراد الأسرة على سبيل المداعبة والتمثيل.

6- أن بعض الآباء يستهويهم اللعب مع أطفالهم قبل النوم، فتنفتح شهيتهم للحركة والنشاط واللعب، فيطلبون المزيد ولا يملون من اللعب، حتى وإن حان وقت النوم.

7- رغبة الطفل في أن يحاط برعاية واهتمام أكبر من قبل والديه، فبعض الأطفال ما إن يطلب إليه أن ينام حتى يكثر من طلباته، فمرة يطلب ماءً، ومرة يريد تعديل ملابسه، ولا يفتأ أن يطلب تفسيرًا لكل صوت يسمعه أو شيء يراه وهكذا؛ وهذا الطفل إنما يقوم بمثل هذه الطلبات بدافع لا شعوري عندما يجد أن الاهتمام والرعاية به من قبل والديه ضعيفة، أو أنهما مشغولان عنه، وهذا الأمر يستدعي من الوالدين بالطبع الالتفات إليه وإدراكه.

8- قد يكون للروتين وللنظام الصارم المستخدم مع الطفل أثر في عدم رغبته في النوم والمقصود بذلك السرير والأغطية الوسادة التي ينام عليها؛ لأن هذا الروتين من شأنه أن يدفعه لعدم التكيف إذا اضطرته الظروف لأي تغيير بسبب الانتقال إلى مكان آخر أو المرض والسفر.

نماذج من مشكلات النوم في هذه المرحلة:

مشكلات النوم عديدة وكثيرة، غير أن الذي يعنينا في هذا الفصل هو المشكلات التي تحدث في مرحلة المهد، لهذا فإننا سوف لا نتطرق إلى هذه المشكلات جميعها، بل تلك التي تنتمي إلى هذه المرحلة.

1) التحدث النومي Sleep talkig:

هذه الحالة تظهر لدي بعض الأطفال في وقت مبكر من حياتهم، وقد تستمر معهم إلى مراحل متقدمة من العمر، وهذه الحالة عبارة عن حلم مركز يحدث أحيانًا ما يشبه حالة التحفز واليقظة، فالنوم يزيل حواجز الممنوعات والمحرمات فتطفو على السطح العواطف والأفكار المكبوتة والمخزونة في اللاوعي وفي أعماق النفس، فيقوم الطفل بترديد كلام قد يكون مفهومًا، ومن الغريب أن الطفل الذي يتكلم في نومه لا يستطيع أن يجيب على سؤال أو يرد على استفسار، فهو لا يسمع هذه الإيعازات والأسئلة ولا يتذكرها عندما يوقظ من حالته هذه .

2) الرعب الليلي Night panic:

حالة من الفزع الشديد تنتاب الطفل؛ فتدفعه للاستيقاظ بشكل فجائي بعد

نومه بقليل؛ فيهب من فراشه وهو في رعب شديد ، وربما صاحبه صراخ أو بكاء، وقد يندفع بعض الأطفال من فراشه ليدور في الغرفة ويلوذ بالأشياء المحيطة مادًّا يديه إلى الأمام كأنما هو يدافع عن نفسه من خطر داهم، وخلال هذه الحالة يصاب الطفل بخفقان شديد في قلبه، وتتلاحق أنفاسه وتضطرب حركاته، ويصاب بالتعرق والارتجاف في بعض الأحيان.

هذه الحالة يسبقها حلم مخيف لكنه ليس كابوسًا، فالكابوس يمكن تذكر أحداثه وتفصيلاتها، غير أن الحلم الذي يسبق الرعب الليلي لا يتذكره الطفل وإن حاول ذلك، فإنه قد يتذكر المشهد الأخير من الحلم، أما التفصيلات الأخرى فلا يتذكرها، لا بل إن الطفل قد ينكر الحالة التي مر بها ليلاً عندما يستيقظ صباحًا؛ إذ لا يوجد في ذاكرته، يذكره بها، ورغم أن هذه التجربة قد تصاحب الطفل فترة غير قصيرة من عمر ه؛ إلا أن علاجها في الوقت الحاضر أصبح سهلاً، وهي لا تترك أثرًا سلبيًا على شخصية الطفل ونموه النفسي مهما طالت؛ لأنها تجربة تنمحي آثارها من ذاكرة الطفل بمجرد استيقاظه، ولهذا فهي تزول بتقادم الزمن.

3) التبول الليلي: **Nocturnal Bed wetting**

يعد التبول الليلي من أكثر اضطرابات النوم انتشارًا بين الأطفال، وتبلغ نسبة المصابين به بين (10 – 15%) من الأطفال ضمن هذه المرحلة العمرية، فالمعتاد أن الطفل يتمكن من السيطرة على عضلات المثانة في حدود الثانية من عمره، إلا أن البعض منهم يخفقون في السيطرة على هذه العضلات، وهنا يجب أن ننتبه إلى أن هناك نمطين من التبول الليلي؛ فالأول تكون أسبابه نفسية تتمثل في إحساس الطفل بالنبذ والإهمال، وفقدان الحماية والدفء والحنان، أو بسبب نكوصه وعودته إلى مرحلة سلوكية سابقة من حياته، أو لأسباب أخرى لسنا بصدد الحديث عنها هنا، وسنتناولها بالتفصيل عند الحديث عن مشكلات الطفولة المبكرة.

أما النمط الثاني من التبول الليلي - وهو الذي يعنينا – فهو الذي له علاقة باضطرابات النوم، فالتبول يحصل بسبب النوم العميق للطفل وعدم رغبته أو قدرته

على اليقظة ليفرغ مثانته، أو يطلب مساعدته على ذلك، وخلال هذا النوم تسترخي عضلات المثانة وتفقد شدَّها الطبيعي فتصبح عندها عملية الإفراغ سهلة وتلقائية، لا يقدر الطفل على التحكم بها، وقد يستيقظ بعد إفراغ مثانته عندما يحس بالبلل، إلا أنه يبقى في فراشه دون حراك لإحساسه بالراحة بعد الإفراغ، وشعوره بالدفء لحرارة البول، أو لسبب إحساسه بالذنب والخجل مما أتى به من عمل.

4) شحذ الأسنان: **Tooth Grinding**

عادة مزعجة للطفل الذي يمارسها ولأهله، وهي حالة تنتاب الأطفال لتدل على ما يعانون منه من اضطراب عصبي وتوتر نفسي، وتنتشر هذه العادة بين الإناث أكثر من الذكور، وتحدث خلال نوم الطفل، وقد يصحبها بعض الحركات مثل تحريك الرأس أو ظهور أصوات من الحنجرة أو البلعوم تشبه صوت بلع السوائل أو التغرغر.

وتحدث هذه الحالة في الغالب في فترة النوم المتوسطة، وقد يهب الطفل من فراضه مشدوهًا لما يحس به، فيتوقف عن ذلك، وقد تعاوده الحالة إذا ما عاد لنومه من جديد، وعلى العموم فإن هذه العادة ضارة بالأسنان وبعضلات الفكين المسئولة عن المضغ، فضلاً عما تولده من عدم الارتياح وربما التقزز والاشمئزاز لدى الآخرين.

5) شلل النوم: **Sleep paralysis**

حالة يقظة فجائية يستعيد فيها الطفل كامل وعيه، لكنه لا يقدر على الحركة لأن عضلات جسمه مشلولة وغير قادرة على الإتيان بأدنى حركة، وحالة الشلل هذه تمتد إلى جهازي السمع والإبصار؛ بحيث يسمع الطفل الواقع تحت تأثير هذه الحالة أصواتًا مبهمة غير واضحة، ويرى صورًا مشوشة غير واضحة المعالم، وتستمر هذه الحالة إلى ما بين ثوانٍ قليلة وربع ساعة تقريبًا، ولو قدر للأم معرفة حصول هذه الحالة لطفلها؛ فإن مجرد لمسها له سوف يجعلها تزول حالاً، أو أنها تزول تلقائيًا ليعود الطفل إلى نومه بشكل سهل وطبيعي، ولعل الذي يدفعه إلى

النوم بهذه السهولة التلقائية هو ما يعانيه من تعب وإرهاق جراء الحالة التي مر بها.

6) الغطيط: snoring

يحدث الغطيط خلال مرحلة النوم العميق؛ فترتخي عضلات اللسان والفك الأسفل وتفقد شدها المطلوب، فعندما يرتخي الفك الأسفل وينخفض إلى الأسفل والوراء يعطي اللسان مجالاً لكي يسقط إلى الخلف، وهذه الحالة تحصل عندما يكون الطفل مستلقيًا على ظهره فاتحًا فاه ليتنفس منه؛ ولأن اللسان ينسحب إلى الخلف تدريجيًا فإن الطفل يشعر بضيق في التنفس وقلّة في الأوكسجين، ولهذا نجده يهب من نومه عندما توشك مجاري التنفس على الانسداد.

7) حركة الرأس المتناوبة: Rhythmic tossing of the Head

وهي عملية روتينية ميكانيكية متكررة يحدثها الأطفال قبل النوم بقليل، فيجدون فيها متعة وراحة، وما أن يبدأ الطفل فيها حتى يبقى مستمرًا عليها حتى تأخذه سنة النوم، وهذه الحالة قد تصبح عادة للطفل يمارسها كلما حس بحاجته إلى النوم، وبعض الأمهات لمثل هؤلاء الأطفال يعرفن أن هذه الحالة هي إشارة إلى أن الطفل قد أوشك على النوم، فهي بالنسبة لهن جهاز تنبيه يدفعهن إلى تهيئة فراش الطفل وإحضار مستلزمات نومه.

8) اضطرابات الأمراض: Disease Disturbances

ومن دواعي اضطرابات النوم عند الكثير من الأطفال هي إصابتهم ببعض الأمراض، فبعض الأطفال لا يحتمل المرض بسبب شدته ووطأته عليه؛ فيستمر في بكاءه وصراخه حتى الصباح، والبعض الآخر عندما ينتابه التعب والإعياء بسبب البكاء المتواصل فإن يخلد إلى إغفاءة يريح بها جسمه ونفسه المتعبين، ثم ما يلبث أن يفز ليعاود البكاء وهكذا، وبعض الأطفال تكون وطأة المرض عليهم شديدة؛ فنراهم يستغرقون في نوم لا يقدرون معه على اليقظة، بل إن إيقاظهم يصبح صعبًا لأنهم غير قادرين على ذلك، وهذا نذير يدفع الوالدين لزيادة الطيب ليقف على

أسباب المرض.

ولأن أمراض الأطفال التي تسبب لهم اضطرابًا في النوم كثيرة؛ فإننا سنذكر بعضها فقط دون الخوض في تفاصيلها، وهي: الحمى، التهاب القصبات الحاد، السعال، المغص المعوي أو الكلوي، الربو القصبي، ذات الرئة ، حمى التسنين، احتباس البول، الحصبة، التيفويد، التهاب اللوزتين أو الحنجرة، الإنفلونزا، التهاب الغدد النكفية، التهاب الأذن، الإمساك، الإسهال، الديدان.. إلخ.

علاج اضطرابات النوم:

من خلال العرض السابق لاضطرابات النوم ومشكلاته وجدنا أنها تتنوع في مضامينها وأنواعها، غير أنها جميعًا تلتقي عند نقطة واحدة، ألا وهي انتماؤها إلى النوم، فهي مشكلات تحصل خلال فترة نوم الطفل ليلاً أو نهارًا، وعليه فإن تقديم أسس علاجية لكل مشكلة من هذه المشكلات على انفراد يحتاج إلى تفصيلات كثيرة يصعب حصرها، ولأن هذه المشكلات منبعها ومبعثها واحد هو حصولها في فترة النوم، لذا يمكن أن نعد النوم قاسمًا مشتركًا لكل هذه المشكلات، ونحن نضع حلولاً لها.

ثم إننا لو أردنا أن نضع لكل مشكلة حلولاً علاجية خاصة بها فهذا يعني أننا سنكرر عرض هذه الحلول مرات عديدة، وهذا الأسلوب لا يتفق وسياقات البحث علمي الحديث، لهذا آثرنا أن تكون الحلول العلاجية المقدمة لاضطرابات النوم ملائمة لكل نمط من أنماط الاضطرابات هذه ، ويمكن إجمال هذه الحلول فيما يأتي:

1- تنظيم ساعات نوم الطفل بطريقة مرنة زيادة ونقصانًا، وعدم تعريض الطفل إلى ساعات طويلة من السهر بدعوى أن ذلك يجعله ينام نومًا عميقًا طيلة ليله ودنما إزعاجات للوالدين، وتخطىء بعض الأمهات اللواتي يوقظن أطفالهن في وقت مبكر من الليل ويقدمن له وجبة غذائية تتبعها العاب ومداعبات طويلة بقصد إتعابه لكي ينام نومًا عميقًا طيلة الليل.

2- تعويد الطفل منذ الصغر على النوم وحده أو مع بعض إخوته بعيدًا عن والديه حتى ينشأ مستقلًا في المراحل اللاحقة من حياته، كما أن هذا الأسلوب يعوده الاعتماد على النفس ويبعد النكوص عنه في حالات معينة؛ مثل مرض الأم، أو ولادة طفل جديد للأسرة، أو السفر وغير ذلك.

3- قد يكون من أسباب اضطرابات النوم حالة الطفل الصحية التي لا يستطيع التعبير عنها ، ولكن يمكن للأم الفطنة استنتاجها والتبين منها من خلال كثرة التقلب والتململ في الفراش ، أو الكلام أثناء النوم، أو الضغط على الأسنان؛ إذ إن هذه الملاحظات قد تشير إلى أن الطفل يعاني من الإمساك أو الإصابة بالديدان أو عسر الهضم، وقد تكون الأسباب فيزيائية تتعلق بسوء التهوية أو كثرة الأغطية ، أو حرارة الجو، وهذه كلها يمكن تلافيها بسهولة سواء في عرض الطفل على الطبيب، أو في توفير الأم لمستلزمات النوم المريح لطفلها في غرفته.

4- من العادات الخاطئة أن بعض الأمهات -ولكي يدفعن أطفالهن إلى النوم- يضعن الثدي أو الزجاجة في فم الطفل، ويبقين إلى جواره يربتن على كتفه لكي ينام، وهذا الأسلوب من شأنه أن يعوِّد الطفل الاعتماد الكلي على أمه في توفير كل مستلزمات راحته التي يريدها، فينشأ اتكاليًا اعتماديًّا يريد أن تُوفَّر له كل المستلزمات دونما عناء منه، وفضلاً عن ذلك فإن الطفل وفق هذا الأسلوب سيبقى طيلة وجوده لصيقًا بالأم، في حالة قلق وتربص من أن تتركه الأُم وحده، لهذا نجده ينتبه لأية حركة تبديها الأم ليقوم بالاحتجاج عليها بكاءً وصراخًا ليمنعها من تركه.

5- أن تحرر الأم نفسها من أية مسئولية عندما يحين موعد نوم طفلها، فتهيئ له غذاءه، وتنظفه وتغير ملابسه المتسخة، على أن تتخلل هذه العمليات ابتسامة لطيفة منها، أو أغنية حانية يطرب لها، أو إ إيماءات يتفاعل معها؛ لكي ينام نومًا مستريحًا خاليًا من المنغصات الجسمية والنفسية.

* * *

الفصل الثاني

مرحلة الطفولة المبكرة

Early childhood

تعد هذه المرحلة من أغنى وأخصب مراحل النمو في حياة الإنسان، إذ يحصل فيها تقدم نمائي كبير في مختلف الأوجه، ويبدأ الطفل وفقًا لذلك باكتساب التوافق الصحيح مع نفسه ومع بيئته، ويتشرب من محيطه قواعد وأسس السلوك الاجتماعي، ويضبط انفعالاته وفقًا لهذه القواعد، وفضلاً عن ذلك فإن هذه المرحلة تعد مرحلة بناء للمفاهيم واكتساب المهارات وإثراء الخبرات الحياتية المحيطة به، فهي في الواقع يمكن أن نسميها مرحلة اكتشاف؛ لأن النمو الرئيسي فيها يعتمد على التحكم في البيئة وفي معطياتها، فبعد أن كان في المرحلة السابقة إنسانًا اتكاليًا معتمدًا على الآخرين؛ فإن ضرورات النمو في هذه المرحلة تملي عليه أن يكون مستقلًا واثقًا، يمتلك نشاطًا واضحًا يمكن استخدامه في فعل شيء ما، فهو قادر على التنقل في بيئته بحرية تامة، بعد أن أصبحت قواه العضلية نامية إلى حدٍّ كبير، وأصبحت لديه حصيلة لُغوية يستطيع من خلالها أن يعبر عن نفسه ويوصل أفكاره للآخرين، ويمارس بعض الأنشطة البسيطة بنفسه، ويقيم اتصالات اجتماعية مع الآخرين كبارًا وصغارًا، وينزع إلى توكيد ذاته وإثبات وجوده وفرض نفسه على الآخرين، ويكره الخضوع بسهولة، ويقاوم إرادة الآخرين، ويبدأ باستخدام ضمير المتكلم (أنا) على نطاق واسع، فتبدأ أولى مظاهر الأنانية تنغرس في شخصيته، ويحاول أن يدافع عنها بإصرار وعناد.

إن الطفل في هذه المرحلة ينظر إلى نفسه نظرة اهتمام واعتداد ، ويرى أنه أصبح عضوًا مهمًّا وبارزًا في أسرته، فتراه يحشر نفسه في أي موضوع تناقشه العائلة أو

يتحدث به الوالدين ، وهذا مؤشر إيجابي يدل على نضجه الاجتماعي، فكل موضوع يطـرح يجب أن يكون له فيه نصيب، فهو - من وجهة نظره - قادر عـلى أن يفعـل كـل شيء، وأن أيـة معضلة بإمكانه حلّها، إنه باختصار يتمركز حول ذاتـه، ويثرثـر كثـيراً، ويعطـي آراءه في الآخـرين بسرعة، ثم ما يلبث أن يغير رأيه بسرعة عن طر يـق الإيحـاء أو الإغـراء، أو بـدافع مـن منافعـه الذاتية.

كما أن الطفـل في هـذه المرحلـة يميـل إلى اخـتراع القصـص الوهميـة ويقبـل عـلى اللعـب الإيهامي ويسعى خلال ممارسته هذا النوع من اللعب إلى التحدث بلغة الكبار والتي سـبق لـه أن سمعها منهم، فضلاً عن محاولته تقمُّص شخصياتهم والقيام ببعض الأدوار التي يقومون بهـا، ويبدأ في هذه المرحلة أيضًا بتعلم المعـايير الخلقيـة والتحريمـات، وينمـو لديـه الضـمير (الـذات العليا Super Ego Development) من خلال التقمصات الكثيرة التي يؤديها.

ولو أردنا أن نستعرض كل جانب من **جوانب النمو للطفل** في هذه المرحلة فإننـا يمكـن أن نتلمس في هذه الجوانب مظاهر سلوكية كثيرة ومتنوعة، لكننا سوف نقدم أبـرز هـذه المظـاهر بتلخيص وتركيز وكما يأتي:

1- النمو الجسمي: **physiological Growth**

بعد أن كان النمو في مرحلة المهد يسير بشكل سريع، فإن يبدأ بالتباطؤ في هذه المرحلة؛ إذ يبلغ متوسط الزيادة في الطول حوالي (3) بوصات سنويًّا، وهذه الزيادة تكون في طـول السـاقين والذراعين أكثر منها في الجذع، أما الوزن فيزداد بحـدود (3-5) أرطـال سـنويًّا، أمـا العظـام فـإن تقدمًا واضحًا يحصل في تصلبها، وتتكامل الأسنان اللبنية قبل الدخول إلى المدرسة، ولعل أهـم مـا يميز الطفل في هذه المرحلة هو تناسب شكله العام؛ إذ يصبح شكله شـبيهًا إلى حـد كبـير شـكل الإنسان الراشد.

وتبلغ حـواس الطفـل في هـذه المرحلـة درجـة متميـزة مـن النمـو والتكامـل، ويحـاول أن يستخدمها بإتقان ومهارة من خلال ملاحظاته الدقيقة للأشياء، والتمييز بين المتشـابه والمختلـف منها، ويدرك معنى الجزء والكل والأطوال والحجوم، ثم يستطيع

التمييز بين الألوان والأطعمة والحرارة والبرودة والروائح والأصوات.

2- النمو الحركي: Motor Growth

يزداد النمو الحركي للطفل في هذه المرحلة كنتيجة لنمو الجهاز العصبي، والزيادة في قوة العضلات، والقدرة على إحداث التآزر بينهما، وتنمو العضلات الكبيرة بدرجة أكبر من العضلات الدقيقة؛ لأن المهارات الحركية التي يمارسها الطفل في هذه المرحلة تحتاج إلى العضلات الكبيرة أكثر منها إلى العضلات الصغيرة، وأولى المهارات الحركية التي يمارسها الطفل هي الجري والقفز، واستخدامه الملعقة في الطعام بشكل جيد، وارتداؤه الملابس ونزعها بمفرده، وزيادة توافق حركة الأصابع، واستخدام القلم، وصعود السلالم، وركوب الدراجات ذات العجلات الثلاثة التي يشعر معها بالقدرة على التمثل بالكبار، وإمكانية الإسراع والاستدارة والعودة إلى الوراء، وأهم من ذلك كله هو شعوره بالانطلاق والاستقلالية.

وإذا كان التطور الحاصل في المهارات الحركية في المرحلة السابقة عائد إلى النضج؛ فإن هذه المهارات تتطور في هذه المرحلة بسبب التعلم والتدريب، فضلاً عن النضج أيضًا الذي يصبح مهمًّا ومطلوبًا خاصة في الجهازين العصبي والعضلي.

3- النمو اللغوي: Linguistics growth

يزداد النمو اللغوي في هذه المرحلة ازديادًا مضطردًا مما يجعل الطفل لا ينفك عن الكلام والسؤال والاستفسار، فهو ثرثار لا يملّ الكلام مع الآخرين أو مع لعبه، وثرثرته هذه لا تتوقف عندما يكون وحيدًا لا يجد من يكلمه، وعندما يتكلم فهو لا يعرف أسلوب التحكم في طبقات صوته؛ فهو لا يعرف الكلام المنخفض أو الهمس، بل يتكلم بصوت عالٍ وعلى وتيرة واحدة؛ مستخدِمًا جملاً قصيرة مقبولة ومفهومة، ويستطيع من خلالها أن يوصل إلى الآخرين ما يريد، فهو قادر على استخدام الأفعال والصفات بشكل واضح ومفهوم.

إن اكتساب اللغة في هذه المرحلة يُعدُّ أمرًا مهمًّا في نموِّه المعرفي، فاللغة تعد

الأساس في اكتسابه الرموز العقلية التي تساعده في عملية التفكير، فبدون هذه الرموز يبقى الطفل متأخرًا عقليًا ويتعطل تفكيره، ولغة الطفل في هذه المرحلة تأخذ شكلين رئيسيين؛ هما: اللغة المتمركزة حول الذات، أي: تلك التي يعبر من خلالها عن رغباته وحاجاته وأهدافه وخبراته.

والشكل الثاني هو: اللغة الاجتماعية، والتي لا تظهر بشكل واضح ومحسوس، إذ تطغى عليها اللغة المتمركزة حول الذات؛ لذا نجدها أقل استخدامًا من الشكل الأول لدى أطفال هذه المرحلة.

ولقد أشارت العديد من الدراسات إلى أن أعلى زيادة في تحسن النطق تقع بين السنة الثالثة والثالثة والنصف من عمر الطفل، أما طفل الرابعة فإن بمقدوره أن يستمع إلى أسئلة الكبار ثم يجيب عنها، وفي الخامسة يصبح الطفل كثير الكلام، لكنه يحب الإصغاء أيضاً ويهتم بالموضوعات التي يقرؤها الكبار له، لاسيما قصص الحيوانات الناطقة، أو التي تعبر عن فعل البشر، وعلى العموم فإن البيئة الأسرية والروضة يلعبان دورًا كبيرًا في نمو اللغة وتطورها لدى الطفل، كما أن الفروق الفردية بين الأطفال تؤثر هي الأخرى على لغة الطفل، وحجم ونوع المفردات ، ودقة النطق في كل مستوى عمري ضمن هذه المرحلة، كما يجب ألا ننسى أيضًا أثر الصحة العامة للطفل ومستوى ذكائه والمستوى الاجتماعي والاقتصادي على نمو لغته وتطورها.

4- النمو الانفعالي: Emotional Growth

من المميزات الواضحة لانفعالات الطفل في هذه المرحلة هي كثرة انفعالاته وتنوعها وحدّتها وتطرفها في بعض الأحيان؛ فقد يندفع الطفل بسبب غضبه إلى حد العدوان والإيذاء، وفي خوفه إلى حد الذعر التام والتخاذل، وفي فرحه حد الانتشاء والسعادة الغامرة، فحياته الانفعالية يكتنفها التناقض وعدم الاستقرار، والتأثر بالظروف المحيطة به، وهذا متأتٍ من قصور خبراته وقدراته العقلية، واعتماده على الكبار في تلبية الكثير من حاجاته مما يجعله غير قادر على التصرف الانفعالي

الصحيح في مواقف حياته اليومية.

والانفعالات التي تواجه الطفل في هذه المرحلة كثيرة؛ يأتي في مقدمتها الخوف، ولا نقصد به الخوف الطبيعي الذي يحقق وظيفة صحية مفيدة كالخوف من سيارة مسرعة، أو وحش مفترس وغير ذلك، إنما نعني بذلك الخوف المرضي (الفوبيا Phobia) كالخوف من الحيوانات الأليفة أو الأماكن المرتفعة ورؤية الدم.. وغيرها، وعلى العموم فإن مخاوف الأطفال تتفاوت في شدّتها، ولا يمكن التنبؤ بها بسبب الفروق الفردية فيما بينهم من حيث قابلية كل واحد منهم للخوف، فقد يخاف بعض الأطفال من القطط خوفًا يصل حد الفزع والصراخ، بينما نجد طفلاً آخر بنفس العمر يتآلف معها ويلاعبها.

ومن الانفعالات الأخرى الواضحة في هذه المرحلة هي الغيرة التي تظهر بوضوح في المناسبات التي يجد فيها الطفل طفلاً آخر ينافسه في جذب اهتمام الآخرين، عندها يكون السلوك التلقائي للطفل الغيور هو العدوان على مصدر الغيرة، ومحاولة إبعاده بأية وسيلة ممكنة.

والشيء الذي يجب الانتباه إليه في هذه المرحلة هو أن انفعالات الطفل تتشكّل من خلال البيئة التي يعيش فيها، ونقصد بذلك الأسرة والروضة، فموقف الوالدين إزاء انفعالاته هو الذي يكرس بعضها ويجعلها جزءًا من شخصيته، أو أن هذا الموقف قد يطفئ بعض الانفعالات السلبية والضارَّة لدى الطفل إذا ما أحسنوا التصرف معه وكانوا منتبهين تمامًا لذلك، ونفس الشيء يمكن أن يقال بالنسبة للمعلمة التي تشرف على تربية الطفل وتعليمه في الروضة، فالسلوك يمكن أن يتعدل في المراحل المبكرة من حياة الطفل، لكنه يصبح أمرًا صعبًا في المراحل اللاحقة.

5- النمو العقلي: **Mental growth**

يرتبط النمو العقلي في هذه المرحلة بالنمو الجسمي ارتباطاً وثيقًا، فالطفل يكتسب معلوماته وتنمو معارفه عن طريق خبراته التي يمارسها بنفسه باستعمال

عضلاته وعن طريق حواسه المختلفة ، كما يرتبط النمـو العقلي أيضا بـالنمو اللغـوي؛ إذ يستطيع الطفل أن يعر ف معاني الأشياء، ويفهم الألفاظ واستعمالاتها بشكل صحيح، ويستطيع من خلال اللغة أن يفهم الآخرين ويوصل إليهم أفكاره وما يريد قوله، كما يكتمل لـدى الطفـل خلال هذه المرحلة أيضًا مفهوم دوام الشيء، أي: إنه يمتلـك صورة ذهنيـة عـن الشيـء في حالة غياب الشيء نفسه.

ويمكن القول : إن طفل هذه المرحلة يستطيع أن يفكر بعقله وليس بجسمه، أي: إنه أصبح بمقدوره أن يحل مشكلاته عن طريق بعض التكوينات العقلية التي يشكلِّها عـلى هيئـة صورة ذهنية أو رمـوز كبـدائل للأشياء ذاتها، ومعلوم أيضًا أن الطفل في هـذه المرحلة كثير الأسئلة، فهو يسأل عن أي شيء، وكل شيء، ممـا يشـير إلى تعطشـه للاسـتطلاع والمعرفـة، أو أن أسئلته هذه قد تكون تعبيرًا عـن خوفه وقلقه وحيرته، فهو يسأل أسئلة تبدو لنا غريبة ومحرجة؛ مثل: من أين جاء أخي الصغير؟ ما معنى الموت؟ أين يذهب الميت؟ ماذا يوجد فـوق السماء؟..إلخ، ويرى بعض العلماء أن مثل هذه الأسئلة ذات صلة كبيرة بحاجة الطفل إلى توكيد ذاته، فالطفل يرغب في معرفة كل شيء نتيجة لرغبته في أن يتمثل في ذاته كل شيء.

6- النمو الاجتماعي: Social growth

تعد هذه المرحلة من المراحل المهمة والمؤثرة كثيرًا في نمـو الطفـل اجتماعيًّا وفي تشكيل شخصيته وتحديد معالم سلوكه الاجتماعي، كما تسهم الاستعدادات الوراثيـة والقيم والمعـايير الاجتماعية لبيئته وأساليب التنشئة الاجتماعية والنماذج السلوكية التي يتعامل معهـا أو التـي يقتدي بها داخل الأسرة أو من خلال المؤسسات الاجتماعية الأخرى أو في وسائل الإعلام.

وتظهر في هذه المرحلة أنماط عديدة من السلوك اللاجتماعي لـدى الأطفال منهـا السلوك الزعامي، أي ميل الطفل لكي يكون زعيمًا يقود الآخرين ويُملي عليهم شروطه وتعليماته، وقد وجدت العديد من الدراسات أن البنات في هـذه المرحلة أكـثر ميلاً لهذا السلوك مـن البنين، ويتجلى ذلك خلال عملية اللعب في مجاميع البنـات، أمـا بالنسـبة للبنين فإن الـذكر ينظر إلى المجموعة التي هو فيها؛ وعندما يجد

أن فيها من هو أكفأ منه أو أكثر قوة وسطوة؛ فإنه لا يتنافس معه، بل هو ينخرط تحت إمرته تلقائيًا دونما تنازع أو اعتراض، وعادة ما يكون الزعيم في المجموعة هو أذكاها وأكبرها عمرًا وجسمًا، وهذه المواصفات تمكنه من ممارسة دوره في توجيه الآخرين وقيادتهم، وبهذا يمكننا أن نستنتج أن صورة الراشد الكبير يمكن استشرافها أو تصورها في هذه المرحلة ، فهناك أطفال ميالون لأن يكونوا زعماء، وآخرون يرغبون بأن يكونوا أتباعًا ومنقادين، وهناك آخرون يحبون العزلة، فيما نجد البعض يحبون أن تسلط عليهم الأضواء باستمرار وأن يكونوا محط اهتمام وانتباه الآخرين .

كما أن الطفل في هذه المرحلة يحتاج إلى أن يكون محبوبًا من قِبَلِ والديه ومعلمته وسائر المحيطين به من الكبار، لهذا فهو يبذل جهوده لكي يكون مقبولاً مرغوبًا فيه، ولا يخفى أيضًا أن شعور الطفل بالقبول - خاصة من قبل والديه - يساعده على النمو السليم، وبالتالي على التوافق النفسي الصحيح، ولا يقف طموح الطفل في هذه المرحلة عند حد أن يكون محبوبًا أو مقبولاً؛ فهو دائم السعي أيضًا لكي يشعر بتقدير الآخرين له من خلال الواجبات التي يقوم بها طوعًا أو بتكليف من الكبار، فكلمات الثناء والاستحسان والإطراء تشعره بقيمته الاجتماعية ومكانته لدى أهله، وينبثق من شعوره هذا حاجة أخرى يسعى إلى تحقيقها، ألا وهي شعوره بنفسه كذات مستقلة لم تعد بحاجة إلى الاعتماد الكلي على الكبار، وأن بإمكانه القيام بالكثير من الأعمال بالاعتماد على نفسه، خصوصًا إذا كانت الأسرة معتدلة في حمايتها للطفل، وتمنحه قدرًا من الحرية والاستقلالية في ممارسة بعض شئونه الخاصة أو تلك التي تتعلق بالأسرة، فالإفراط في الحماية يفقده الثقة بالنفس، أما التفريط في إعطائه الحرية والاستقلالية فإنه سيشعره بفقدان الأمن وفقدان السند العاطفي الذي يحتاجه لدى الكبار.

*   *   *

مشكلات مرحلة الطفولة المبكرة:

فيما يأتي عرض لأهم المشكلات النفسية والتربوية في هذه المرحلة وهي:

1- التبول اللاإرادي.
2- عيوب النطق.
3- مص الأصابع.
4- الغيرة.
5- العناد.
6- قرض الأظافر.

1- التبول اللاإرادي **Enuresis**

سلس البول، أو البوال، أو التبول اللاإرادي أو التبول الليلي، هي مصطلحات مترادفة تشير إلى معنى واحد؛ هو عدم قدرة الطفل على ضبط مثانته ومسالكه البولية والسيطرة عليها، ففي العادة يتمكن الطفل من السيطرة على جهازه البولي في حدود نهاية السنة الثانية من العمر، وإذا لم يتمكن من ذلك واستمر بواله لما بعد هذه السن؛ فإننا نسمي هذه الحالة بالتبول اللاإرادي الأولي، وهي حالة يمكن أن تزول بشكل طبيعي ومع التدريب البسيط، أما إذا تمكن الطفل من السيطرة على هذه العملية في مرحلة سابقة، ثم حدث عارض ما - نفسيًا كان أو عضويًا- وعاد إلى التبول اللاإرادي فإننا نسمي ذلك بالبوال المكتسب؛ أي الذي أحدثته أسباب تستوجب الإزالة لكي يعود الطفل إلى وضعه الطبيعي، وهذا النوع من البوال هو الذي يهمنا بالدراسة؛ لأنه إذا لم يعالج فقد يستمر فترات طويلة تمتد إلى مرحلة ما بعد البلوغ.

والتبول اللاإرادي يحصل لدى الأطفال الذين يكون نومهم عميقًا، ويشمل كلا الجنسين بصورة متساوية تقريبا، ويبدو أن 95% من هذه الحالات لدى الأطفال ترجع إلى أصول سيكولوجية، فيما نجد حالات قليلة تلك يمكن أن تُعزى إلى أصول عضوية، ولهذا فإننا نجد أن حالات البوال تصاحبها مظاهر نفسية وانفصالية أخرى، منها مثلاً اللجلجة وضعف الثقة بالنفس، والميل الشديد إلى

التخريب، ونوبات الغضب والعناد الشديد.

وعلى العموم فإن معظم الأطفال يحتفظون بجفاف ملابسهم نهارًا فيما بين منتصف السنة الثانية ومنتصف السنة الثالثة، حتى ولو لم يدربوا على ذلك، ولكن هناك نسبة معينة من الأطفال يتعذر عليهم ضبط عملية التبول خصوصًا في الليل حتى سن السابعة أو الثامنة، وأحيانًا في عمر أكبر من هذا، والذي يجدر قوله هنا : إن على الأمهات ألا يشغلهن تبول أطفالهن اللاإرادي حتى سن الثالثة من العمر، ولكن عليهن المبادرة بالعلاج عندما يصل عمر الطفل إلى الرابعة أو الخامسة، ويجب أن تضع الأم في حسبانها أن سبب عجز طفلها في التحكم ببوله قد يعود إلى خلل في أسلوب تعليمه، أو شعوره بعدم الطمأنينة بسبب سوء العلاقة بين الوالدين، أو بسبب التفرقة في التعامل بين الأبناء وغير ذلك.

أسباب التبول اللاإرادي:

أ- **الأسباب العضوية:** وتتمثل هذه الأسباب في إصابة الطفل بالتهابات حادة في مجاري البول، أو ضعف عضلات المثانة أو التشوهات الخلقية في الحالبين أو المثانة، أو مجرى البول، أو تشوهات الجهاز العصبي أو فقر الدم، أو الضعف العام، أو الإنهاك العصبي العام، أو أمراض الكليتين، أو ضيق مجرى البول، أو إصابة الطفل بمرض السكري أو بالديدان المعوية، أو الإمساك وسوء الهضم.

ب- **الأسباب النفسية:** ويمكن حصرها فيما يأتي:

1- النكوص، وهو تعبير عن عودة الطفل إلى مرحلة سابقة لضمان مرحلة عاطفية أكثر تطمينًا من الحالية أو القادمة، وهذا النكوص مردّه الغيرة بسبب مولود جديد للأسرة وانصراف الوالدين للاهتمام به، أو أن الغيرة قد تكون من أحد الوالدين الذي يجد فيه الطفل منافسًا له على حبه وعنايته، أو أن الغيرة قد تكون من الأخ الأكبر، أو من طفل آخر ينافسه في حب المعلمة أو المربية، أو في الامتيازات التي يتمتع بها، وهذه الغيرة – أيًا كان نوعها – قد تدفع الطفل للرجوع إلى مرحلة طفلية سابقة؛ تلك التي كان يتبول فيها لاإراديًا وينال اهتمام والديه، وهو بهذا إنما يوفر لنفسه - لا شعوريًا- تطمينًا من القلق الذي يعانيه وشيئا من الثقة بالنفس

التي بدأت تهتز، وبعضًا من مركزه الذي بدأ يتهدد.

2- الخوف والقلق، والشعور بعدم الأمان بسبب قسوة الوالدين أو إهمالهما له، أو التفكك الأسري والصراعات المستمرة بين الوالدين، أو الخوف من الظلام أو بعض الحيوانات، أو من الأحلام المزعجة، أو الخوف من الكبار وتهديدهم.

3- انتقام الطفل من والديه كتعبير لاإرادي عن غضب مكبوت تجاه الوالدين للإحباط المستمر الذي يسببانه له؛ فيسعى لهذه الحيلة اللاشعورية كنوع من التنفيس أو التفريغ Catharsis لشحنات الغضب والإحباط التي تعتمل في صدره.

4- لوم الطفل وتعنيفه كلما بلل ملابسه أو فراشه، مما يولد لديه شعورًا بالنبذ والنقص والشعور بالذنب والدونية؛ فيري أحلامًا مزعجة أو مخيفة تسبب له تبولاً لاإراديًا.

الأسباب الاجتماعية: وتشمل على ما يأتي:

1- تدليل الطفل وحمايته وتلبية مطالبه والتسامح معه عندما يمارس التبول بشكل غير طبيعي وغير مقبول، وعدم تدريبه على كيفية والتحكم في عضلات مثانته.

2- أسلوب التنشئة العائلية الصارم، واستخدام العقوبة كأسلوب وحيد في التوجيه والتدريب، وفي تنميط سلوك الطفل بالشكل والكيفية التي يرغبها الوالدين.

3- عدم اكتراث بعض الأمهات بتدريب الطفل على ممارسة التبول في وقت مبكر، أو عدم اهتمام البعض منهن بالنظافة إلى أن يصبح سلس البول عادة لدى الطفل؛ لا يجد أي حرج في ممارستها، كما أن الأسرة لا تعيرها الاهتمام المطلوب في معالجتها.

علاج التبول اللاإرادي:

1- العلاج العضوي: ويتضمن علاج الأسباب العضوية الجسمية التي أدت إلى إصابة الطفل بهذا المرض، والتي ورد ذكرها في الأسباب العضوية للتبول

اللاإرادي، وهذه الخطوة يجب أن تكون الأولى في العلاج للتأكد من عدم أصابته الجسم – بشكل عام والجهاز البولي بشكل خاص – بعلّة تدفع الطفل للتبول دون إرادته، وعند التأكد من عدم وجود أية علّة جسمية يمكن أن ننتقل إلى الخطوة الثانية المهمة في العلاج؛ ألا وهي العلاج النفسي.

2- العلاج النفسي: وفي هذا الصدد يمكننا التركيز على أبرز النقاط المفيدة في هذا النوع من العلاج وهي:

أ) تجنب معاقبة الطفل عندما يبلل ملابسه دون إرادة فيه، فذلك يزيد في تعقيد الموقف، كما يتوجب عدم إهانة الطفل وإذلاله وتعييره ولفت نظره إلى ذلك، والمطلوب من الوالدين مزيدًا من الصبر والهدوء وهما يسيران في طريق علاج طفلهما.

ب) إفهام الطفل - وبأسلوب يتناسب ومستوى عمره وفهمه وإدراكه- أن لديه مشكلة تخصه، وأنه يجب أن يسهم في علاجها، وهو قادر على ذلك بنجاح، وهنا يمكن أن نستخدم الإيحاء معه؛ وذلك بأن تجلس الأم أو الأب إلى جواره قبيل نومه، والطلب إليه أن يكرر جملاً إيحائية بعدم التبول، مثل: "أنا لا أتبول في فراشي ، بل في المرحاض" ، " سريري جاف ونظيف ولا يمكن أن أبلله، فللبول رائحة كريهة لا أرضى أن تكون في منامي".

ج) إبعاد الطفل عن أجواء الخلاف والتشاحن بين الوالدين؛ فالدفء العائلي وشعور الطفل بالأمان والاطمئنان الأسري يسهم في العلاج إلى حد كبير.

د) عدم التفريق في التعامل مع الأبناء؛ لأن ذلك يقود إلى الغيرة التي تبعث الخوف في نفس الطفل من أن والديه قد انصرفا عنه وعن محبته، فيلجأ إلى التبول اللاإرادي بقصد لفت أنظارهما وانتباههما إليه .

هـ) تشجيع الطفل وزرع الثقة في نفسه، وإثابته كلما نجح في السيطرة على مثانته بتقديم بعض الامتيازات له، وفي ذات الوقت حرمانه من هذه الامتيازات عندما يخفق أو يتعمد في ذلك، وهذه الامتيازات قد تكون نزهة محببة لديه أو حلوى يرغب بها.

3- العلاج السلوكي: ويتضح من التسمية أن المقصود بهذا النوع من العلاج هو التوجيه السلوكي للطفل بشكل يضمن له تجاوز هذه المشكلة بإتباع أساليب سلوكية جديدة منها:

أ- تقليل كمية السوائل المعطاة للطفل قبل النوم بفترة كافية.

ب- محاولة الوالدين معرفة الوقت الذي يتبول فيه الطفل ليلاً لغرض إيقاظه قبل هذا الوقت إيقاظًا تامًا، والطلب إليه الذهاب إلى المرحاض لكي يتبول، ونؤكد هنا على أن الطفل يجب أن يكون واعيًا ومستيقظًا تمامًا وهو ذاهب إلى المرحاض.

ج- أن ينتبه الوالدان إلى أن الطفل يجب أن يتبول قبل ذهابه إلى فراشة، وعليهما إيقاظه بعد مرور ثلاث أو أربع ساعات لهذا الغرض، ثم إيقاظه صباحًا أيضًا للغرض ذاته، والذي يجب أن نؤكد عليه أن مواعيد الإيقاظ هذه يفضل أن تكون ثابتة، وقد يستخدم لهذا الغرض ساعة منبهة؛ بحيث يعتاد الطفل على صوتها، وعلى الاستيقاظ في أوقات محددة، إلى أن تتركز لديه هذه العادة، فيصحو في نفس هذه المواعيد حتى إن لم تكن هناك ساعة توقظه.

د- تشجيع الطفل على النوم نهارًا حتى لا يكون نومه عميقًا في الليل، ولكي يستيقظ بسهولة بمجرد شعوره بامتلاء مثانته.

هـ- إبعاد كل ما من شأنه أن يدفع الطفل إلى الإكثار من شرب الماء، مثل الأطعمة الحاوية على التوابل، والمواد المهيجة أو المالحة أو الحلوى.

و- يجب أن يُعوَّد الطفل على الذهاب إلى المرحاض بنفسه، وألا يصحبه أحد إليه؛ لأن ذلك قد يقود إلى عادات غير مقبولة، كتلك التي نجدها عند بعض الناس الذين لايستطيعون دخول المرحاض إلا بعد أن يشعلوا سيجارة أو يأخذوا معهم مجلة أو جريدة.

ز- تدفئة الطفل جيدًا أثناء النوم وخاصة في فصل الشتاء؛ إذ إن البرد قد يكون أحد الأسباب التي تجعل الطفل يتبول دون إرادة منه.

* * *

2- عيوب النطق Speech Defects

تعد السنوات من حياة الفرد فترة حرجة في نموّه اللغوي؛ حيث يتكون فيها الأساس لنموه اللغوي اللاحق، فإذا لم تتوافر الفرصة أمام الطفل في هذه الفترة لتنمية محصوله من المفردات اللغوية؛ فإن أثر ذلك سيبقى واضحًا فيما بعد، إذ تعد اللغة ذات فائدة مهمة وكبيرة؛ تُمكِّن الفرد من نقل المعلومات من جيل لآخر، فتوفر له تجارب الماضي وحِكَمِهِ، وكل ما توصل إليه في مجال العلم والمعرفة، ويبدأ بإضافة ما يتكون لديه ليضيفه إلى هذا التراكم الخبراتي الكبير، وبهذا تصبح حياته دائمة التطور والتقدم، فضلًا عن أن اللغة هي الوسيلة المهمة التي يتفاهم بها أبناء الجنس البشري ويتعاونوا معًا من أجل أن تكون حياتهم أكثر سعادة ورخاءً.

إن عملية النطق نشاط معقد يستدعي عمل كثير من الأعضاء والعضلات والتوافقات العصبية التي يشترك في أدائها مر كز الكلام في المخ، يضاف إلى ذلك اشتراك عاملي الفهم والذكاء والعوامل الانفعالية والاجتماعية؛ ولهذا فإن هذه العملية تحتاج إلى مران طويل يبدأ بولادة الطفل، ثم يستمر حتى ينجح في إخراج الأصوات المفهومة ويمارس النطق السليم، غير أن مسيرة الكلام هذه قد لا تخلو من اختلالات عضوية ونفسية تقف حائلاً في سبيل التقدم الكلامي للأطفال، وكلما كانت على درجة شديدة عند بعض الأطفال ، كلما سببت لهم الخجل والحرج، وقد تدفع الطفل للانزواء وتفضيله الصمت على الكلام خشية السخرية والاستهزاء.

وهناك اتفاق عام بين الدراسات التي تناولت هذا الموضوع أن عيوب الكلام بين الذكور أشيع منها بين الإناث في كل الأعمار وفي كل أصناف عيوب النطق، وأن نسبة المصابين بالعيوب الكلامية في رياض الأطفال إلى الصف الرابع الابتدائي يبلغ من 12 – 15 %[(1)] إلا أن الدراسة العربية الكبير ة والشاملة التي أجراها الدكتور مصطفى فهمي في مصر على (25195) طفلاً، تراوحت أعمارهم بين 6 – 14 سنة، أظهرت نتائجها عكس ما أشرنا إليه؛ فقد ظهر أن عيوب النطق كانت في البنين

(1) Travis, Lee Edward:"speech therapy " American Encyclopedia1960 v.25.P.381

4.6% وهي أقل منها لدى البنات البالغة 7% ، أما نسبة شيوع الأمراض الكلامية بين الجنسين ضمن الفئة العمرية للدراسة فقد بلغت 5.8 % من مجموع أفراد الدراسة[1].

أسباب عيوب النطق:

أولاً: الأسباب العضوية:

1- الصمم وضعف السمع: هناك بعض الأطفال الذين لا يتمكنون من سماع كلمة أو جملة إلا إذا كانت بصوت عال جدًا، وقد لا يلتفت الوالدين أو المربية أو المعلمة لذلك، ولما كان الطفل يتعلم من خلال اقتران الصوت الذي يسمعه بالمسميات التي يراها، أي إنه يشرك عينيه وأذنيه في تفسير الأصوات والأشياء التي يراها، فإن الخلل الذي يصيب الأذن سوف يعطل عملية الاستلام، وبالتالي سيصبح غير قادر على تقليد الأصوات التي يسمعها ، وبهذا يعد طفلاً أخرسًا لا تستطيع النطق كما ينبغي.

2- وجود شق في سقف الحلق: إن أول دليل على ظهور الشفة العليا وسقف الحلق يبدأ في حدود الأسبوع السادس من الحياة الجنينية، وإذا كان النمو طبيعيًا فإن التجويف الأنفي ينفصل عن تجويف الفم تمامًا، وذلك بالتئام سقف الفم من الأمام والخلف، ويكون ذلك في نهاية الأسبوع الثاني عشر أو الثالث عشر، أما إذا حدث اضطراب في نمو منطقة الوجه في هذه المرحلة التي يجب أن تتكون فيها الشفة والفك واللهاة بصورة طبيعية؛ فإن نتيجة ذلك حصول نوع من الاندماج غير الكامل؛ أي: شق في اللهاة.

3- وجود شق في الشفة: وهذا الشق يكون في الشفة العليا بسبب نقص في نمو أجزاء الوجه، ويسبب لصاحبه خللاً في النطق، ويكون علاجه بالجراحة، التي تكون سهلة وناجحة إذا ما تمت في وقت مبكر.

---

(1) مصطفى فهمي (975) : أمراض الكلام، دار مصر للطباعة ، القاهرة ط4 ، ص 33-34.

4- الشذوذ في تركيب الأسنان والفك: فإذا كانت أسنان الطفل غير منتظمة بشكل طبيعية أو أن فكاّه لا يتطابقان تطابقًا صحيحًا ؛ كأن يكون أحدهما بارزًا إلى أمام والثاني مرفوعًا إلى الخلف، أو أن هناك عوجًا في أحدهما إلى اليمين أو اليسار، فإن ذلك كله سوف يسبب اضطرابات في النطق ويؤثر في سلامته.

5- التخلف العقلي: فبما أن النطق - كما أسلفنا – عملية عقلية معقدة؛ فإن المتخلفين عقليًا سوف لا يقدرون على أداء هذه العملية بشكل سليم وميسور، فكثيراً ما نشاهد أطفالاً ضعاف العقول يطلقون كلامًا، لكننا لا نستبين من هذا الكلام مراده بسبب هذا التخلف، فالقردة مثلاً لها أجهزة نطق تشبه الأجهزة التي لدى الإنسان؛ لكنها تعجز عن أداء النطق والكلام بسبب انخفاض مستوى ذكائها.

6- تلف أو عطل منطقتي بروكا وفيرنيك Broca and vernick's ، فالمنطقة الأولى هي المسئولة عن الحركات المختلفة لأعضاء الكلام، ولهذا تسمى أحيانًا بالمركز الحركي الكلامي أو منطقة اللغة الحركية، وإصابة هذه المنطقة تلف أو عطل سيقود إلى حبسة كلامية Aphasia وهناك حبسة حسية تنشأ بسبب عطل في منطقة فيرنيك، وهذه الحبسة ترتبط بالقسم الخلفي من الدماغ وعند الفصّان القذالي والصدغي؛ حيث يحصل ما يسمى بـ (عمى الكلمة (word blindness) ، أي: إن الإنسان يكون عاجزًا عن سماع بعض الكلمات.

ثانيًا: الأسباب النفسية:

1- إجبار الطفل الأعسر Left handed على استخدام يده اليمنى Right handed سواء في الكتابة أو الطعام أو في ممارسة بعض الأعمال؛ حيث إن الضغط والإجبار سوف يسببان له اضطراباً في مراكز استعمال اليد في المخ؛ فيعبر عنه بالتلعثم واضطراب النطق.

2- قلق الآباء وشكوكهم حول قدرة الطفل على الكلام، ودفعهم إياه إلى ذلك بشتى السبل ليتكلم في وقتٍ مبكر، ومحاولة إغراءه لكي يسمعوا منه كلمة أو أكثر.

3- التدليل الزائد للطفل، وتوفير احتياجاته كافة دون إعطاءه فرصة للكلام؛

حيث يهرع الأبوين إلى تلبية كل متطلبات الطفل ورغباته بمجرد إشارة أو حركة أو رمز لشيء يقوله أو بعض الكلمات الناقصة التي يفهمون منها رغبته في تلبية حاجة ما.

4- الحرمان والبرود العاطفي، وبعد الوالدين عن الطفل لفترات طويلة في العمل، أو غير ذلك بحيث لا تسمح لهم ظروفهم بمجالسة الطفل ومناجاته والتحدث معه، كل هذا سيقود الطفل إلى بعض أمراض الكلام كاللجلجة وغيرها بسبب الانفعال والتوتر والشعور بعدم القبول والقلق النفسي وضعف الاتصال بينه وبين والديه.

5- عدم شعور الطفل بالأمان والطمأنينة والمخاوف والوساوس والصدمات الانفعالية والشعور بالنقص وعدم الثقة بالنفس.

ثالثًا: الأسباب البيئية:

1- عادات النطق السيئة التي يتعلمها الطفل من بيئته، والتي تتكون بسبب تدليل الطفل وتشجيعه على نطق بعض الكلمات والألفاظ الطفلية التي لا تتناسب مع عمره؛ حيث يحذف ويضيف ما يشاء من أحرف إلى بعض الكلمات، ثم ما تلبث هذه الحالة أن تثبت لديه كصفة كلامية ملازمة له.

2- تظهر عيوب النطق أيضًا بسبب سوء التكيف الأُسري أو المدرسي، كالطفل الذي يعيش في أسرة مفككة ينعدم فيها التوافق الأسري ويسودها الخلاف باستمرار، أو كالطفل الذي ينتظم في روضة ذات نظام صارم وتعامل شديد من قبل المعلمات والمربيات للأطفال؛ فهذا أو ذاك قد تظهر عليه أعراض كلامية مختلفة.

3- يحاول بعض الأطفال الكبار تقليد الأطفال الصغار الذين يبدءون النطق لأول مرة عندما يجدون أن الوالدين يولونهم عطفًا ورعاية خاصة ويشجعونهم على ترديد بعض الألفاظ المشوشة أو المبتورة ثم ما يلبث هذا التقليد أن يثبت بسبب التدريب المستمر، ويبدءون في المعاناة من اللجلجة أو من نطق بعض الكلمات والجمل الناقصة أو المشوشة.

أعراض عيوب النطق:

1- أعراض عامة: ومن أهمها: عدم القدرة على الكلام، أو الحبسة الكلامية التشنجية، وتأخر الطفل في الكلام، الفقر الواضح في عدد الكلمات، ظهور الأمراض الكلامية كاللجلجة، التلكؤ في الكلام وفي محاولة إخراج الكلمة.

2- أعراض جسمية: وهذه الأعراض ليست أعراضًا جسمية خالصة، بل إن أسبابها نفسية (سيكوسوماتية) منها مثلاً ارتعاش الشفتين ورموش العينين، تحريك اليدين أو الكتفين، الضغط على الأسنان وزمّ الشفتين، الضغط بالقدمين على الأرض، تحريك الجفون، وعدم استقرار العينين، تحريك الرأس في كل الاتجاهات، إخراج اللسان، بلع اللعاب في حركات عصبية هستيرية.

3- أعراض نفسية: الانطواء والخجل، الابتعاد عن الأماكن التي تتطلب الحديث والمشاركة فيه، الشعور بعدم القبول، ضعف الثقة بالنفس، التوتر النفسي، سوء التوافق البيئي والمدرسي، القلق النفسي، عدم الشعور بالأمن والطمأنينة، المخاوف المختلفة.

علاج أمراض الكلام: Speech Therapy

ترى بعض المعاهد المتخصصة أن عدد الساعات التي يحتاج إليها من يريد العمل في إصلاح العيوب النطقية يتراوح بين 300- 400 ساعة زمنية في التدريب، وهناك من يرى أن التدريب يمكن أن يقتصر على مشاهدة من يقومون بالعلاج فقط[1]، ولأهمية هذا الموضوع فإن الجامعات تدرب بعض المعلمين على علاج عيوب النطق لكي يتمكنوا من علاج تلاميذهم الذين يعلمونهم، كما تقوم بتدريب من يتخذون علاج عيوب النطق مهنة لهم، ويذكر الأستاذ كورتس Curtis في كتابه (إجراءات واضطرابات التخاطب الإنساني) : إن في الولايات المتحدة الأمريكية أكثر من ستة آلاف مختص بالعيوب النطقية لغاية سنة 1960[2].

---

(1) Irwin, john (1970) :"training Teachers" encyclopedia of Education ,vol.8.free press p.385.
(2) Curtis,J.J: (1978) :"processes and Disorders of Human communi cation"Harper and Row publishers.

وما ذكرناه قد يشير إلى أن المتدربين الذين نوهنا عنهم هم الذين يمارسون العلاج النفسي- مع المصابين بمشكلات النطق وعيوبه، في حين أن هذه العيوب قد تحتاج إلى علاج طبي أو تدخل جراحي، أو قد تحتاج إلى علاج نفسي أو اجتماعي أو تدريب كلامي، أو غير ذلك، وعليه فإننا سنحاول علاج هذه العيوب إلى ما يأتي:

1- العلاج العضوي (الطبي) : ويعني ذلك إصلاح العيوب البيولوجية جراحيًا، من ذلك مثلاً سد الفتحة الموجودة في سقف الحلق، ورتق الشفة المشقوقة، وإجراء عمليات في الحنجرة وفي تجويف الأنف، وعلاج اعوجاج الأسنان وتقويمها، أو قلع الشاذ منها، أما علاج السمع فمنه ما يمكن معالجته جراحيًا، ومنه ما تستخدم معه مقويات السمع، أما الصمم الكلي فيفيد معه تعلم النطق عن طريق حركات الفم أو بواسطة الأصابع.

2- العلاج النفسي: ويأتي في مقدمة هذا العلاج تقوية الروح المعنوية للمصاب بعيب كلامي، وخفض التوتر النفسي ومساعدته في التغلب على خجله وارتباكه وانزواءه ، وملئ حياة المصاب بالدفء والحنان والأمن والطمأنينة والتشجيع، وكل هذا لا يمكن أن يتأتى بسهولة، إنما يحتاج لرعاية والديه خاصَّةً الأم التي تدرك هذه المشكلة وخطورتها، وتسهم بشكل جدي وفعال في مساعدة طفلها على تخطي هذه المشكلة، وتتصل بذوي الاختصاص في هذا الشأن لتلقي التعليمات والتوجيهات بهذا الخصوص، ولا يكفي ما يقوم به الوالدان من واجبات؛ وإنما يستوجب الأمر أن يكون للأخصائي النفسي دور في هذا المجال؛ سواء كان ذلك بالرعاية المباشرة للمصاب، أو بإسداء النصح والإرشاد لذويه، وفي هذا الصدد يمكن أن نورد هذه الحادثة التاريخية الطريفة التي أوردها التنوخي في كتابه (نشوار المحاضرة وأخبار المذاكرة) عن واحد من الأساليب النفسية التي استخدمت منذ أمد طويل في علاج اللثغة:

يقول أحمد بن علي بن هارون بن المنجم: كنت وأنا صبي ، لا أُقيم الراء في كلامي، واجعلها غينًا، وكانت سنيّ إذ ذاك أربع سنين، فدخل أبو طالب الفضل بين سلمة إلى أبي وأنا في حضرته، فتكلمت بشيء فيه راء فلثغت فيها ، فقال له

الرجل: يا سيدي لم تَدَع أبا الحسن يتكلم هكذا؟ فقال له أبي: ما أصنع وهو ألثغ؟ فقال له: إن اللثغة لا تصح مع سلامة الجارحة، وإنما هي عادة سوء يعتادها الصبي أول ما يتكلم لجهله بتحقيق الألفاظ وسماعه شيئًا يحتذيه، فإن تُرِكَ صار له طبعًا لا يمكنه التحول عنه، وإن أُخذ بتركه في أول نشوئه استقام لسانه وزال عنه، وأنا أزيل هذا عن صبيك. ثم قال لي: أخرج لسانك. فأخرجته، فتأمله وقل: الجارحة صحيحة. قل يا بني: (را) واجعل لسانك في سقف حلقك. ففعلت ذلك، فما زال يرفق بي مرة ويخشن بي أخرى، وينقل لساني من موضع إلى موضع من فمي، ويأمرني أن أقول (الراء) فيه، وأوصى معلمي بإلزامي في نقل لساني من موضع إلى آخر حتى تمرن لساني على ذلك وذهبت عني اللثغة".

3- العلاج البيئي: ويكون ذلك داخل الأسرة والروضة ويمكن تلخيصه بما يأتي:

أ- عدم تدليل الطفل ومداعبته بإعادة كلامه كما يتلفظه هو لأن ذلك قد يدعوه إلى تثبيت هذا النوع من الكلام من أجل المحافظة على مودّة الوالدين وحصوله على الامتيازات التي يرغبها.

ب- تجنب السخرية والاستهزاء من الطفل المصاب بعيب كلامي حتى في ساعات الغضب؛ لأن ذلك يدفعه إلى الصمت والعزلة، وبالتالي ازدياد عاهته سوءًا.

ج- لا يجوز أن نظهر ملكنا أو ضجرنا من كلام الطفل المصاب؛ لأن ذلك يثبت عاهته ويُعقِّد مشكلته ويثير قلقه في نفسه من عاهته.

د- يفضل منع الأطفال من الاختلاط بذوي العيوب الكلامية؛ فقد يكون للتقليد والمحاكاة أثر في نقل هذه العيوب إلى الأطفال الأصحاء.

هـ- أن يتجاهل الأبوين والمعلمة أو المربية ما يبديه الطفل الذي يعاني من مشكلات كلامية أثناء كلامه، ويحاولوا تشجيعه وإثابته وحثه على الكلام وعدم إحراجه أمام الآخرين.

* * *

3- مصُّ الأصابع Fingers sucking

يعد مص الأصابع من أكثر العادات شيوعًا بين الأطفال، حيث تبدأ باستجابات حركية لكل مثير ملموس في المنطقة المحيطة بالفم وبحركات دقيقة تدعي (المنعكس الأساسي للمص) The Rooting Reflex of sucking تحث الوليد على الاهتداء لأقرب شيء منه يجده بالصدفة حيث يمسكه بنهم، وقد وجد سوتن وسمث sotton and Smith 1973 أن المص هو أحد الأفعال المنعكسة التي يأتي المولود مزودًا بها لتساعده على البقاء، فحين نلمس خد الولدين يلتفت بسرعة إلى ذلك الاتجاه مظهرًا منعكسه الذي يجلب فمه إلى الموضع الذي أثاره لينتزع غذاءه من الثدي أو زجاجة الرضاعة لإشباع دافعي الجوع والعطش [1]، وهذا الرأي ينسجم مع ما جاء به ستيفنسن Stevenson 1963 من أن السلوك المبكر للرضيع يكون على شكل منعكسات كالمص والابتلاع، مضيفًا أن التعلم يؤدي إلى تعديل أو تحوير في هذه الانعكاسات [2].

إن المص بحد ذاته عنصر أساسي وحيلة من حيل البقاء وآليات المحافظة على النفس، يزود الوليد بما يقيم أوده ويغذيه، وسرعان ما يصبح المصُّ حاجةً بذاته تتطلب الإشباع والإرضاء، وعدم إشباع هذه الحاجة يدفع الطفل إلى التعويض بأشياء أخرى، وبما أن الطفل قد استشعر السرور واللذة لأول مرة بواسطة فمه أثناء الرضاعة؛ لذا فإنه من الطبيعي أن يمتص إصبعه بمجرد أن يكون بجوار شفتيه، مستهدفًا بذلك الحصول على المتعة واللذة عن طريق المنطقة الشبقية الفمية، وهي الغشاء المخاطي المبطن للفم والشفتين، وهذه المنطقة مزودة بنهايات أعصاب حساسة ومتخصصة إلى حد كبير.

والطفل الصغير الذي يمارس عادة مص الأصابع يكون شأنه في الغالب أثناء

---

(1) Sutton and smith, Brian,(1973) : child psychology Applet century-crofts U.S.A New york.

(2) Stevenson Itarold (1963) "child psychology" the sixty second yearbook of education, part1 . U.S.A Chicago.Disturbutd by the university of Chicogo press.

ممارسته لهذه العادة   شأن المدمنين على التدخين أو المخدرات الذين يجدون نشوتهم وسعادتهم في تعاطي ما أدمنوا عليه، غير أن عادة مص الأصابع تزداد فترات ممارستها عندما تعتل صحة الطفل، أو عندما لا يحقق رغباته، أو حينما يحاول حل مشكلة صعبة، وفي حالة عدم رغبته في النوم، وهذه كلها تتطلب منه أن يعيش عالمًا خاصًا به بعيدًا عن العالم الواقعي، أي: إن هذا الطفل يصبح طفلاً انسحابيًا لا يرغب في مواجهة الواقع لإحساسه بأن الواقع لا يحل مشكلاته ولا يلبي رغباته، وبهذا فقد تترسخ لديه بعض الصفات النفسية السلبية كالميل إلى العزلة، والخجل، وقلة الجرأة الاجتماعية، وقلّة الميل إلى الصراحة، والرغبة في التكتم وضعف الثقة بالنفس، وشدة الحساسية وسرعة التأثر؛ وقد تبقي هذه الصفات السلبية ملازمة له عند الكبر ويصعب عليه التخلص منها بسهولة.

المجرى الطبيعي لمص الأصابع:

لقد ذهب هيبوقراطيس وديمقراطيس (وهما من الأطباء اليونانيين القدامى) ووليم هارفي (1651) الطبيب المشهور إلى أن الطفل يمص إصبعه وهو في رحم أمه، غير أن هذا الرأي لم يجد له من يؤيده إلا في العصر الحديث، حيث أشار جيزل و إلك 1937 Gasellk & ilq إلى أنهما قد وجدا إبهام أحد الأطفال كان متورمًا عند الولادة، وهو على ما يبدو قد مصّه وهو في بطن أمه، بدليل أنه بعد صرخة الولادة قد وضع إبهامه المتورم في فمه وشرع في مصّه[1]، كما أشار طبيب الأطفال المشهور بنيامين سبوك Benjamen spock1968 إلى أن بعض الأطفال يشرعون في مص أصابعهم وهم في غرفة الولادة [2]، أما جيرسيلد Jersild 1968 فيقول : إن الطفل يولد وهو مزود بقدرة على المص[3].

ويمكنني القول باختصار : إن الطفل يبدأ بمص أصابعه في وقت مبكر، وقد يبدأ بذلك بعد أسابيع قليلة من ولادته، وتكون هذه الحركة تلقائية نظرًا لوجود أصابع الطفل بالقرب من فمه، وهذه العملية هي جزء من احتياجات الطفل

---

(1) A.T.Jersild (1968) "child psychology" New jersey' prentic –hall p.122.

(2) Benjamen, spock (1968) Baby and child care" New york : pocket books p.219.

(3) A.T.Jersild (1986) p.121.

الغريزية في هذه المرحلة؛ إذ يتلذذ بمص أصابعه لأن ذلك يرتبط بشعور جميل لديه؛ ألا وهو إحساسه أنه بالقرب من صدر أُمِّه، وقد تستمر هذه الحالة حتى الشهر السادس، حيث يستعيض بشيء يضعه في فمه بدلاً من مص أصابعه، وخلال هذه المرحلة إما أن تتلاشى هذه العادة أو تبقى تلازمه، خصوصًا إذا لم تحسن الأم إبعاده عنها بحكمة وبسرعة، وذلك عن طريق الانتقال من الرضاعة إلى التعود على الأكل بالملعقة الصغيرة، ويستحب أيضًا وضع أجراس صغيرة بالقرب من فراشه، أو بعض الألعاب التي يكون من السهل عليه إمساكها، فضلاً عن محاولة جذب انتباه الطفل بالتحدث معه حتى تقل حاجته إلى مص أصابعه.

وفي الشهر السابع تصبح الحركة من اليد إلى الفم محببة لدرجة يصبح معها مص الأصابع قويًا؛ حيث إن الطفل يمص أصابعه فترة طويلة من النهار والليل .

أما بعد هذه الفترة فيحدث تصاعد أو تنازل في عملية مص الأصابع، وفي حوالي الشهر الثامن عشر يصل الكثير من الأطفال إلى ذروة جديدة في هذه العادة، وقد يقل مص الأصابع أثناء النهار على الأقل حينما يبلغ الطفل السنتين من العمر، حيث يرتبط ارتباطًا إيجابيًا بالجوع والنوم والتعب، أما في عمر سنتين ونصف إلى ثلاث سنوات فيقل المص أثناء النهار والليل، وفي الرابعة من العمر يقتصر مص الطفل لأصابعه عند حاجته للنوم، أو عندما يكون حزينًا، وفي بعض الحالات يأتي الطفل بحركة أخرى تصاحب مص الأصابع؛ كأن يمسك خصلة من شعره أو طرف أذنه، أما في الخامسة فتقترن هذه العادة بالنوم، وقد تتلاشى تلقائيًا أو بمساعدة قليلة من الوالدين، وعندما يبلغ الطفل ست سنوات ويذهب إلى المدرسة، فالغالب أن هذه العادة لا يبقى لها أثر، أما إذا استمرت وأصرّ الطفل عليها فيجب أن يعلم الأبوان أن سبب استمرارها قد يكون الغيرة أو الضغوط النفسية المستمرة التي يتعرض لها الطفل.

وعادة مص الأصابع شأنها شأن جميع العادات غير المرغوبة التي تشبع حاجة الطفل، تتحول وتتبدل لتأخذ شكلاً آخر يرضى عنه المجتمع أو لا يكترث به، وفي الوقت نفسه يلبي حاجة الطفل، وهكذا فإن بعض الأطفال الذين يؤاخذون على

المص الأصابع يستبدلونه بمص شفاههم وألسنتهم، أو التلذذ بوضع أشياء في أفواههم، أو مضغ العلكة وغير ذلك.

الرضاعة ومص الأصابع:

هناك اعتقاد بأن الطفل الذي لا يبذل مجهودًا كبيرًا في امتصاص غذائه عندما يكون ثدي أمِّه مليئًا بالحليب، أو عندما تكون ثقوب حلمة الزجاجة واسعة فإنه يتعود مص أصابعه أكثر من الطفل الذي يجهد نفسه في حصوله على غذائه،ومما يعزز هذا الاعتقاد التجربة التي أجريت على مجموعتين متماثلتين من الجراء (أشقاء ولدوا معًا) غُذِّيت المجموعة الأولى بواسطة حلمات ذات ثقوب واسعة مكنتها من الحصول على الحليب بسهولة ويسر، أما أشقاؤها فقد غُذِّيت من حلمات ذات ثقوب ضيقة بحيث أطالت وقت الرضعة، وقد وُجد أن جراء المجموعة الأولي قد أخذت تمص مخالبها وفراء الجراء الأخرى والأشياء الموجودة بالقرب منها، أما جراء المجموعة الثانية فلم تبد شيئا من هذا السلوك، وهذا يعني أنها قد أشبعت حاجتها من المص.

أما على الأطفال فقد أجريت دراسات عديدة أوضحت أن الأطفال يمصون أصابعهم أو أشياء أخرى عندما لا تشبع حاجتهم للمص بسبب إعطائهم رضعات سريعة، أو عندما يفطمون مبكرًا[1].

كما وجدت دراسات أخرى أن نسبة تعود الرضيع الذي ترضعه أمه كل ثلاث ساعات على مص إصبعه أقل بكثير مما هو عليه الطفل الذي ترضعه أمه كل أربع ساعات، وأن من الحقائق المهمة الأخرى التي أثبتتها البحوث الطبية أن الطفل الذي تقل فترة الرضاعة لديه عن عشرين دقيقة إلى عشر دقائق بسبب ضمور حلمة ثدي الأم أكثر عرضة للتعود على مص الإصبع من الطفل الذي يرضع فترة عشرين دقيقة، ولهذه الأسباب فإن أي عامل يؤدي إلى عدم اكتفاء الطفل من الرضاعة وعدم حصوله على الغذاء الكافي يؤدي إلى لجوئه إلى مص أصابعه كنوع من التعويض والتعويد.

(1) L-F.shaffer and E.J.shoben (1956) :"The psychology of Adjustmeut" Boston: Houghton Mifflin co .P.42

ومن البحوث الطبية الأخرى التي تناولت هذا الموضوع ما دل على أن الأطفال الذين يرضعون حليب الأم قلّما يتعودون على مص أصابعهم، وأن نسبتهم قليلة بالمقارنة مع الأطفال الذين يرضعون من قنينة الحليب؛ والسبب في هذا أن الأم أكثر إحساسًا بحاجة طفلها الحقيقة إلى الحليب، أما إذا حاول الطفل مص إصبعه رغم أنه يرضع من ثدي أمه فهذا يستدعي زيادة وقت الرضعة، فإذا كانت تحتاج إلى عشرين دقيقة تزاد لوقت أكثر من هذا وحسب حاجة الطفل، وهذا لا يعني أن تفرط الأم في وقتها على حساب مزاج طفلها، فالمعلوم أن الطفل يأخذ في الدقائق العشرة الأولى لبدء الرضعة أكبر كمية من الحليب، أما الوقت الآخر إنه يرضي به حاجته إلى المص مع كميات قليلة جدًا من الحليب.

أسباب مص الأصابع:

إن عادة مص الأصابع لها مسببات كثيرة؛ منها عدم كفاية إشباع حاجة الطفل إلى المص من ثدي أمه أو زجاجة الرضاعة، أو أنها دليل على نقص في التغذية من ناحية الكم والكيف، أو هي دليل على الوحدة والحرمان من حنان الأم، أو الحرمان من اللعب ومزاولة النشاط بحرِّية، أو لأنه يؤدي إلى حالة استغراق يتلذذ بها الطفل، أو أن هذا السلوك يظهر لدى الطفل عندما يكون متعبًا أو جائعا أو في فراشه قبل النوم، أو بعد التوبيخ، أو عندما يكون كسلاً لا يجد ما يفعله.

وفضلاً عما تقدم، فإن هناك من يرى أن الطفل يمارس هذه العادة لأنه يشعر باللذة في ممارستها، وذلك بإثارة المنطقة الشبقية الفمية بواسطة ما يدخل الفم وما يمكن أن يوضع فيه - على رأي فرويد وجماعته - وللبرهان على صحة ذلك قام المحلل النفسي ديفيد ليفي David levy بإجراء عدة تجارب على جراء الكلاب؛ حيث غذّى مجموعة منها بواسطة قطارة طبية ولم يتح لها الفرصة للقيام بالمص أثناء التغذية، فقامت هذه المجموعة بسلوك يماثل سلوك صغار الأطفال الذين لم يعطوا الفرصة للقيام بالمص الكافي أثناء تناول الوجبة اليومية، وأخذت تمص مخالبها ومخالب وجلود بعضها البعض؛ لدرجة أنها أدت إلى نز ع الشعر من على الجلد[1].

---

(1) Benjamem spock (1968) P.219.

كما ذكر سمساريان Simsarian أن بعض الأطفال يمصون أصابعهم مع أنهم يعطون الحرية المطلقة في مص أثداء أمهاتهم عندما يرغبون[1] ، فيما يرى بياجيه Piaget أن فم الطفل هو ليس وسيلة لتناول واشتقاق المتعة أو اللذة فقط كما ذهب إلى ذلك الفرويديون؛ بل هو وسيلة لاكتشاف العالم والتعرف عليه مثله مثل العين والأذن واليد، فالطفل يتعرف بواسطة فمه - بما في ذلك الشفتين والأسنان - على صلابة الأشياء وحرارتها وطعمها .. إلخ.

ويَعزو آخرون أسباب مص الأصابع إلى رغبة الطفل بذلك، أي: إنه يكتسب أو يتعلم هذه العادة لأنها توفر له المتعة والرضى العميق الناجح عن إشباع الجوع، فتصبح هذه العادة عملية ممتعة يكررها باستمرار، وتصبح جزءا من كل ممتع يمارسه.

الأضرار التي يحدثها مص الأصابع:

1) الأضرار الجسمية والصحية: يؤدي المص إلى تفلطح الأصابع، وتشوه الفم وسقف الحلق، وبروز الأسنان العليا إلى الخارج، وميل الأسنان السفلى إلى الداخل، خاصَّةً إذا بدأ المص في دور التسنين، كما يؤدي إلى دخول الجراثيم المختلفة إلى الجهاز الهضمي عن طريق الأصابع الملوثة.

2) الأضرار الاجتماعية: المص عادة غير مقبولة اجتماعيًا، لهذا نجد أن الوالدين يبدون انزعاجًا يدفعهم إلى محاولة قمع هذا السلوك بالقوة، ومحاولة استئصاله باستخدام التهديد الدائم لأمن الطفل وسلامته، مما يترتب عليه توتر العلاقة بينه وبين والديه، وينمِّي في نفسه الخوف والعداء والكراهية نحوهما.

3) الأضرار النفسية: يعتقد الفرويديون أن عادة المص هي مقدمة لعادة الاستمناء في المراهقة؛ فالطفل يتعلم عن طريقها العبث بأعضاء جسمه الحساسة أو بفتحاته، مما يؤدي به إلى الانتقال من المص إلى الاستمناء ، ويلاحظ أن المص من أجل التلذذ يستأثر بالانتباه ويؤدي إلى النوم، وقد يصل إلى رد فعل حركي على شكل قذف[2]، ويرى البعض أنها دليل على حالة نفسية غير طبيعية لدى الطفل.

---

(1) F.B.simsarian (1962) Self Demand Feeding of infants and young children in family settings"mental Hygiene 32. p.217.see also A.T.Jersild (1968) p.123

(2) L.postman (1962) "psychology in the making new york: Alfred Aknopf p.289

مما يدل على أن وضع الطفل غير سليم، وإذا استثنينا الأطفال الرضع الـذين يبـدون أنهـم سعداء أثناء المص[1]، نجد أنها لدى كبار الأطفال دليل على مرض أو إحباط، فهم يلجئـون إليهـا عند اعتلال الصحة، أو الفشـل في تحقيـق رغبـة، أو إذا عوملوا بقسـوة، أو إذا كـان هنـاك مـا يخيفهم، أو إذا ما أُجبروا على النوم[2].

ومن أضرارها النفسية الأخرى هي أنها تساعد في تنمية عادات سلبية أخرى؛ كالاستغراق في أحلام اليقظة والميل إلى الانطواء، والخجل، والتردد، وضعف الجرأة وروح المخـاطرة، وغير ذلك من الصفات الانعزالية التي تجعل الإنسان ينكمش ويبتعد عن الواقع[3]، وفضلاً عن ذلك فإن هذه العادة قد تؤدي إلى تحطيم شخصية الطفل وتدمير صحته النفسية، لا سيما عنـدما يتصرف الوالدان مع طفلهما كما لو أنه يتعمد إغاظتهما ويتجاهل تعليماتهما، فينزعـان إصبعه من فمه كلما شاهداه فيه، وقد يصاحب ذلك التوبيخ والتقريع والضرب أمام النـاس، أو إلى مقارنته بمن هم أصغر منه سنًّا، أو تهديده بقطع إصبعه، أو طلاءها بمادة كريهة الطعم، وهذه كلها أساليب من شأنها إيذاء الطفل أذىً نفسيًا بالغاً يسهم في تدمير شخصيته وصحته النفسية.

وسائل العلاج:

يستخدم الوالدان أحيانًا أساليب غير سليمة في محاولتهم حمـل الطفل عـلى الإقـلاع عـن هذه العادة مستخدمين طرقًا غير تربوية، قد تصل أحيانًا إلى حـد القسـوة والضرـب والسخرية والتأنيب والتقريع والتهديد، أو وضع مادة ذات مذاق مر على الإصبع، بحيث تـؤدي عمليـة المص إلى نتائج غير سارة، أو قد يلجأ بعض الآباء إلى رشوة الطفل لحثـه عـلى الإقلاع عـن هذه العادة، وهذا أسلوب غير تربوي أيضًا؛ لأنه يضع الآباء في موقف ضعيف، فالطفـل يشعر بقلق والديه وانشغالهما بهذا الأمر؛ مما

(1) عبد العزيز القوصي (1969) « الصحة النفسية » القاهرة ، مكتبة النهضة العربية. ص216.
(2) A.Fromme (1969) " The ABC of child care " The pavents Hand book Newyork: pocket cook p.296
(3) عبد العزيز القوصي (1969) « الصحة النفسية » القاهرة ، مكتبة النهضة المصرية، ص317.

يدعوه إلى التحكم فيهما، أو أن بعضهم يلجأ إلى ربط أصابع الطفل التي يمصها بقطع من القماش أو بالخيط ، أو يفرضون على الطفل لبس قفاز لمنعه من ممارسة هذه العادة، وهذه الوسائل كلها قد تزيد من شعوره بالضيق، فلا يلبث أن يعود إليها عندما يفك رباط إصبعه أو ينزع القفاز عن يده، وقد ينصرف عنها ظاهريًا، لكنه يعد إلى ممارستها سرًا مولدًا لذة أخرى؛ وهي عناد الوالدين وعصيانهم وتحدي سلطتهم، ومقابلة العدوان بالعدوان.

ويعتقد الدكتور سبوك Spock1968 أن هذه الكوابح لا تفيد إلا في جعل الطفل يائسًا، وأنها لا تجدي مع صغار الأطفال، كما أنها تطيل بقاء العادة على الأغلب، وتجعل الطفل يتشبث بها، وعندما تزال هذه الموانع أو الكوابح فإن الطفل سيعود إلى سيرته الأولى ، بل إن استعمالها سيؤدي إلى نشوء عادات أسوأ، أو أنه من الأفضل لنا أن يمص الطفل إصبعه بدلاً من أن يتعلم مص شفتيه أو لسانه[1].

إن القضاء على هذه العادة يقتضي منا أن نميز بين حالتين من حالات مص الأصابع؛ الأولى خاصة بعهد الرضاعة، وتكون أقوى ما يمكن الأشهر الثلاثة الأولى، ثم تأخذ بالانخفاض التدريجي إلى أن تختفي تمامًا في الشهر السادس أو السابع، وفي هذه الحالة تعد هذه العادة تعبيرًا عن حاجة طبيعية، أما في الحالة الثانية فهي التي تظهر في أواخر السنة الأولى أو فيما بعد، وتكون وسيلة للترويح أو التسرية والتخفيف عن الطفل، وعليه يجب أن نعالج كل حالة على انفراد، طالما أن هناك اختلاف في الأسباب والوظائف.

أ) علاج مص الأصابع في فترة الرضاعة:

1- في الرضاعة الطبيعية يستحسن ترك الطفل أطول قدر ممكن من الوقت مع ثدي أمه؛ حيث إن الطفل سوف يحصل على الحليب في مدة لا تتجاوز العشر دقائق، أما بقية الوقت فإنه يقضيه في إرضاء نهمه للمص، أما في الرضاعة الصناعية فمطلوب من الأم أن تتابع حلمة الزجاجة، وكلما وجدتها مرتخية أو اتسعت ثقوبها

---

(1) B.spock (1968) p. 221

استبدلتها بأخرى ذات ثقوب أضيق، تجعل مدة الرضعة تطول إلى حدود العشرين دقيقة أو أكثر.

2- إتاحة الفرصة أمام الطفل بأن يرضع كلما شاء؛ لأن حرمانه من الرضعات التي يريدها يقوده إلى مص أصابعه كنوع من التعويض.

3- مشاركة الطفل في نشاطه ولعبه، وعدم تركه فترات طويلة مضطجعًا في فراشة لوحده.

4- وضع بعض الصور الملونة والجذابة، والألعاب المدلاة من مهده، بحيث تكون قريبة من يديه؛ ليلهوا بها قبل النوم أو بعد استيقاظه، وينشغل بها عن مص أصابعه.

5- عدم التبكير في فطم الطفل قبل المواعيد المقررة والمناسبة للعظام.

ب) علاج مص الأصابع لدى الأطفال الكبار:

1- إتاحة الفرصة أمام الطفل لممارسة اللعب الطليق والحر، وعدم المبالغة في تقييده بحجة الخوف عليه.

2- خلق علاقة ودِّية وإيجابية بين الطفل ووالديه من جهة، وبينه وبين إخوته وزملائه من جهة ثانية.

3- تجنب القسوة والعقاب والتأنيب والتعنيف لحمل الطفل على ترك هذه العادة، ويستعاض عن ذلك بالتشجيع والمدح والثناء وتنمية ثقته بنفسه.

4- تجنب رشوة الطفل وإغرائه على ترك هذه العادة؛ لأنه سوف يفسر ـ تلك الطرق على أنها مؤشر ضعف عند والديه سرعان ما يستغله في تحقيق مآربه الذاتية.

5- إشغال الطفل ببعض الأطفال التي تحتاج إلى استخدام يديه، كتفكيك بعض القطع وتركيبها، أو استخدام آلة موسيقية وما شابه ذلك.

6- تجنيب الطفل حالات الإحباط والتعب والجوع والتوتر النفسي.

7- تحسين معاملة الطفل في البيت، والاهتمام به وبشئونه؛ لأن بعض الأطفال

يستخدمون هذه العادة بقصد جذب انتباه الوالدين نحوهم وإغاظتهما، بل وحتى الانتقام منهما.

8- إزالة الخوف من بيئة الطفل، وبث الأمن والطمأنينة في نفسه.

9- اللجوء إلى الطبيب النفسي أو المرشد التربوي للمساعدة في حل هذه المشكلة عندما يعجز الوالدان عن حلها.

10- الأفضل ألا نعمل شيئا من أن نعمل شيئا خاطئًا، فالطفل سيترك هذه العادة من تلقاء نفسه، وستذهب المخاوف من هذه العادة إلى غير رجعة.

* * *

4- الغيرة Jealousy

الغيرة حالة انفعالية مركبة، أي إنها مجموعة انفعالات مختلفة ومتنوعة، يعاني منها الطفل كنتيجة لظروف معينة يتعرض لها، وغالبًا ما يرفض الاعتراف بها، ويحاول جاهدًا إخفائها؛ لأنها تسبب له شعورًا بالمهانة والنقص والخيبة والإحباط، لهذا فإن لها أثرًا عميقًا على الصحة النفسية، يمتد في حياة الطفل لفترة طويلة، ومن الحالات الطريفة التي تؤيد ما ذهبنا إليه هو ما أورده أرتوس عن امرأة في الثلاثين من عمرها أخبرته بأن سوء التفاهم الذي يقوم بينها وبين أخت لها تكبرها بعامين يرجع إلى أيام طفولتهما المبكرة ، وقد حكت قصتين مشحونتين بأعنف مشاعر الغيرة، حيث قالت: في يوم دعا والدها نفرًا من أصدقائهما إلى العشاء، ولم يكن هناك مكان لها على المائدة، فأُرسلت إلى المطبخ لتتناول طعامها هناك، بينما بقيت أختها – وكانت في أبهى ملابسها – على المائدة، وفي مناسبة أخرى سمعت أختها تخبر أمها بأن ملابسها قد اتسخت، فطمأنتها أمها قائلة : لا تقلقي سنشتري لكي ملابس جديدة ونعطي ملابسك القديمة لأختك[1].

ومن هذين الموقفين يتبن لنا أن الغيرة ذات أثر عميق على الصحة النفسية للصغير، ولا يمكن أن نعدها شعورًا مؤقتًا سريع الظهور وسريع الاختفاء، ولابد من استخدام وسائل فعالة في سبيل التقليل من حدتها لدى الأطفال الغيورين؛ لأنها تنطوي في جوهرها على كره شخصي لشخص آخر من أجل علاقة الاثنين بشخص ثالث، وهكذا تتطلب الغيرة ثلاث أشخاص لحدوثها؛ هم الشخص الذي يغار، والشخص الذي يُغار عليه، والشخص الذي يُغار منه.

وانفعال الغيرة انفعال عادي وشائع بين الأطفال، وغالبًا ما يكون سلوك

---

(1) أندريــه أرتــوس: طفلــك ذلــك المجهــول، ترجمــة عبــد المنعم الزيــادي. القاهرة، مكتبــة نهضــة مصـر، ص100-101.

الكبار دافعًا في إثارته عندما يميزون بين الأطفال في أسلوب التعامل، أو حينما يمدحون طفلاً أمام طفل آخر، أو عندما يقارنون بين الأطفال بقصد إظهار عيوب البعض منهم وإبراز سقطاتهم، أو عندما يركز الوالدان أو أحدهما عنايته على الذكور دون الإناث أو بالعكس، أو عند ولادة طفل جديد في الأسرة أو عندما يولي الوالدان اهتمامًا ولطفًا زائدين مع الأطفال الغرباء الذين يفدون مع أسرهم إلى أسرة الطفل، أو عندما يشير الكبار إلى عجز الطفل الغيور أو إلى عيوبه أمام الأطفال الآخرين، لا بل إن بعض الكبار تستهويهم اللعبة عندما يجدون الطفل حانقًا غاضبًا منفعلا باكيًا، يضرب الآخرين، أو يدمر الأشياء من حوله، أو يؤذي نفسه، وكأنهم في مسرحية درامية مسلية، غافلين كل الغفلة عن أنه ليس هناك ما هو أكثر إيذاءً وتدميراً لهذا الطفل من عبثهم وسخريتهم هذه، جاهلين بمدى المرارة والحقد والقصور والعجز التي يتحملها هذا الطفل السكين.

ولا تظهر الغيرة لدى الطفل بشكلها المعروف قبل نهاية السنة الثانية من عمره ، فقبل هذه الفترة يكون مشغولاً عنها باكتشاف ذاته وبيئته، وفي المهارات الجديدة التي بدأ يتعلمها كالكلام والمشي، فضلاً عن أنه نموّه العقلي لم يصل بعد إلى إدراك المواقف التي تنطوي على انفعال الغيرة.

ثم ما يلبث الطفل بعد الثانية أن يتطور إحساسه وإدراكه للأشياء وللمحيطين به، لهذا فإنه يحاول أن يجذب انتباههم إله، لكنه يصاب بخيبة أمل عندما ينصرف هذا الانتباه عنه إلى طفل آخر، فيندفع إلى الثورة والاحتجاج والغيرة من الطفل الذي سبب له هذا الحرمان من العناية والاهتمام من ذويه، وقد يندفع إليه ليبعده أو يضربه، أو يبكي، أو يقوم بأية حركة من شأنها إبعاده عمن يحب، وهذا هو الأساس في الغيرة؛ إذ لا تظهر لدى الأطفال الصغار إلا عندما يتحول انتباه الوالدين عنهم إلى غيرهم، وغالبًا ما يكون الطفل الأول أكثر تعرضًا للغيرة من الأطفال الآخرين؛ لأنه يشعر بشدة هذا التحول لاسيما إذا بالغت الأم في اهتمامها بالمولود الجديد، كما أن الغيرة تنتشر بين العوائل الصغيرة Nuclear familes أكثر من انتشارها في العوائل الكبيرة Extended Familes لأن مجال المقارنة يكون في هذه العوائل أشد

وأقوى، بينما في العوائل الكبيرة تقل الغيرة بسبب سعة العلاقات الاجتماعية القائمة بين الأطفال وخصوصيتها.

أسباب الغيرة:

يبدو مما مر ذكره أن الغيرة ظاهرة تستدعي الوقوف على مسبباتها ومظاهرها وأساليب علاجها بدل إهمالها وتركها لتنغص حياة الطفل وتسيء إلى الجو العائلي، فإذا كانت الغيرة تظهر في حياة الأطفال الصغار في سنواتهم الخمس الأولى عن طريق المصادمة، أو عن طريق التنشيط المقصود أو غير المقصود لها من قبل الكبار؛ فإنها سوف تبقى ملازمة للفرد طيلة حياته، وتؤثر تأثيرًا مباشرًا في سلوكه وفي علاقاته الاجتماعية مع الآخرين، وفي علاقاته الزوجية فيما بعد، وعندها يصبح من الصعب علاجها والتغلب عليها، لهذا فإن الوقوف على أسبابها يصبح أمرًا مهمًّا وضروريًّا، وانطلاقًا من هذا يمكننا القول: إن أسباب الغيرة تختلف باختلاف مراحل العمر، ففي مر حلة ما دون السادسة من العمر نجد أن سلوك الطفل يأخذ صورة صريحة واضحة تدل على الغيرة؛ فهو يسعى على الدوام إلى أن يكون موضع رعاية واهتمام ومحبة من والديه، وإذا ما وجد من ينافسه على ذلك فإنه يقاوم ويمارس سلوكًا عدوانيًّا من أجل إبعاد هذا المنافس سواء كان هذا بالضرب أو سحب الشعر أو إيقاع الأذى به بأي شكل من الأشكال ، أما في المرحلة الثانية من العمر، فإن الغيرة قد لا تكون صريحة واضحة أمام من يريد تتبعها.

وعلى العموم يمكن تشخيص أبرز أسباب الغيرة لدى الأطفال في هذه المرحلة بما يأتي:

1- فقدان السند العاطفي: يعرف المهتمون بالطفولة وعالمها أنه ليس هناك من شيء يبني الشخصية السليمة ويكونها للطفل كشعوره بالمحبة والحنان والعطف والرغبة فيه، لهذا فهو عندما يشعر بأن أخاه أو أخته أخذا منه هذا العطف والعناية؛ فإن ذلك يشغله تمامًا يَقُضّ مضجعه؛ لأن امتيازه الذي كان يتمتع به قد فقد، وأصبح أمنه وغطاؤه النفسي عرضة للتهديد من قبل هذا الأخ أو هذه الأخت،

وبهذا سيصبح إنسانًا غير مرغوب فيه بعد أن كان يتمتع بالدفء والاهتمام بشكل يريحه ويرضيه؛ لذا فإنه من الطبيعي بعد هذا أن يغار ويبدأ بتهيئة أسلحته لرد الاعتبار إلى نفسه بالطريقة والكيفية التي يراها.

2- المقارنة والتفضيل: لا ينفك بعض الآباء من إجراء المقارنة بين أطفالهم، غافلين الآثار النفسية السلبية والسيئة التي يتركونها بين أطفالهم، فإذا ما فضلوا طفلاً على آخر فإنهم بذلك يزرعون الأنانية والتكبر فيه، يزرعون الحقد والكره والغيرة في الطفل الآخر، والغيرة من هذا النوع تجد لها بيئة أرحب ومجالاً أوسع في رياض الأطفال والمدارس الابتدائية من خلال المقارنات التي يجريها المعلمون والمعلمات بين الأطفال، أو من خلال عدم توخي العدالة في التعامل معهم وفي توزيع الدرجات بينهم.

3- مجيء مولود جديد للأسرة: تشير كل أبحاث الطفولة إلى إحساس الطفل بأنه مركز العالم، وأن كل شيء يدور من حوله ويهتم به، فهو يتصور نفسه سيدًا يأمر ويجب أن يطاع، وأنه يجب أن يبقى مستحوذًا على اهتمام والديه؛ لأنهما المصدر المهم والوحيد والقوي الذي يلبي له كل إشباعاته ورغباته، لهذا فإن حلول مولود جديد في الأسرة هو بمثابة مشارك جديد له في الامتيازات التي يتمتع بها ، فضلاً عن أن هذا المشارك قد يصبح - من وجهة نظرة بالطبع - مُهدّدًا له ولأمنه، وأنه من الممكن أن يفقده عرشه الذي يتربع عليه، ويسحب منه هذه الامتيازات، لهذا فإن هذا القادم الجديد يجب أن يُقاوم، وتبدأ الغيرة عملها لترسم له أسلوب ونوع وشكل هذه المقاومة.

4- العوامل الطارئة والعرضية: ونقصد بها بعض الظروف التي تدفع الوالدين لبذل اهتمام غير اعتيادي بالطفل، يقابله إهمال -غير مقصود بالطبع- بالأخ أو الأخوة الآخرين، مما يولد غيرة لديهم تجاه أخيهم المريض؛ لا بل إن البعض يكتشف أن المرض ينطوي على المزيد من الامتيازات التي يمكن أن يحققها من والديه؛ فيعمد إلى التمارض طمعًا في هذه الامتيازات.

وقد تظهر الغيرة لدى الطفل الذي يذهب إلى الروضة أو المدرسة بينما يبقى أخوه الصغيره في البيت يتمتع برعاية أمه، لهذا نجد أن هذا الطفل يتذرع بشتى الأسباب من أجل البقاء في البيت، وإذا ما أُجبر على ذلك فإن قد يصب غضبه وعدوانه على أخيه قبل ذهابه إلى الروضة أو المدرسة.

5- الجنس: يسود في مجتمعنا العربي - لا بل في أنحاء العالم - تفضيل واضح للذكر على الأنثى، فهو ينال اهتمامًا وعناية وحظوة أكبر من الأنثى، ولا شك أن التمييز بين الأطفال الأخوة وفقًا لهذه النظرة الضيقة سيولد لدى الطفل الذكر تقديرًا خاطئًا لذاته وجنسه، وينظر نظرة دونية إلى الأنثى، تنعكس آثارها السلبية على علاقته مستقبلاً بمن ستكون زوجة له، أما الأنثى التي تشعر أن أخاها الذكر يحظى بتقدير واهتمام أكبر منها؛ فإنها ستغار منه بالتأكيد، فضلاً عن كونها سوف تسيء تقديرها لذاتها وجنسها، وبالتالي فإن هذه الكدمات النفسية في الطفولة قد تصبح أورامًا تنفجر عندما تكبر هذه البنت وتتزوج.

6- اهتمام الأم بالأب: بما أن الطفل في سنواته الأولى يتمتع بعناية أمه في المنزل، فإنه سوف يغار إذا ما وجد أن أمه تولي أباه عنايتها ورعايتها، ويتوقع أن أباه يحاول أن ينتزع منه هذا الاهتمام والرعاية، وقد يتفاقم هذا التصور لدى الطفل لشعوره بالنقص وعدم إمكانية التغلب على والده وإبعاده عن منافسته في أمه.

مظاهر الغيرة:

1- المظاهر النفسية والسلوكية: الغضب، ضعف الثقة بالنفس، الإحباط ، الأنانية، الاتكال، الخجل ، النكوص إلى مرحلة سابقة، شدة الحساسية، الكذب، الغش، الحزن والاكتئاب، مص الأصابع، قضم الأظافر، العودة إلى لغة الطفولة، الشعور بالعجز، التهجم والسب والهجاء، الانطواء، التشهير، التخريب، العصيان ، التحايل، الميل للصمت، السخرية من الآخرين، العناد، الاحتجاج، العصبية.

2- المظاهر الجسمية والصحية: نقص الوزن، الصداع، الشعور بالتعب، التبول اللاإرادي، الامتناع عن الطعام، فقدان الشهية، التقيؤ.

3- المظاهر الاجتماعية: الوشاية بـالآخرين والإيقـاع بهـم، الريبـة والشـك، الحقـد والكـره، الإحساس بالظلم والغبن، المشاجرة، مضايقة الآخرين وإغاظتهم، الحسد، التماس الأعذار.

علاج الغيرة:

1- الابتعاد عن أسلوب المقارنة بين الأطفال، سـواء داخـل الأسـرة الواحـدة، أو بـين أطفـال أسرة مع الآخرين، حيث إن هذه المقارنات التي يمارسها بعض الآباء من شأنها أن تظهر عيـوب الطفل ونواقصه ومثالبه، في حين تظهر الطفل الآخر على أنه خالٍ من النـواقص والعيـوب، وقـد يتصور هؤلاء الآباء أنهم إنما يقومون بتحفيز طفلهم ليكون بوضع أفضل، لكنهم في حقيقـة الأمـر يولدون في نفسه إحساسًا أليمًا بالغيرة التي قد تنقلب تحت تأثير الظروف غير المواتية إلى حقـد وكراهية، فضلاً عن فقدانه لثقته بنفسه، وشعوره بالنقص الذي يهدد صحته النفسـية، ويعطل نشاطه عن التحصيل والمثابرة.

2- إعداد الطفل فكريًا ونفسيًا لاستقبال المولود الجديد؛ وذلك بمصارحته بأن أخًـا أو أختـاً له سينضم إلى الأسرة قريبًا، ولكونه صغيرًا لا يستطيع رعاية نفسه وتـدبير شـئونه فـإن عليـه أن يساعده في ذلك ويلعب معه ويسليه، غـير أن المبالغـة في هـذا الحـديث قـد تـوحي إليـه بأنـه سيكون موضع اهتمام الأسرة أكثر منه، كما أن على الأم –وقبيل ولادتها – أن تعـود طفلهـا علـى النوم في سرير مستقل بعيدًا عنها؛ لأنه إذا استمر في نومه معها في سرير واحد فإنها لن تستطيع إبعاده عنها بعد ولادتها؛ لأنه سوف يكتشف أن سبب إبعاده هذا هـو أن المولـود الجديـد قـد احتل مكانه، وبالتالي فإن ذلك سيغضبه ويثير غيرته، وتسوء علاقتـه مـع أخيـه، ويبقـى يـترقب تصرفات أمه تجاهه بالريبة والحذر.

3- عدم التفرقة بين الأبنـاء في المعاملـة بسـبب الجـنس أو الوسـامة أو الـذكاء أو الحيويـة والنشاط أو اللباقة؛ لأن الأطفال شديدو الحساسية للتحيز وعدم المساواة في المعاملة، مما يؤجج غيرتهم ويثير حقدهم وكراهيتهم لمن يعتبرونه مميزًا أو مفضلاً عليهم.

4- عدم إهمال الطفل والاستهانة بغيرته والتندر بتصرفاته، بل مقابلة هذه الغيرة بالعطف والاهتمام وإظهار الحب والحنان، وإشعاره بأنه لا يزال موضع اهتمام وعناية والديه.

5- تعويد الطفل منذ الصغر على التخلص من مشاعر الأنانية والفردية والتمركز حول الذات، وتربيته بالصورة التي تظهر له الحياة بصورتها الواقعية التي تتطلب الأخذ والعطاء، وأنها حقوق وواجبات وحرية بحدود.

6- يخطئ بعض الآباء والأمهات في أسلوب معاملة طفلهما الأول أو الوحيد، وذلك بخوفهم الشديد عليه، ومنعه من الاختلاط بالأطفال الآخرين، مما يجعله يتحكم بنزعاته ورغباته فيمن حوله، أو أنهم حريصون على إرضاء نزعاته وإشباع رغباته، والإسراف في الاهتمام برعايته، مما يجعله طفلاً أنانيًا لا يرتضي أن يتفوق عليه أحد؛ بل نجده يحقد على أي شخص يجده في مركز أفضل منه.

7- تخطئ بعض الأسر في إغداق الامتيازات على الطفل، وإغراقه بفيض من الحنان والدفء إثر مرضه، وتوفر له كل ما يطلبه من لعب ونقود وأشياء أخرى، مما يجعل ذلك ورقة رابحة وسلاحًا فعَّالاً لدى الطفل، يستخدمه كلما شاء أو متى أحسَّ بفتور العاطفة نحوه بافتعال المرض لينال هذه الامتيازات.

* * *

5- العناد Obstinacy

العناد لدى الأطفال هو استجابة لمثير سلوكي صادر عن الكبار أو عن البيئة المحيطة بهم، وتتمثل هذه الاستجابة بالرفض والتمرد، وعدم إطاعة الأوامر، ويمكن تفسير هذا السلوك القائم على مقاومة السلطة الخارجية على أنه تعبير عن نمو استقلالية الطفل وفرديته، ومحاولته لإرساء دعائم ذاته المنفصلة، أو أنها محاولة ساذجة منه لإعادة ترتيب البيئة التي يعيش فيها وفقًا لوجهة نظره الخاصة، وعندها يصبح عناد الطفل عبارة عن حالة دفاع عن ذاته ضد المطالب التي لا يقدر على تحقيقها، ومن هنا ينشأ الصراع وتتفاقم المشكلة، ويصبح العناد مشكلة سلوكية غير مرغوب فيها، ويصعب التخلص منها.

وقد لجأ الطفل إلى العناد كرد فعل على سلوك الآخرين (الكبار) لاسيما عندما يفتقد الوسيلة لإقناعهم بوجهة نظره، أو عندما لا يستطيع أن يتغلب على معارضتهم له، وفرضهم أوامر لا يجد لها مبررًا، فيعمد إلى تحدي سلطانهم كنوع من الانتقام منهم، وكوسيلة لإثبات شخصيته، أو أنه يقصد بذلك أن يلفت أنظار والديه إليه، ويضع نفسه موضع تفكيرهما.

والعناد قد يحدث لفترة قصيرة من عمر الطفل، أو أنه يصبح نمطًا متواصلاً وصفة ثابتة في سلوك الطفل وشخصيته، فإذا ما كان العناد مؤقتًا عابرًا فإنه سوف لا يترك آثارًا سلبية مؤثرة على الطفل، لكنه إذا استمر لفترة طويلة وأصبح نمطًا راسخًا وصفة ثابتة في الشخصية عند ذلك يمكن أن نقول عنه: إنه أصبح ظاهرة سلوكية شاذة وغير طبيعية، تؤذي صاحبها وتؤذي الآخرين ممن يتعامل معهم.

وكلنا قد مرَّ بالعناد وجرَّبه في مرحلة الطفولة، وقد يتذكر البعض منا مواقف العناد هذه بينه وبين أحد والديه، وكيف كان الواحد منا يستثير والدته عندما يُصر على الرفض وعدم إطاعة أوامرها، فيدعها تصرخ وتهدد وتتوعد، وقد تلجأ إلى الضرب؛ أو قد تتبع وسائل اللين لإقناعنا، إلا أن رفضنا وعنادنا يزداد، فتفقد صبرها، ويتدخل الأب فيقف مع الطفل ضد الأم، ويحتدم الصراع، أو أنه يقف مع الأم ضد الطفل، ويزيد الطين بلة، فما قد يولد شعورًا لدى الطفل أن أبويه يكرهانه،

فيشعر بالحرمان العاطفي الذي قد يدفعه إلى سلوك أساليب خاطئة لتعويض هذا الحرمان.

ويرى بعض العاملين في ميدان الطفولة أن العناد يظهر بين الأطفال في وقت مبكر من حياتهم، ويستدلون على ذلك بأن بعض الأطفال - وفي حدود السنة الأولى من أعمارهم- تبدو مظاهر العناد لديهم؛ إذ يرفض البعض منهم الرضاعة من ثدي أُمه، أو يرفض استخدام الوعاء، أو الضحك واللعب والمداعبة، وهذا الرأي على طرافته لا يمكن الإقرار بصحته؛ لأن العناد كسلوك مبني على الإحساس بالاستقلالية الجزئية، أي: أن يكون للطفل رأي موقف يتعارض مع رغبة الآخرين، كما أنه يتميز بالإصرار وعدم التراجع أمام الضغط والإكراه، بينما الطفل وقبل إكماله السنتين الأولتين من عمره يكون معتمدًا اعتمادًا كليًا على والديه في توفير حاجاته المادية والحسية، أي: إنه اتكالي وسلبي ومنقاد ، يسلك طريقه وفقًا لحاجته الملحة التي تتطلب منه الإشباع، وعليه يمكننا القول: إن بوادر العناد تظهر بعد هذه المرحلة، أي: بعد مرور سنتين من عمر الطفل، إذ يصبح مالكًا لقدر معين من الاستقلالية عن أمه، ويبدأ في تكوين مواقف وتصورات عما حوله من أشياء وظواهر وآراء، وبهذا فإن سلوك العناد قد يبلغ قمته عند نهاية العام الثاني لدى الإناث، بينما يبلغ ذروته نهاية العام الثالث لدى الذكور، ثم ما يلبث أن تخف حدته تدريجيًا بعد هذا السن إلى أن يبلغ الطفل الخامسة أو السادسة من العمر، فيصبح وديعًا مطيعًا يتصرف بواقعية وهدوء.

وهنا نود أن نشير إلى أن هذه التحديدات ليست نهائية، أي: ليس بالضرورة أن ينطبق هذا الكلام على كل الأطفال، فقد تختلف درجة حدة العناد من طفل لآخر، كما أن مظاهر العناد وآليته هي الأخرى تبعًا لبيئة كل طفل وترتيبه بين إخواته، ولنوع التنشئة الاجتماعية والتربوية داخل أسرته.

أسباب العناد:

للعناد أسباب كثيرة قد يصعب الإحاطة بها كلها، شأنها شأن كل مسببات السلوك المشكل لدى الأطفال، ولكن يمكننا أن نثبت هنا أبرز الأسباب الشائعة التي تدفع الأطفال إلى العناد:

1- تدخل الكبار المستمر فيما يقوم به الطفل من أعمال، ومحاولة ضبط سلوكه وكبت حريته والسيطرة عليه، فيلجأ إلى الثورة والرفض لكل هذه الأوامر والنواهي، حتى تلك التي تهمه، والتي يجد فيها تطمينًا لحاجاته ورغباته.

2- الإفراط في العناية والتدليل، والحرص على الطفل، والتدخل في كل صغيرة وكبيرة بدعوى الخوف عليه وحمايته، بحيث يضيق ذرعًا بمثل هذه التصرفات التي تقيد نشاطه وانطلاقه مع أقرانه أو داخل الأسرة، فيتخذ لنفسه موقفًا سلبيًا لمقاومة هذا التدخل والتخلص من هذه القيود.

3- وقد يكون العناد مظهرًا من مظاهر التعبير عن روح الاستقلال عن الأم بشكل خاص، وعن الآخرين من الكبار ممن يحيطون به، فيلجأ إلى أسلوب الرفض والعناد كنوع من الاحتجاج على هذه الأساليب التي تمارس ضد حريته واستقلاليته.

4- وقد يكون العناد بسبب إحساس الطفل بالنبذ والإهمال، أو إحساسه بالقلق والخوف من فقدان محبة والديه ورعايتهما، لاسيما بعد ولادة طفل جديد في الأسرة؛ حيث ينتابه القلق والتوتر، فيندفع لخلق نوع من المجابهة بينه وبين والديه كمحاولة منه لاجتذاب انتباههما وتسليط الأضواء مجددًا عليه بعد أن أحس بخفوتها.

5- ويحصل العناد لدى الطفل عندما نضعه في موضع المقارنة مع غيره من الأطفال، وعندما ننتقص منه ونبرز سلبياته ونظهر عيوبه أمام الآخرين.

6- إكراه الطفل على القيام بواجبات لا يرغب في تنفيذها، وإجباره على الانصياع وتنفيذ ما يطلب منه بطريقة تخلو من اللياقة والتفهم.

علاج العناد:

1- تجاوز الصيغ الأمرية القاطعة مع الأطفال ، وإحلال الصيغ التربوية التي تُشيع بين الطفل ووالديه جوًّا من الدفء والحنان، فالأوامر والنواهي الكثيرة والمستمرة لا تخلق لدى الطفل إلا المزيد من الرفض والسلبية، بحيث يعتاد عليها ولا يعيرها أهمية مهما كان نوعها وأيًّا كان مصدرها.

2- تجاوز الروتين وتطبيقاته الصارمة على الطفل، فإن أكثر ما يزعج الطفل ويدعوه إلى الرفض هو تحديد سلوكه ونشاطه بأوقات وأساليب وأنماط تفرض عليه فرضًا، كما أن الطفل لا يعي جدوى هذه التحديدات في مثل هذا العمر؛ فهو يريد أن يسلك بحرية تامة دونما قيود.

3- ولمعاونة الطفل على التخلص من عناده يستلزم أن يحتفظ الأبوين بقدر كاف من الحلم والصبر والأناة، فالصراخ والانفعال وفقدان الصبر ولا يقودون إلَّا للمزيد من العناد، وقد يصبح سمة من سمات شخصيته عندما يكبر ويصعب حينئذٍ التخلص منها.

4- تجنب العقوبة في علاج العناد؛ لأن نتائجها ستكون أكثر سلبية من العناد الذي نحاول علاجه، حيث إن العقوبة سوف تقود إلى المزيد من العناد، وبالتالي ترسيخ هذا السلوك غير المرغوب.

5- عدم الإشارة تلميحًا أو تصريحًا -أمام الطفل أو الآخرين - بأن الطفل عنيد وصعب المراس، فهذا يعني اعترافًا مِنَّا له بقوته وسيطرته، فيزداد تمسُّكًا بهذا السلوك، ويحاول أن يستخدمه متى وجد أن هناك حاجة لاستخدامه.

6- البحث - بتؤدة وهدوء - عن الأسباب التي قد تدفع الطفل للعناد، فقد تكون أسبابا بسيطة يمكن تجاوزها، وهذا يمكن أن يتم من خلال محاورة هادئة مع الطفل؛ فالطفل الذي يرفض الاستحمام قد يكون السبب في ذلك خوفه من دخول الصابون في عينيه، أو أنه يرفض النوم في غرفته؛ لأنه يخاف الظلام، فإذا ما عرفت مسببات العناد أمكننا معالجتها، ومن ثم أبعدنا الطفل عن أسلوب الرفض والعناد.

* * *

6- قرض الأظافر Nail Gnawing

لا تقتصر هذه المشكلة على قرض الأظافر فقط؛ وإنما تشتمل أيضًا على عض الأنامل والشفاه واللسان والأقلام، وهي ظاهرة تنبئ عن القلق والتوتر النفسي، أو الاستثارة الزائدة والضيق، أو الغضب والكراهية والرغبة في العدوان وإيذاء النفس، وكلها عوامل مشتقة من سوء تكيف الطفل مع أسرته أو مع بيئته، وكلما كانت عوامل سوء التكيف هذه شديدة كلما كانت أكثر دفعًا له لكي يقرض أظافره بشدة وقوة وانفعال، وبشكل خاص عندما يُسأل أو يُختبر، أو يشعر بالحرج عندما لا يستطيع الإجابة عما هو مطلوب منه من جواب، وكأن عملية القرض أو العض هي محاولة لخفض هذا التوتر الذي يثقله، وهربًا من مواجهة الواقع الصعب الذي يعيشه، كما أنه في ذات الوقت يمثل سلوكًا انسحابيًا يبعد صاحبه عن مجابهة الواقع، ويدفعه للاستغراق في أحلام اليقظة، ويخفض لديه القدرة على التركيز، وبالتالي فإن هذا السلوك يؤدي بالطفل إلى مضاعفات أخرى بدنية وصحية، ولهذا عدّه علماء النفس مرضًا (نفسيًا وبدنيًا) في آن واحد.

وهذه العادة اختلفت فيها التفسيرات، فهناك من يرى أنها بديل عن الاستمناء، وفسرها فريق ثان بأنها تحويل للعداوة نحو الذات ، فيما أشار آخرون إلى أنها وسيلة لخفض التوتر، و هذه التفسيرات – للأسف – لم تأخذ بعين الاعتبار آلية هذه العادة والمجال الذي تنشأ فيه، فالطفل الذي يقضم أظافره هو طفل انسحابي انطوائي، وهو أميل إلى لوم الذات وعقابها إذا ما شعر أو اتُّهم بالتقصير والعجز، فإن ثورة عارمة للانتقام من إحساسه بالعجز وممن دفعه؛ لأن يسلك سلوك العاجزين سوف تعتمل بداخله، ولأنه لا يستطيع توجيه تلك الثورة إلى الآخرين بسبب مركب شخصيته الميّال إلى لوم الذات واتهامها وعقابها؛ فإنه يعمد إلى ذاته، حيث يدفع يده إلى فمه، وتنزل أسنانه على أصابعه وأظافره عضًا وقضمًا وتدميرًا وتشويها، فكأنما هو يقوم بعملية تفريغ Catharsis للقلق الذي رافق إحساس الذات بالقصور والعجز، بمعنى آخر هو محاولة من الذات للانتقام من أساس القلق وتحطيمه

بالعدوان المادي المباشر.

وهذه الظاهرة إذا لازمت الأطفال في السنين الأولى من حياتهم فإنها لا تُعد ظاهرة مرضية، وإنما هي أمر عادي؛ إذ إنها سوف تقل كلما تقدم العمر بالطفل، ففي الأشهر الأولى من حياته يتلذذ الطفل بعضِّ أصابعه ووضعها في فمه، ولكن إذا استمرت هذه الحالة لاسيما بعد ظهور أسنانه وتعمَّده وضع يده في فمه من أجل قرض أظافره فإن ذلك يعد مشكلة تشير إلى الاضطراب النفسي، وقد أجريت دراسات عديدة لمعرفة نسبة وجود هذه العادات خلال مراحل نمو الطفل المختلفة تم فيها إخضاع مجموعة كبيرة من الأفراد تراوحت أعمارهم بين 5 – 18 سنة، تبين أن 38% من الأطفال في سن الخامسة يقرضون أظافرهم، بينما ارتفعت النسبة إلى 60% لمن هم في سن الثامن والتاسعة والعاشرة، أما في سن الثامنة عشرة فقد قلَّت النسبة إلى 28%.

بقي أن نقول: إن هذه العادة تشيع بشكل أكبر بين الذكور منها لدى الإناث، وقد يُعزى ذلك إلى حرص الإناث على أهمية المظهر الجميل للأظافر، وعناية الأنثى بأظافرها وطلائها بالأصباغ الخاصة بالأظافر، وهذا يتم في وقت مبكر من حياتها مقلّدة بذلك أمها أو أختها الكبيرة.

الأسباب التي تدفع الطفل لقرض أظافره:

1- العدوانية المرتدة ، أي: الموجهة إلى الذات، حيث إن الطفل عندما يجد نفسه غير قادرٍ على الاعتداء على الآخرين صغارًا كانوا أو كبارًا، أو أنهم من الشخصيات التي يحبها كالوالدين أو الأخوة الكبار، فإنه يقوم بتوجيه عدوانه المحبط إلى نفسه على شكل قرضٍ للأظافر أو عضٍّ للشفاه واللسان والأشياء الأخرى.

2- أن قيام الطفل بممارسة هذه العادة إنما هو نوع من التنفيس للطاقة الزائدة غير المستغلة لديه، و رغبته في أن يشغل نفسه بأي نشاط من شأنه أن يبعده عن الملل أو السأم، فيعمد إلى ممارسة هذه العادة لخفض توتره والنفسي وملء فراغه.

3- المشاحنات العائلية وفقدان الأمن داخل بيئة الطفل، بسبب علاقاته

المتوترة مع الآخرين، سواء من والديه أو أصدقاءه ومعلميه.

4- الإحباط الشديد إزاء الرغبات والحاجات القوية والملحة للطفل، كالحاجة إلى الحب من قبل الوالدين، والحاجة إلى الانتماء للجماعة، فإذا ما وجد الطفل أن هذه الحاجات لم تشبع بالشكل الذي يرتضيه، ووجد أن هناك إحباطات ومعوقات تحول بينه وبين تحقيقها؛ فإنه يلجأ إلى هذه العادة كنوع من التعويض عن هذا الحرمان من حاجاته ورغباته.

5- قد تدفع الغيرة إلى هذه العادة، فالطفل الذي يغار من أخيه المولود الجديد يخاف أن يفقد حب أمه ورعايتها له، وتبدأ شكوكه في أن الحب والاهتمام الذي كان يحظى به قد تحول إلى هذا المولود الجديد فيلجأ إلى قرض أظافره بسبب هذه المخاوف والقلق وما يعانيه من توتر نفسي.

6- قد لا يكون سبب هذه العادة نفسيًّا، إنما هي مجرد عادة سيئة تعلمها الطفل من الآخرين في بيئته، حيث يعمد إلى قرض أظافره كلما طالت بدلاً من قصِّها وتهذيبها بالمقص أو بقارضة الأظافر.

7- القلق والخوف الشديد اللذَيْن يتعرض لهما الطفل بسبب الرقابة الصارمة من قِبَل الوالدين، والتدخل في كل خصوصياته، والأسلوب التسلطي في التربية، أو التأنيب والتفريع المستمر، والكبت، والأوامر الصارمة التي توجه إلى الطفل كلها أو بعضها، كل هذه أمور قد تُسبب هذه العادة.

علاج مشكلة قرض الأظافر:

1- من الخطأ إجبار الطفل على ترك هذه العادة، أو تأنيبه عند ممارستها، أو ضربه، أو وضع أشياء كريهة على أصابعه، لاسيما في سن الثالثة أو الرابعة من العمر، فمن غير الممكن التحكم في سلوك الطفل في هذه السن، غير أن المطلوب من الأم أو الأب مساعدته في التخلص منها بمعرفة السبب الكامن وراء ذلك، وإلا فإنه قد يلجأ إلى العناد، وتتولد لديه ردة فعل تجعله يتمسك بهذه العادة.

2- فهم طبيعة الطفل الميالة إلى لوم الذات وعقابها، ومساعدته على تجريد

الذات عن الأشياء والحوادث، وفهم العوامل الموضوعية للفشل في موقف ما، مما يبعد الطفل شيئا فشيئاً عن لوم الذات وعقابها.

3- دراسة أسباب عدم تكيف الطفل في البيئة، وإجراء التصحيحات اللازمة في علاقاته بوالديه ومعلميه وكل من في بيئته لإشباع حاجاته النفسية.

4- تجنب وسائل القمع، مثل العقوبة والتوبيخ واللوم، وبشكل خاص أمام الغرباء؛ لأن العقوبة ذات نتائج غير مضمونة، تقوده إلى ممارسة عادات أسوأ من هذه العادة، من هذه العادة كالغش والخداع، فضلاً عن أنها تثير في الطفل روح المقاومة والعناد.

5- عدم تركيز انتباه الطفل على هذه العادة ، فقد يستغل ذلك ويحاول القيام باستثارة اهتمام والديه لكي يشعر بالقوة والزهو والانتصار، وبالتالي تثبت Fixation هذا السلوك لديه.

6- توفير الأمن النفسي والدفء العاطفي للطفل، وإعطائه حقه من الحب والرعاية، وعدم التمييز بين الإخوة في ذلك منعًا من تفشي الغيرة والقلق بين الأطفال في الأسرة الواحدة.

7- شغل أوقات فراغ الطفل ببعض أنواع النشاط الترويحي المحبب إلى نفسه، كاللعب الحر مع إخواته أو أصدقاءه، أو ممارسة الرسم ، أو تفكيك وتركيب بعض الألعاب، بل يمكننا أن نوجد له أي عمل يستخدم فيه يديه عندما نجده مستغرقًا في حركات آلية لا معنى لها في قرض أظافره.

8- مدح الطفل، والافتخار بأظافره النظيفة، وتشجيعه على تقليمها كلما طالت، سوف يُثبِّت بمرور الزمن هذه العادة الحميدة ويستمر في ممارستها.

* * *

الفصل الثالث

مرحلة الطفولة الوسطى

تعد هذه المرحلة من مراحل النمو الهادئة، وهـي في ذات الوقت مـن المراحـل المهمـة في حياة الطفل؛ إذ يلتحق خلالها بالمدرسة التي تفتح أمامه آفاقًا جديـدة، وتتسـع خبراتـه، وتـزداد وتتنوع معرفته، وتنضج قدرته على التفاعـل مـع الآخـرين، وتنغـرس قيمـه التربويـة واتجاهاتـه الاجتماعية الجديدة، ويصبح أكثر اعتمادًا على نفسه في تحمله للمسئولية.

واختيار العمر من (5-6) سنوات كسن يذهب فيه الطفل إلى المدرسـة لم يـأت جزافًـا؛ بـل جاء نتيجة اقتناع وفهم لدى المسئولين والعاملين في ميدان الطفولة من أن هـذا العمـر مناسـب تمامًا من الناحية النفسـية والبدنيـة والاجتماعيـة للطفـل لـكي يواجـه عـالم المدرسـة الواسـع في معارفه ونظامه والعلاقات السـائدة فيـه، واسـتعداده لـكي يغـادر بيئـة الأسرة الضيقة إلى بيئـة تربوية أخرى أرحب منها في كل شيء، لهذا نجد أن طفل هذه المرحلة ما أن تطأ قدماه المدرسة حتى تبدأ حواسه وعيناه بملاحظة وتسجيل كل الظواهر والأشياء التي يراها لأول مرة، وما يلبث أن يبدأ بالسؤال عنها باحثًا عن أجوبة شافية ترضي فيه فضول الطفولة، وتساعده على التكيـف مع هذه الأشياء والظواهر بسهولة ويسر؛ وعندما يتدرج في المدرسة فإنه يقوم خلال ذلك ببنـاء الكثير من الخبرات والمهارات والتصورات التي يحتاج إليها ؛ بدءًا بالقراءة والكتابـة التـي تمنحـه قدرًا كبيرًا من الثقة بالنفس، مرورًا بالفروض والواجبات التي يقوم بإنجازها، والتي تمنحـه أيضًـا قدرًا من الشعور بالمسؤولية، فضلا عن إحساسه الدائم بضرورة أن يتميـز عـلى أقرانـه ويتفـوق عليهم، فهو دائم السـعي والتجريـب لأن يكـون بـارزًا متفوقًـا متقـدمًا عـليهم، وبعـدها يقـوم بتحديد موقعه الدراسي بين زملاءه؛ فيتوافر لديه عند ذلك مفهـوم تقـدير الـذات Self Esteem ، ويرافق كل ذلك اتساعٌ مضطرد في آفاقه المعرفية، ونضوج شخصيته

وتراكم الخبرات لديه، ومعرفة طبيعة التعامل الاجتماعي بينه وبين أقرانه من جهة، وبينه وبين عناصر العملية التعليمية في المدرسة (المعلم ، المدير ، المشرف، العاملين الآخرين...) فيزداد - نتيجة لذلك - إحساسه الداخلي بأهمية كيانه المتنامي وقدراته المتصاعدة.

ولكي نتحاشى إعطاء عموميات عن هذه المرحلة ؛ فإننا نجد من الضروري أن نتطرق إلى كل جانب من **جوانب النمو في هذه المرحلة** على حدة؛ لنرسم الصورة النفسية والاجتماعية والانفعالية والجسمية والعقلية لطفل هذه المرحلة، ولكي نتعرف على التطورات النمائية المختلفة في كل جانب.

1- النمو الجسمي: Physiological Growth

برغم تباطؤ النمو في هذه المرحلة إلا أن طول الطفل ووزنه يزدادان نوعًا ما ، ويمكن أن يُعزى ازدياد الوزن في هذه المرحلة إلى الزيادة السريعة الحاصلة في نمو العضلات والعظام، ولهذا نجد أن هناك فرقًا واضحًا في الوزن بين الجنسين لصالح الذكور مردُّه تراكم الشحوم ونمو عضلات البطن والساقين والذراعين بشكل أكبر منه لدى الإناث.

أما الطول فيشكل نسبة تزيد عن 60% من طول الطفل عند ما يصبح راشدًا؛ إذ ينمو الذارعان والساقان، ويتباطأ عنهما الجذع بعض الشيء، أما ملامح الوجه فهي تتمايز بشكل كبير لتعطينا صورة شبيهة بصورة الطفل عندما يكون راشدًا.

وفي هذا العمر تبدأ الأسنان اللبنية بالتساقط لتحل محلها الأسنان الدائمة ، مما يتيح أمام الطفل فرصة تناول مختلف الأطعمة التي تقدم له، وهذا التنوع في الطعام سوف يعطيه طاقة كافية ليمارس نشاطاته المختلف، فضلاً عن منح الجسم حصانة ووقاية ضد الأمراض المعدية خلال هذه المرحلة.

أما حواس الطفل فإنها تكون متباينة في درجة نموها في هذه المرحلة؛ ففي مجال الإبصار يكون التمييز البصري لديه ضعيفًا بسبب بعد النظر الذي ما يلبث أن يزول تلقائيًا، ففي هذه المرحلة يرى الطفل الكلمات الكبيرة والأشياء البعيدة أكثر من

رؤيته للكلمات الصغيرة والأشياء القريبة، وهذا قد يسبب للبعض منهم الصداع أو الصعوبة في القراءة.

أما جهازه السمعي فإنه هو الآخر غير نامٍ بشكل كاف، فهو يسمع الأصوات بشكل كلي دون أن يمتلك القدرة على فرز هذه الأصوات أو نغماتها أو إيقاعاتها والتفريق فيما بينها.

لكن حاسة اللمس تكون في هذه المرحلة قد بلغت درجة عالية من القوة، ولعل مرد ذلك ميل الطفل المستمر إلى تفحص الأشياء، لمسها والتعامل معها من خلا ل الإحساسات التي تتولد عنها من خلال لمسها.

2- النمو الحركي: **Motor Growth**

أشرنا فيما سبق إلى أن الطفل في هذه المرحلة تنمو عضلاته الصغيرة والكبيرة بشكل ملحوظ، مما يتولد عنه نشاط حركي متزايد بمختلف ألوانه، ويتيح الفرصة للطفل لاكتساب المهارات الحركية التي يحتاجها، فضلاً عن الإحساس بالكفاءة في أداء بعض الأنشطة الحركية التي يريدها، ولعل مرد هذه الكفاءة عائدٌ إلى ازدياد التآزر الحركي والتوازن والدقة في أداء الحركة، والقدرة على استخدام العضلات بشكل موفق، إذ يصبح قادرًا على القيام ببعض الألعاب التي تتطلب مهارة في حركة الأصابع والرسغين؛ كالكتابة والرسم والتلوين، والقفز من فوق الحبل، وقص الأشكال بالمقص ولصقها في أماكنها المطلوبة ، وبعض أشغال الإبرة بالنسبة للبنات، أي إن الطفل في هذه المرحلة يزداد عنده التوافق بين العين والأعمال اليدوية التي يمارسها، وليس هذا وحسب، فإن الطفل في هذه المرحلة يستخدم عضلاته الكبيرة ، كاللعب بالكرة والقفز والجري والتسلق وركوب الدراجات وغيرها من الألعاب.

3- النمو اللغوي: **Linguistics Growth**

تزداد الثروة اللغوية لدى الطفل في هذه المرحلة لسبب رئيسي- مهم؛ هو المدرسة ومتطلباتها التي توجب عليه استخدام مفردات جديدة ومتطورة باستمرار،

وامتلاكه لقدرة القراءة ، فضلا عن انخراطه في جماعة المدرسة (الأقران)، والتعامل معهم داخل المدرسة من خلال الدروس والواجبات الجماعية التي يؤدونها بتوجيه من المدرسة، أو خارج المدرسة من خلال الألعاب المختلفة التي يلعبونها سويًا بعد العودة منها.

وإذا كانت القدرة على القراءة والكتابة والتمكن منهما يتيحان للطفل إنماء ثروته اللغوية، فلا شك أيضًا أن لإدراكه العمليات الحسابية الأساسية والتي تزداد تعقيدًا سنة بعد أخرى تتيح له -هي الأخرى- الفرصة لكي يفكر، ومن ثم يُعبرِّ عن أفكاره هذه من خلال الحلول التي يستنتجها أو يتوصل إليها، وتقديم هذه الأفكار على شكل علائق منطقية بين الأرقام أو العمليات الحسابية التي يقوم بها.

وعلى العموم فقد أكدت الكثير من الدراسات التي تناولت النمو اللغوي في هذه المرحلة أن الإناث يتفوقن بشكل ملحوظ على الذكور في النمو اللغوي، وفضلاً عن ذلك فإن درجة الذكاء التي يتمتع بها الطفل (ذكرًا كان أو أنثى) تؤثر هي الأخرى في مستوى نمائه اللغوي؛ فكلما كان مستوى ذكاء الطفل مرتفعًا كان نموه اللغوي أفضل بالتأكيد، ولا ننسى هنا أيضا دور الحالة الانفعالية للطفل في مستوى تطوره ونماءه اللغوي؛ فحالات الخوف والقلق والحرمان وغيرها تؤثر – ولاشك – في لغة الطفل، وقد تخلق لديه عقبات لغوية مختلفة كالتهتهة والفأفأة واللعثمة وغيرها.

4- النمو الانفعالي: **Emotional Growth**

تتميز هذه الفترة من حياة الطفل بالثبات الانفعالي نسبيًا ، ولعل ذلك عائدٌ إلى اتساع دائر ة الطفل وتشعب هذه الاتصالات، فهي لم تعد مُركَّزة على موضوعات محددة، بل موزعة، وهذا التوزيع من شأنه أن يخفف من حدَّتها وشدتها، كما أن هذه المرحلة أيضا تتميز بميل الطفل للتنافس مع أقرانه في الدراسة أو اللعب، وتنضج لديه قيمة السيطرة على انفعالاته، فيعبر عن نفسه ويشبع ذاته من خلال اللعب الإيهامي، فضلاً عن ميله إلى الأعمال اليدوية وعدم ميله إلى ما هو شفوي أو لفظي، وهذا من شأنه أيضا أن يخفف من بعض انفعالاته ويمتصها.

ولعل أهم ما يميز انفعالات الطفل في هذه المرحلة هو تكوُّن العادات الانفعالية، مثل حب الآخرين ومساعدتهم، والتعاطف معهم في الأزمات التي يمرون بها، واندفاعه لتحمل المسئولية بدافع وجداني منه، كما أنه يكون في هذه المرحلة قادرًا على السيطرة على الانفعالات الشديدة التي كانت تدفعه في المر حلة السابقة إلى الثورة وتحطيم الأشياء والمعاندة، وفرض آرائه، إذ يكون أكثر تفهمًا وعقلانية وسيطرة على نزعاته واندفاعاته وتهوره في هذه المرحلة.

5- النمو العقلي: Mental Growth

تحصل في هذه المرحلة تطورات نمائية واضحة في العمليات العقلية؛ حيث يبدأ الطفل بإدراك موضوعات العالم الخارجي من حيث اتصالها ببعض، كما أنه يقوم بصياغة إدراكاته هذه بصيغ كلية، أي: إنه يدرك الموضوعات من حيث هي كل، ولا يهتم كثيراً بالجزئيات، أما الكلمات فهي لا تعني عنده شيئا إلا إذا ارتبطت بخبرة حيّة.

كما أنه يستعين في تفكيره بالصور البصرية للأشياء التي يلاحظها في حياته اليومية، ويصبح تفكيره واقعيًّا، ويميل إلى التذكر الآلي، كما أنه لا يتمكن من التركيز على موضوع معين فترة طويلة، خاصة إذا كان حديثًا شفهيًّا.

ويتعلم الطفل الأمور التي لا تحتاج إلى مجهود عقلي وتفكير عميق، لهذا نجد أن غالبية الأطفال في هذه المرحلة يميلون إلى الأغاني والأناشيد والمقاطع الملحنة والمسجوعة، والتراكيب اللفظية التي تحدث النشوة فيهم.

ويرى بياجيه أن الأطفال في هذه المرحلة تنشأ لديه قدرة جديدة، سماها (المعكوسية Reversibility) أي: القدرة على القيام بالعمليات المنطقية باتجاهين متعاكسين، مثل إدراكه أن الجمع هو عكس الطرح، بمعنى أن جمع ثلاثة مع ثلاثة يساوي ستة، وأن طرح ثلاثة من الستة يعني عكس الأولى، ولعل هذا المستوى من التفكير هو خطوة متقدمة على طريق انتقال الطفل من التفكير الحسي إلى التفكير المجرد الذي يأخذ صورته الكاملة في نهاية هذه المرحلة.

6- النمو الاجتماعي: Sociological Growth

يتميز النمو الاجتماعي في هذه المرحلة بازديا الاستقلالية عن الوالدين، وقدرة الطفل على تكوين علاقات اجتماعية داخل الأسرة والمدرسة، وسعيه لتوسيع قاعدة معلوماته وتطوير خبراته ومهاراته، وبناء صورة لذاته يستطيع من خلالها أن يحدد إمكانياته وقدراته وطموحاته، وهذه التصورات مهمة ومفيدة للطفل؛ فهي المهماز الذي يدفعه للتقدم والتفوق الدراسي وزيادة الثقة بنفسه وبكيانه وقدراته المتصاعدة، وهذا ـ بالطبع ـ مُتأتٍّ أيضا من اتساع معرفته ونضوج شخصيته وتراكم خبراته، وتنوع علاقاته الاجتماعية مع الأفراد الذين يتعامل معهم أقرانًا أو موجهين (آباء ، معلمين..).

والطفل في هذه المرحلة تكون علاقته بأمه علاقة حب وعطف وطاعة، ولا يلتمس معونتها إلا عندما تضيق به السبل ولا يستطيع القيام ببعض الأمور لاعتداده بذاته، أما علاقته بأبيه فهي علاقة احترام وخوف وعقاب، وتصبح الضوابط العائلية المتمثلة بالأوامر والنواهي والتوجيهات والتحذيرات هي مقياسه الأخلاقي الذاتي، أو ضميره الذي يبني عليه تقديرات الخطأ والصواب والشر والخير فيما بعد وفقًا للمثل الأخلاقية والعادات الاجتماعية السائدة في بيئته ومجتمعه.

أما أهم الأحداث الاجتماعية في حياة الطفل في هذه المرحلة ، فهي - بلا شك - المدرسة التي تمثل بالنسبة له تجربة مليئة بالخبرات التي لم يكن يألفها في السابق، فمن خلال المدرسة يصبح ماسكًا بناصية القراءة والكتابة، ويكتشف من خلالها عوالم فكرية وتخيلية جديدة، من خلال المدرسة أيضًا تتطور قدرته على التفاعل الاجتماعي مع أقرانه، وتتطور قدرته على ضبط انفعالاته والسيطرة عليها، ويتعلم قيمًا واعتبارات جديدة؛ كالتعاون والصدق والطاعة والنظافة واحترام الآخرين والأمانة، وغيرها من الخصال الحميدة، كما يتعلم في المدرسة أيضًا أن هناك قيمًا سلبية مرفوضة وغير مقبولة ؛ كالعدوان والكذب والسرقة والغش وغيرها هذه القيم كلها سرعان ما يتعرف عليها الطفل في المدرسة، ويتعرض لمواقف التأكيد عليها بشكل يكاد يكون يوميًا من قبل المعلم وإدارة المدرسة، فتتكرس لديه وتصبح جزءًا من شخصيته فيما بعد.

ومن المؤثرات الاجتماعية المهمة التي يتعرض لها الطفل في هذه المرحلة هو انخراطه في مجموعات صغيرة من أقرانه أو أصحابه Peer group ، وغالبًا ما تكون هذه المجاميع من مناطق سكنية متقاربة، إذ يجمعهم بادئ الأمر ذهابهم وإيابهم سويًا إلى المدرسة، ثم ما تلبث هذه العلاقة أن تتطور لتصبح مجموعة حميمة ، يقودها واحد من داخلها له من الصفات ما يؤهله لهذا القيادة، ويلجأ إليه الآخرون للتشاور معه عندما يرغبون بتدبير أمر ما ؛ مثل تشكيل فريق للعب الكرة، أو القيام بنشاط معين، وهذا (الزعيم) يحاول جاهدًا أن يعمل على ضمان ولاء مجموعته له، ويضمن تعاونها وانتمائها إليه، شعورًا منه بأنه يتحمل مسئولية تجاه أقرانه هؤلاء ، وهذه المجموعة تلعب دورًا كبيرًا في حياة الطفل الدراسية والمستقبلية، فإذا كانت توجهات هذه المجموعة وزعيمها إيجابية نحو المدرسة ؛ فإن ذلك قد يخلق لديه روح المنافسة والطموح العالي ويتفوق في المدرسة، وإذا ما حصل العكس،فإنه قد يتأخر في دراسته، ويتراجع مستواه الدراسي إلى الخلف، وقد يهرب منها إرضاءًا لمجموعته أو لرأسها الذي يقودها، ومن هنا يتأتي أثر مثل هذه المجاميع في حياة الأطفال، وضرورة أن يعرف الأبوان من هم أصحاب وأقران الطفل ليتدخلا مبكرًا عندما يعرفان أن صحبته مع هذه المجموعة تنطوي على خطر تربوي لا يمكن إصلاحه فيما بعد.

مشكلات مرحلة الطفولة الوسطى:

فيما يلي عرض لأهم المشكلات النفسية والتربوية لهذه المرحلة وهي:

1- مشكلة الكذب.

2- مشكلة السرقة.

3- مشكلة الخجل.

4- المخالفة وعدم الطاعة.

5- التخريب والتدمير.

* * *

1- الكذب Lying

يقول علماء النفس بأن الشخص العادي (في المعدل) يقول ثلاث كذبات في اليوم، أو أكثر من ألف كذبة في السنة، ولكن مواقف حياتنا اليومية تكشف عن زيادة ملحوظة في هذا المعدل، حيث وجد أن الاستعداد للكذب يختلف بشكل كبير من شخص لآخر، هذا بالنسبة للكبار الذين يكذبون بوحيٍ من وعيهم وإدراكهم، مع توافر عامل القصد، ومن أجل إخفاء الحقيقة عن الغير لأي سبب من الأسباب، فما بالك بالأطفال الذين قد يغلب الخيال على وعيهم وإدراكهم، فيصبح الكذب لديهم هو الحقيقة بعينها، لا بل إن الأمور قد تلتبس عليهم، فتصبح حتى أحلامهم حقيقة ، فتراهم يروونها لك على أنها حقائق، رأوا أحداثها وعاشوا تفاصيلها وكانوا شخوصها وأبطالها.

إن الطفل يتعود على الكذب من بيئته (داخل الأسرة وخارجها) لاسيما تلك التي تقوم على الخداع وعدم المصارحة والغش وانتحال المعاذير الواهية وإظهار التشكك في صدق الآخرين، وعندها يرى أن وسيلته لتحقيق أهدافه هي الكذب؛ هذا إذا ما علمنا أن الطفل بمقدوره تمامًا أن يفرق بين ما هو كاذب وما هو صادق، لا بل إن كذب الأطفال إنما يكون محض نتاج يخلقه خيالهم الطليق، لكن الخطر في ذلك هو تفاقم الكذب وتطوره ليصبح نمطًا من أنماط السلوك، وهذا ما يحتم علينا نحن الكبار ألّا نتهاون مع الأطفال الذين يكذبون؛ بل المطلوب بذل كل مجهود ممكن لتجنيبهم الكذب، ولتدريبهم على الصدق والأمانة في القول، وهذا لا يعني أن نجزع ونتطير من كل قول كاذب يطلقه الطفل ونسارع إلى عقابه؛ إذ إن كثيراً ما تكون أكاذيب الأطفال بريئة لا تستحق العقاب، لأن هذا الأسلوب قد يعطي نتائج سلبية وعكسية ضارة، وربما تتكرس وتترسخ ظاهرة الكذب بسبب هذا العقاب، فقد ذكر ليونارد Leonard الذي جمع (700) نوع من أنواع السلوك الذي يتصف بالكذب وحللها ، فوجد أن 68% منها ترجع إلى الخوف من العقاب وعدم استحسان البالغين ، و12% منها ترجع إلى أحلام اليقظة والخيال، وعدم الدقة في

نقل التفاصيل، و20% كان الغرض منها الغش والخداع والكراهية [1].

إن بعض أنواع الكذب ليست إلا نتيجة طبيعية لمرحلة النمو التي يحياها الطفل، أي: إنها نوع من نوع من السلوك العرضي الذي يزول بمساعدة الأسرة والبيئة المحيطة بالطفل، فبعض الأطفال يكذبون لأنهم يتمتعون بخيال واسع يدفعهم إلى اختراع مواقف وقصص يقومون فيها بدور البطولة، أو أن بعضهم يحسون بالخوف ويتزعزع أمنهم النفسي لظرف طارئ، فيلجئون إلى (اختراع) موضوعات نسميها نحن الكبار كذبًا، وهي في حقيقتها من صنعنا نحن لأننا ألجأنا الطفل إليها بسبب عقم أساليبنا وعدم فهمنا وتقديرنا لهذه المرحلة، وبهذا فإن الطفل يكون محقًّا عندما يكذب؛ لأنه يريد أن يتخلص من العقاب، ولأننا نحن الذين أكسبناه هذه العادة، ولو كانت لأي منا- نحن الذين نعاني من أبنائنا الذين يكذبون - بعض الحصافة والمرونة والتعقل لَمَا دفعناهم إلى هذا السلوك الذي لا نرتضيه، وهي بعد كل هذا عادة لا تخيف إذا كانت هذه أسبابها، وبإمكاننا تخليص الطفل منها بشيء من التوجيه والمرونة والفهم المتعقل لطبيعة مرحلة الطفولة. فهي أنماط سلوكية كثيرًا ما تكون مميزة لمرحلة معينة من مراحل النمو العقلي والاجتماعي، ولذلك فهي تختفي مع الزمن مع بعض الجهد في مساعدة الطفل على التخلص منها، أما أنماط السلوك الكاذب الخطيرة فهي تلك التي تتعلق بصحته النفسية وتؤثر عليها تأثيرًا بيِّنًا كالكذب المبني على الكراهية والحقد والانتقام، فهو كذب متعمد ومع سبق الإصرار، ويحتاج من الطفل التفكير والتدبير بقصد إلحاق الضرر والأذى بالشخص المكروه، ويكون هذا السلوك في العادة مصحوبًا بالتوتر الانفعالي والألم؛ لذلك يُعدُّ الطفل الذي يتصف بهذا النوع من الكذب طفلاً مريضًا نفسيًّا، فالكذب في حالته هذه ما هو إلا وسيلة من وسائل التعبير عن عدم تكيفه للوسط الذي يعيش فيه، ولو عدنا إلى أساسيات هذا السلوك ومسبباته لوجدناه في الأسر التي يسود فيها نوع من النظام الصارم والعقوبات الشديدة، واختلاف

(1) رمزية الغريب، العلاقات الإنسانية في حياة الصغر ومشكلاته اليومية ، القاهرة، مكتبة الأنجلو المصرية. ص206.

الأبوين في طريقة حل مشكلات أبنائهما، والتفكك الأسري، والإفراط حين يستلزم الأمر قدرًا من المرونة، والتفريط حين يستدعي الأمر بعض الحزم المطلوب من أجل التوجيه والإرشاد.

أنواع الكذب:

1- الكذب الخيالي: **Lying Imagination**

وهذا النوع من الكذب لا يمكن اعتباره كذبًا بالمعنى المعروف لسببين؛ أولهما: سهولة تخليص الطفل منه بشيء من التوجيه والمرونة. وثانيهما : أن هذا النوع من الكذب لا يؤدي إلى الإخلال بالقيم الأخلاقية والاجتماعية، فبعض الأطفال لديهم شيء من سعة الخيال والانغماس في أحلام اليقظة، فهو حينما يختلق - بوحي من خياله- بعض الأعمال وينسبها إلى نفسه أو إلى أبيه إنما يشبه بهذا كاتب القصة والرواية، أو الشاعر الذي لا يمكننا أن نتهمه بالكذب إذا ما رسم لنا - بوحي من خياله - صورًا فنية وأدبية لأحداث معينة، وإذا كان الأمر بالنسبة للقاص والروائي هو تصوير الحديث بالشكل الذي يثير القارئ بما يجعله يلتصق بجوٍّ الرواية ويعايش تفاصيلها، فإن المسألة بالنسبة للطفل غير ذلك، فإن الأحداث التي يرويها ليس المهم فيها حبكتها ومدى تماسك موضوعاتها وتفاصيلها ودقة صياغتها، إنما المهم فيها أن تعطيه نوعًا من الرضى عن النفس، وتبعده عن دنيا الواقع بمساوئه وصلاته الكريمة المعقدة، وتدخله في دنيا الأحلام والتخيلات التي تصبح في نظره أكثر حلاوة وعذوبة؛ لأنه هو الذي يصنعها كما يتمنى ويشتهي.

وهذا النوع من الكذب يجب ألَّا يقلق الوالدين؛ بل يتركوا الأمر للزمن، فهو كفيل بإنهاءه كسلوك عند الطفل، ويبقى أمامهم أن يكتشفوا في الأطفال هذه القواعد الخيالية، ويوجهونها الوجهة الصالحة، فقد ينبغ مثل هؤلاء الأطفال في مجال الشعر أو القصة أو التمثيل إذا ما وجدوا التوجيه السليم.

2- الكذب الالتباسي: **lying Confusionl**

يلجأ الطفل إلى هذا النوع من الكذب لأن الحقائق تلتبس عليه، وتعجز ذاكرته

عن أن تعي حادثة معينة بتفاصيلها، فيحذف منها بعض التفاصيل، ويضيف أخرى من عنده، حتى تكون مستساغة ومألوفة لديه، وبذلك يستطيع تذكرها، وهذا النوع من الكذب يزول عادة من تلقاء نفسه إذا كبر الطفل ووصل عقله إلى مستوى يمكنه من أن يدرك الفرق بين الحقيقة والخيال، وهذا لا يعني أن نتركه حتى يزول من نفسه؛ بل يحتاج إلى شيءٍ من التوجيه والإرشاد مع مراعاة مستوى إدراك الطفل وتفكيره.

3- الكذب الادعائي: **lie of vanity**

ويحدث عادة عندما يبالغ الطفل في وصف تجاربه الخاصة؛ فيجعل من نفسه بطلاً يستطيع جذب انتباه من حوله من الكبار، ويهدف هذا النوع من الكذب إلى إحداث السرور في نفس السامع، وبذلك يتحقق لدى الطفل الإشباع لنزعة السيطرة وتأكيد الذات، أما العوامل التي تساعد الطفل على ممارسة هذا النوع من الكذب فهي الشعور بالنقص الذي يحاول إكماله بتعظيم ذاته عن طريق الكذب، أو أن هذا النوع من الكذب قد يظهر عندما لا يقدر الطفل على الانسجام مع من حوله.

ومن ضيق البيئة التي يعيش فيها كالبيت أو المدرسة، أو كثرة الإذلال والعقاب الذي يتعرض له وبالشكل الذي يمنعه من الظهور و البروز بين أقرانه، أو عدم حصوله على العطف الكافي من والديه؛ فيلجأ إلى الكذب ، فهو تارة يدعي أنه مضطهد أو مظلوم أو سيئ الحظ، وتارة يدعي المرض ليحصل على بعض ما افتقده من رعاية اهتمام من والديه أو من الآخرين.

وهذا النوع من الكذب يتطلب الإسراع في علاجه منذ الصغر، وإلَّا نما وتفاقم مع نمو الطفل، فالكثير من الكبار والراشدين يتحدثون عن مغامراتهم وأسفارهم وأعمالهم الخارقة، وهي في حقيقتها محض هراء وادعاء، وأساسها الكذب الادعائي الذي مارسوه في طفولتهم ولم يستطيعوا أن يتخلصوا منه أو يجدوا من يساعدهم على الخلاص منه.

4- الكذب العنادي: lie of obstinacy

وهو الكذب الذي يتحدى فيه الطفل سلطة والديه؛ خاصة إذا كانت رقابتهم عليه شديدة وبعيدة عن العطف والحنان، وهذا الكذب يوفر للطفل نوعًا من الارتياح عندما يتحدى السلطة الأبوية، وكأنه بهذا يرسل نداءًا تحذيريًا لوالديه، أن سبب كذبه هذا هو إهمالهم إياه، وهذا الكذب غالبًا ما يكون عرضيًا، لكنه إذا تكرر وأصبح نمطًا سلوكيًا (عادة) عندها يكون حالة مرضية تستوجب العلاج.

5- الكذب الانتقامي: lie of Revenge

وهو الكذب الذي يمارسه الطفل من أجل الإيقاع بالآخرين والانتقام منهم عن طريق إلصاق التهم بهم، بما يوجب عقابهم أو يشوه سمعتهم، ويحدث هذا الكذب نتيجة للانفعالات الحادة التي يتعرض لها الطفل، والتي تهز ثقته بمن حوله، وقد يكون الدافع لذلك هو شعوره بالغيرة أو الغبن لعدم المساواة بينه وبين الآخرين، وهذا النوع من الكذب يُعدُّ خطرًا على الصحة النفسية للطفل؛ لأنه ينتج عن حقد وكراهية، فهو إذا كذبٌ مقصودٌ منه إلحاق الأذى بمن يكره، والطفل الذي يمارس الكذب الانتقامي يصرف وقتًا طويلاً في التخطيط والتدبير للموضوع الذي يعده للكذب قبل أن يطرحه أمام الآخرين، ويحاول تدعيمه ببعض الأقوال والأفعال من أجل أن يكون مقبولاً ويحقق الهدف، وبعض الكبار من الآباء والمعلمين قد تنطلي عليهم أحابيل مثل هؤلاء الأطفال فيوقعون العقاب بالهدف الذي اختاره الطفل الكاذب.

وتجدر الإشارة هنا إلى أن للوالدين والمعلمين دور رئيسي في شيوع هذا النوع من الكذب بين الأطفال؛ إما لاستخدامهم أساليب غير عادلة في التعامل مع الأطفال والتفريق فيما بينهم، أو جعل البعض منهم عرضة للتندر والاستهزاء، أو وصم بعضهم بألقاب تثير الضحك والاستهزاء؛ إن هؤلاء الآباء والمعلمين سيكونون بلا شك ضحية أمام الأطفال الذين يمارسون هذا النوع من الكذب؛ لأن الموضوعات (الملفقة) التي ستطرح أمامهم سوف يحقق من خلالها الطفل الكاذب هدفين؛ هما الانتقام من معلمه أو والده ؛ لأنه كان السبب في إثارة حفيظته، وذلك

بتمرير هذا الموضوع الملفق عليه، والهدف الثاني هو الإيقاع بمن يحاول أن يثير غيرته أو حقده، وبالتالي يفرغ ما فيه من حقد وكراهية، وينتقم لكرامته المهدورة.

6- الكذب الغرضي: **Lie of target**

ويسمى أيضًا بالكذب الأناني أو الاستحواذي، والدافع لهذا النوع من الكذب هو فقدان ثقة الطفل ببيئته، وبالكبار المحيطين به لوقوفهم في سبيل تحقيق رغباته، ولعلمه أن مطالبه لن تجد استجابة إن هو سلك الطريق العادي لتحقيقها، لهذا فهو يشعر بالحاجة الدائمة إلى امتلاك أكبر قدر ممكن من الأشياء، وهو يكذب في سبيل تحقيق ذلك، حتى وإن كان في غير حاجة إلى هذه الأشياء.

7- كذب التقليد: **Lie of Imitation**

وينجم عن تقليد الطفل لمن حوله وخاصة والديه في الكذب، فقد يكتشف الطفل أن والديه يكذب أحدهما على الآخر، أو أن أحدهما أو كليهما يكذب عليه من خلال وعودهم الكثيرة التي يعدونه بها ولا يفيان بها، ويختلقان مختلف الأعذار لتبريرها، وعملية التقليد هذه ما هي إلا عملية نمذجة Sampiling ، أي: إنه ينمذج سلوكه على أساس ما يشاهده ويسمعه من الآخرين، فالطفل يقلد الإنسان الأقرب إليه، وكلما ازداد تشابه النموذج مع المشاهد (المقلِّد) ازدادت نسبة تقمص النموذج.

8- الكذب المرضي: **Lying pathological**

ويسمى أيضًا بالكذب المزمن؛ لأنه يشير إلى أعراض اضطراب سلوكي، وإلى فشل الطفل في اكتساب مستويات من السلوك الاجتماعي المقبول، فالطفل يكذب دونما إرادة منه، ويصبح الدافع لذلك دافعًا لا شعوريًا، ونتيجة لتفاقم حالة الكذب هذه فإن الطفل قد يلجأ إلى السرقة أيضًا؛ لأنه يعاني من شعور شديد بالنقص والعجز وفقدان الثقة بالنفس، وعدم القبول سواءً من الأسرة أو من أقرانه؛ لأنه كذاب، فيحاول أن يحقق رغبته الشديدة في النجاح أو أن يحقق بعض الحاجات والرغبات التي بهدف إليها عن طريق الكذب، وهذا النوع من الكذب إذا لم يعالج في وقت مبكر؛ فإنه يصعب علاجه إذا ما استشرى وأصبح سلوكًا مرضيًا مزمنًا.

9- الكذب الدفاعي: **Lying Excusive**

ومن تسمياته أيضًا الكذب التبريري أو الوقائي والتستري، وكذب الخوف من العقاب، وهذه التسميات كلها ما هي إلا مترادفات قد تعطي مفهومًا واحدًا، وهو أن الطفل - شأنه شأن أي إنسان – يبحث عن اللذة ويتجنب الألم، ولأن العقاب ينطوي على ألم، فإنه يلجأ إلى الكذب ليبرر خطأ ارتكبه أو ليحتفظ لنفسه بامتياز ما، أو ليبتعد عن العقاب الذي ينتظره.

والكذب الدفاعي هو أكثر أنواع الكذب شيوعًا، وقد يلجأ إليه الأطفال ضعاف الشخصية والاتكاليين، والذين يعانون من القلق المستمر، وقد يصبح الكذب الدفاعي لديهم حالة مرضية يحتاج فيه الطفل إلى تخطيط وتدبير مسبقين، كما أنه يستلزم قدرًا من الغش والخداع والحيلة كي ينطلي على الآخرين وتمر الأكذوبة بسلام.

أسباب الكذب:

1) **الشعور بالنقص:** ويبرز ذلك لدى بعض الأطفال الذين يعانون من عيب بدني أو نفسي، أو بسبب المعاملة السيئة والقاسية التي يلقاها من والديه أو المحيطين به من الكبار، لهذا يلجأ إلى الكذب من أجل رفع شأن نفسه أمام الآخرين، ولكي يكون محط إعجاب وتقدير زملائه، فهو يتفنن في تأليف القصص الوهمية، ويرسم لنفسه فيها أدوارًا مهمة مليئة بأعمال البطولة والجرأة والإثارة، وهذا السلوك مرده الشعور بالنقص الذي لا يمكن تعويضه إلا بمثل هذه الادعاءات الكاذبة، وعليه يمكن أن نطلق على هذا النوع من الكذب (الكذب الادعائي).

2) **التقليد:** ويتعلم الطفل الكذب من والديه الذين يمارسان الكذب أمامه، أو يزرعان فيه بذوره، فالأم التي تقسم أغلظ الأيمان لطفلها أنها ستقوم بمعاقبته بعد انتهائها من عملها، أو أنها ستطلب من أبيه أن يعاقبه بعد أن يعود إلى البيت، ولا تفعل، والأبوان الّذان يخبران طفلهما أنهما سيأخذانه إلى زيارة قريب لهم بيناهما يأخذانه ليعطى حقنة طبية، أو الأب الذي يطلب من طفله أن يخبر الزائر الذي

يسأل عنه أنه غير موجود...كل هؤلاء وأمثالهم إنما يُعوِّدون أطفالهم على الكذب، وعلي أساليب وفنون ممارسته؛ لأن الطفل مقلد جيد، وأكثر الناس الذين يقتدي بهم ويقلدهم هم أبويه، وهذا الكذب يطلق عليه (الكذب بالعدوى).

3) **الحرمان** : وهذا الموضوع ذو شقين ، فالطفل الذي يعاني من حرمان العطف الأبوي بسبب تفكك الأسرة إنما يلجأ إلى الكذب بمختلف الطرق والوسائل ليكسب عطف والديه وذويه، أي: إنه يمارس سلوكًا انتهازيًا مصلحيًا بقصد تحقيق قدرٍ كافٍ من المودة والعطف اللذين يحتاجهما بأيِّ وسيلة، وهو بهذا سوف لا يجد أسهل وأرخص من الكذب لكي يمارسه ويحصل على ما يريده، والشق الثاني من هذا الموضوع هو أن الطفل الذي يعاني من قمع دائم وكبت مستمر لبعض رغباته التي لا يجد من يلبيها من أبويه أو من المحيطين به، فإنه يلجأ إلى الكذب لكي يشبع هذه الرغبات التي حرم منها، وهو بهذا يقوم بعملية تفريغ للرغبات المكبوتة التي يعاني منها، كالطفل الذي يكذب على أصدقاءه مدّعيًا بأن والديه قد اشتريا له دراجة هوائية، وبعد فتحها تبين أن لونها لا يعجبه فأجبر والديه على إعادتها للبائع، ولأن اللون الأحمر(الذي يحبه) غير متوفر حاليًا لدى البائع، فإنه قد وعده بواحدة حمراء عما قريب.. وهكذا يروح الطفل ينسج قصصًا وهمية في محاولة منه - دون قصد - لإفراغ رغباته المكبوتة والتي حرم من التمتع بها، وهذا النوع من الكذب هو (الكذب الغرضي).

4) **الانتقام:** ومرد ذلك هو الغيرة الشديدة التي يشعر بها الطفل نحو أحد إخوته أو أي طفل آخر، فيقوم بإلصاق كل الذنوب والأخطاء التي تحصل في البيت أو المدرسة بالطفل الذي يغار منه، أو أن الانتقام قد يتخذ شكلًا آخر عندما يشعر الطفل أن والديه غير عادلين في تعاملهما معه، وعندما يجد أن هناك تمييزًا واضحًا في توزيع المحبة والاهتمام والعطف بينه وبين إخوته من قبل والديه، فتتولد الكراهية لديه، وتظهر بشكل حيل ومكائد يصوغها هذا الطفل لمن يكرهه من إخوته - الذي يعتقد أنه ينال حظوة أكبر منه لدى والديه - فيلصق به تهمًا لم يقترفها بقصد الإيقاع به والانتقام منه، ومن والديه الذين يحيطانه برعاية خاصة، وهذا النوع من الكذب هو (الكذب الانتقامي).

5) **العقاب:** تسرف بعض الأسر في فرض ضوابط عقابية صارمة على أطفالها بدعوى أن هذا الأسلوب هو الوسيلة الوحيدة التي توقف بعض تصرفات الأطفال عند حدّها، وتمنع تكرارها، غير أن المبالغة في إنزال العقاب سوف تخلق في ذات الطفل خوفًا سوف لا يجد أي مفر للتخلص منه إلا بالكذب، فالطفل الذي يكسر - دونما عمد - طبقًا في المطبخ، ويعرف أن والدته سوف تعاقبه على ذلك، وأنها سوف لا تتسامح معه أبدًا سوف يضطر لنكران فعلته، أو إلصاق هذه التهمة بأحد إخواته الصغار، أو أن بعض المعلمين يكلفون تلاميذهم بواجبات منزلية طويلة وصعبة ، إلى حدٍّ يعجز الطفل عن تنفيذها، إنما هم يُلجئون تلاميذهم - العاجزين - للتوسل بكل أساليب التلفيق والمخادعة واختلاق أنواع الأكاذيب كما يتخلصوا من عقاب معلمهم؛ لأنهم لم ينجزوا الواجب كما أراد، وهذا هو (الكذب الدفاعي).

6) **التحايل:** والطفل قد لا يجد وسيلة يحقق بها هدفًا معنيًّا يبتغيه بالوسائل العادية، فيلجأ إلى الكذب على سبيل التحايل لتحقيق هذا الهدف، فعندما يجد في حانوت المدرسة حلوى يحبها ولا تتوفر لديه النقود؛ فإنه قد يكذب على والديه مدعيًا بأن المعلم يطلب منه مقدارًا معينًا من النقود ثمنًا لكتابٍ معينٍ أو حاجة تطلبها المدرسة، وهذا هو (الكذب التبريري).

7) **الخيال:** يتمتع الطفل بخيال واسع رحب وخصب؛ ولأنه كذلك فإنه غيرُ قادرًا على التمييز بين ما هو واقع وما هو خيالي ، خصوصًا دون سن الخامسة من العمر، وهذا الكذب هو غير حقيقي، ويمكن أن نطلق عليه (الكذب الخيالي أو الالتباسي).

العوامل المدرسية المشجعة على الكذب:

من خلال عرضنا لأسباب الكذب تبين أن المدرسة تسهم إلى حد كبير في تشجيع الكذب وفي غرسه وتثبيته لدى التلاميذ الصغار من خلال عوامل عديدة، تأتي في مقدمتها العقوبات الانضباطية الصارمة؛ كالفصل من المدرسة، وخصم

درجات السلوك، والعقوبة البدنية، وعدم تسامح المعلمين مع التلاميذ، وانتفاء التفاهم القائم على الأخذ والعطاء، والواجبات المنزلية التي تعطى للتلميذ بشكل اعتباطي دون مراعاة لظروفه النفسية والمنزلية، أو لقدراته وإمكانياته، فضلاً عن أن بعض المعلمين عندما يكلفون تلاميذهم بالواجبات المنزلية فإنهم لا يتأكدون أو يسألون عن المهام والواجبات المنزلية الأخرى التي كلفهم بها المعلمون الآخرون؛ مما يترتب عليه ثقل هذه المهمات وتراكمها على التلميذ الذي يقف أمامها عاجزًا مذهولًا لا يقدر على الإيفاء بها.

ومن جانب آخر فإن الامتحانات المدرسية، والهالة القدسية التي تحاط بها، وأجواء الرهبة التي تفرضها بعض المدارس أو المعلمين كل ذلك يدفع التلاميذ الصغار إلى التوتر والقلق والضغوط النفسية التي لا مبرر لها ، وثمة عوامل مهمة أخرى تدفع الأطفال إلى الكذب؛ ألا وهي المزاجية التي يتصف بها المعلِّمون، وعدم عدالتهم ودقتهم في توزيع الدرجات، والانفعال الأخرق لأتفه الأسباب، وعدم التمييز بين الأطفال تبعًا لمبدأ الفروق الفردية، كل ذلك وغيره من الأسباب يُنفِّرالتلميذ من المدرسة والمعلم ومن النظام المدرسي، ويدفعه إلى الكذب لوقاية نفسه من العقاب وتجنيبها الأذى، ولكي لا يظهر أمام الآخرين بمظهر العاجز أو المخالف أو المتهم، فالطفل الذي يعرف أن المعلم أو النظام المدرسي يحاسبه على كل كبيرة أو صغيرة؛ فإنه يلجأ إلى الكذب لكي يحمي نفسه من العقاب، ويتذرع بشتى الحجج والذرائع لكي يبتعد عن طائلة العقاب، والتلميذ الذي يعجز عن الإيفاء بالمهمات الواجب إنجازها في البيت؛ فإنه يلجأ إلى الآخرين الكبار ليساعدوه على حل معضلته هذه، ومن ثم يدعي - كذبًا وبهتانًا - أنه هو الذي أنجز هذه المهام، وهو بهذا يحقق لنفسه زهو الانتصار وفرحه، وتجنب العقوبة والحصول على الإثابة، ومن ثم الانتقام من المعلم الذي يملي عليه ما لا يقدر عليه.

وفي حالة الامتحانات وأجوائها الرهيبة وتوقع الفشل والرسوب، فإن التلميذ قد يلجأ إلى الغش، وهو نوع من أنواع الكذب، محققًا بذلك لنفسه غرضين مهمين؛ هما النجاح بسهولة ويسر وبأقل مجهود، ثم الانتقام من المعلم الذي يحاول فرض أجواء بوليسية إرهابية على هذا الطفل أو غيره.

علاج الكذب:

علاج الكذب يتوجب دراسة كل حالة على حدة، وتقصي البواعث الحقيقية للكذب، والوقوف على حقيقة الأمر لمعرفة ما إذا كان الكذب حالة عرضية أم أنه عادة لدى الطفل؛ وهل هو لدافع معين أم هو كذب مرضي أساسه الدوافع اللاشعورية؟ وهل هو كذب نادر أم متكرر ومتواتر؟ حتى تسهل عملية المعالجة؛ وعمومًا يمكن اتخاذ التدابير الآتية لعلاج الكذب لدى الأطفال:

1- الابتعاد عن معالجة الكذب بالعقاب والتشهير والسخرية ووسائل الحط من كرامة الطفل، فهذه الوسائل فضلاً عن أنها تترك أثارًا سلبية على نفسية الطفل؛ فإنها قد تؤدي إلى اكتسابه عادات سيئة أخرى، كالغش والخداع والتحايل للإفلات من العقاب.

2- تجنب الظروف التي تشجع على الكذب، وعدم الاعتماد على شهادة طفل يمتلك هذه العادة في حادثة ما ؛ لأن هذا يعطيه فرصة لترويض عادة الكذب ومن ثم تثبيتها بالتكرار والتمرين.

3- لا يجوز إيقاع العقوبة على الطفل بعد اعترافه بذنبه؛ لأن ذلك يقلل من قيمة الصدق ومكانتها في نظره، كما أن الاعتراف بذنبه دليل على إمكانية إصلاحه، فالكثير من الأخطاء التي نعاقب عليها الأطفال ناتجة عن قصور عقولهم عن فهمها، لكنهم إذا فهموها فإنهم لن يعودوا إلى تكرار الخطأ الذي يستوجب العقوبة أو الكذب.

4- يجب أن يحل التسامح والمرونة والتفاهم محل القانون مع الأطفال الذين يلجئون إلى الخيال للتعبير عما في دواخلهم، ويكفي أن نذكرهم بين فترة وأخرى أنهم أصبحوا كبارًا، وأن عليهم أن لا يخلطوا بين الخيال والواقع.

5- إشباع الحاجات النفسية الضرورية للطفل، وهي الشعور بأنه محبوب، والشعور بالثقة بالنفس والاطمئنان النفسي، والعدالة في توزيع الحب والاهتمام بين الأبناء، واكتشاف القدرات الذاتية للطفل وحسن توجيهها وتنميتها.

6- الإيفاء بالوعود التي يقطعها الآباء لأبنائهم، وعدم التلفظ بأي وعد أمام الطفل لا يمكن الإيفاء به؛ لأن هذا الأسلوب من المماطلة والتسويف في الوعود وعدم تنفيذها سوف يكسب الطفل عادة الكذب.

7- يجب أن يكون الآباء والأمهات قدوة حسنة لأبنائهم؛ فالذين يتباهون بالأكاذيب ويتفننون بها، إنما يدفعون أبناءهم إلى تقليدهم في هذا السلوك المنحرف الذي إذا ما أصبح عادة مستأصلة فإنه يصعب علاجه فيما بعد، فالكذب أسهل الذنوب اقترافًا؛ لكنه أكثرها خطورة على حياة الفرد في كل مراحل حياته.

8- عدم المبالغة والتشديد في غرس قيمة الصدق بحيث تصبح موضوعًا يشعر الطفل بخطورته، فيستخدمه لتهديد والديه عندما يجد حاجة إلى ذلك، ويكفي أن نقول: إن الطفل إذا ما شب في بيئة شعارها الصدق قولاً وعملاً؛ فإنه سينشأ صادقًا أمينًا.

9- اللجوء إلى العيادات النفسية لعلاج حالات الكذب الناتجة عن الاضطرابات النفسية، والتي يخفق الأبوان في علاجها.

* * *

2- السرقة Stealing

السرقة أساسها الاستحواذ على ما يملكه الآخرون بدون وجه حق، وفكرة التمييز بين ما للفرد حق فيه وما ليس له فيه حق ليست سهلة، فالطفل يشعر شعورًا تلقائيًا بالحاجة للاستحواذ على أي شيء في سن مبكرة، ويختلط الأمر عليه ويرتبك تفكيره عندما لا يُعَلَّم منذ الصغر بأن هناك أشياء مملوكة له وأشياء مملوكة لغيره، وكثيرًا ما يحدث ذلك بحسن نية من الآباء عندما يشترون لأولادهم لعبة واحدة يلعبون بها جميعًا معتقدين أنهم يعلمونهم التعاون والإيثار بدلًا من الأنانية والأثرة، إلَّا أن ذلك قد يؤدي إلى عكس المطلوب، إذ إن الصحيح هو أن يكون للطفل لعبته الخاصة، وأن يعوَّد بعد ذلك على أن يلعب بها مع غيره، ويعني ذلك أنه يتعين تشجيع الشعور بالملكية لدى الطفل منذ سنوات حياته الأولى، على أنه لا يجوز أن يبالغ في تشجيعه إلى حد بروز صفات الأنانية والجشع لديه، كما لا يجوز أن يكبت الشعور بالملكية إلى الحد الذي يعجز معه الطفل عن التفرقة بين ما يخصّه وما يخص غيره، وبالتالي تضطرب لديه فكرة التمييز بين حقوقه وحقوق الغير.

وبالتأكيد فإن كل أم أو أب يغضبان ويشعران بالقلق عندما يريان طفلهما الصغير يسرق شيئا ما، أو يستولي على ما لا يخصه، ويخشيان من هذه الظاهرة السلوكية المريبة؛ على أننا إذا نظرنا إلى الأمر نظرة واقعية فسوف نجد أن معظم الأطفال يسرقون في بعض الأوقات دون أن يكون قصدهم هو السرقة، فالطفل يتصرف من خلال مشاعر ومواقف معينة، ولذلك فعلى كل أم أو أب أن يعيدا النظر في موقفهما من طفلهما في مثل هذه الحالات، فهذه السرقات تتميز بالبراءة ، ومن ذلك أن يستولي الطفل على شيء لا يخصه؛ لأنه لا يعرف حدود ملكيته وحدود ملكيات الآخرين، ويكون ذلك بسبب عدم اهتمام الوالدين بتعليمه هذه الحدود التي تفرق بين الملكية الخاصة وبين ما يخص الآخرين.

ويبدأ تعليم الوالدين عندما يدركان أن هذا الطفل قد نما من الناحية العقلية والاجتماعية إلى الحد الذي يستطيع أن فيه يفرق بين ما له من أشياء وما لغيره، وأن

أي اعتداء على هذه الحقوق تسميه الناس بالسرقة؛ وهي صفة ذميمة مرذولة لا يحبها أحد، وأن هناك صفة حميدة محبوبة تقابلها تسمى الأمانة؛ وهي احترام ممتلكات الغير وعدم الاستحواذ عليها، ولكي نحقق ذلك يمكن أن نبدأ معه ببساطة وتلقائية، فلا نتصرف بأشياءه وملابسه ولعبه أو نقوده إلَّا بعلمه ورضاه، ونحاول أن ندفعه لممارسة نفس هذا الأسلوب مع الآخرين ممن يلعب أو يتعامل معهم. وكثيراً ما يتعلم الطفل السرقة عندما يأخذ أشياء صغيرة لا تخصه خفية، كالحلوى أو بعض النقود من الآخرين، كما أن لموقف الوالدين من الطفل في السرقة الأولى أثر كبير في اعتياده عليها، فاجتهاد الوالدين في تخبئة ما يخافان عليه مثلًا قد يدفع الطفل إلى التفنن في أساليب الوصول إليه، وإذا نجح في ذلك فإنه يشعر بلذة الانتصار، فيعاود الكرة في مواقف أخرى لاحقة وتتكرر سرقاته للاستئثار بما أُخفي عنه، ولكي يحتفظ بلذة الانتصار على الدوام، مما قد يؤدي إلى تكوين ميول وعادات يشبعها عن طريق السرقة كالتدخين وارتياد أماكن اللهو وغير ذلك.

ومن المهم في هذا المجال هو عدم وصف الطفل بأنه لص أو سارق - حتى على سبيل المزاح - لأن ذلك قد يثير الرغبة لديه في التحدي والعناد بالاستمرار في سلوكه، وعلى الوالدين أن يبذلا جهدهما للارتقاء بمفهوم الشعور بالملكية لدى الطفل، وذلك بتخصيص مكان يحفظ فيه أشياءه الخاصة به، ويمرناه على كيفية تنظيفها وترتيبها والمحافظة عليها، فتصبح عزيزة عليه، وهذه النظرة ستنعكس بالضرورة على الأشياء الخاصة بغيره لعلمه المسبق أن ملكية أي شيء تحتاج الى جهد لاكتسابها وللمحافظة عليها، بما يجعله يحرص على ما يمتلكه، كما يحرص على عدم المساس بما يمتلكه الآخرين.

دوافع السرقة وأسبابها:

دوافع السرقة لدى الأطفال كثيرة ومختلفة، فمنها دوافع مباشرة، ومنها دوافع غير مباشرة، ولكنها في ظاهرها لا تدل على سلوك السرقة كما نفهمه نحن الكبار، ومن هذه الدوافع:

1- تأكيدًا للذات وسط جماعة الأقران، فالطفل من خلال السرقة يحاول أن يبدو أمامهم بأنه يمتلك القوة والقدرة والسطوة، وبأنه يتمكن من الحصول على ما يريده بهذا الأسلوب.

2- حرمان الطفل من بعض الأشياء التي يستطيع توفيرها لنفسه، أو أن الأسرة تمنعها، أو لا تستطيع توفيرها له، بينما يجدها متوفرة لدى غيره من أقرانه؛ فيعمد إلى السرقة لتلبية هذه الحاجة لنفسه وإشباعها.

3- وتدفع مشاعر الدونية والنقص والضَعة لدى بعض الأطفال لأن يسرقوا، كمحاولة منهم للتعويض عن ذلك، والظهور أمام أقرانهم الآخرين- الذين يرونهم أفضل منهم اجتماعيًا أو علميًا - بمظهر القوة، والعمل على كسب الشهرة والنفوذ لديهم أو لدى غيرهم، في محاولة للمساواة بهم .

4- وقد يكون الدافع للسرقة هو الغيرة من الإخوة أو من بعض الأقران والأصدقاء، عندما يجد الطفل أنهم يمتلكون من النقود والحلوى واللعب ما يجد نفسه عاجزًا عن توفيرها لنفسه، فيلجأ إلى سرقة هذه الأشياء منهم، أو أن الغيرة من الأخ الأصغر، أو المولود الجديد قد تدفع بالطفل لأن يسرق بقصد جذب انتباه والديه الذين انشغلا عنه بالمولود الجديد وحوّلا اهتمامهما إليه.

5- تبرير الوالدين لمواقف أطفالهما - عندما يعتدون على حقوق الآخرين، وينفون عنهم تهمة السرقة بدعوى أنهم ما زالوا صغارًا لا يدركون ما يقومون به، أو التغاضي عما يأخذونه من الآخرين داخل الأسرة بحجة أن هذه الأشياء هي ممتلكات الأسرة- قد يشجع الطفل على التمادي في استحواذه على أشياء الآخرين وسرقتها.

6- الحرمان من الدفء العاطفي والحنان، ومعاملة الطفل بقسوة، والتفريق بين الأبناء في المعاملة، قد تدفعه لأن يسرق كأسلوب انتقامي من والديه، وقد يكون الانتقام بالسرقة من الأصدقاء والأقران كنوع من الثأر الذي يمارسه الطفل نحو من يسيئون إليه أو يهينونه أو يعتدون عليه، وأغلب السرقات التي تحصل في المدارس هي من هذا النوع.

7- وقد تكون دوافع السرقة هي الضعف العقلي، وانخفاض مستوى الذكاء، أو الوقوع تحت سيطرة طفل آخر (زعيم) أو مجموعة أطفال أذكياء من أقرانه يدفعونه للسرقة وتحقيق مآربهم بواسطته.

8- وقد تحدث السرقة أحيانًا نتيجةً لحالات مختلفة من الصراع النفسي- اللاشعوري، وتدخل في هذا النوع حالات السرقة التي تحصل بطريقة غير إرادية، أي: إنها تكون قهرية ينساق إليها الطفل دون إدراكٍ منه لخطورتها، وهذه الحالة خطيرة وتستدعي العلاج السريع الذي يقوم به الأخصائي النفساني.

9- وهناك دوافع أخرى للسرقة، منها مثلاً ميل الطفل لهواية ما، وعدم امتلاكه المال الكافي لإشباعها ، مثل ركوب الدراجات، أو ارتياد السينما، أو الرسم، أو جمع الطوابع... إلخ.

10- وقد تكون دوافع السرقة هي مرافقة أصدقاء السوء وتقليدهم والاندفاع ورائهم، لاسيما عندما ينجح لمرة أو مرتين في السرقة؛ فإنه قد يتمادى في ذلك، وتصبح عندئذ حالته خطيرة، تستدعي الإيقاف والعلاج السريع.

علاج السرقة:

1- مادامت دوافع السرقة وأهدافها مختلفة ومتباينة، فإن أفضل وأهم ما يجب عمله في علاج هذه المشكلة أن نقف أولًا على دوافعها وغاياتها؛ لنعرف لماذا يسرق الطفل؟ ومن ثم نقوم بالعلاج.

2- إن قطع دابر السرقة وتشكيل سلوك جديد مرغوب - هو الأمانة- لا يأتي أبدًا من خلال العقاب الصارم الذي يفرضه الأبوان على الطفل أو بالعكس، فإن بعض الآباء قد يقفون مدافعين منافحين عن أطفالهم ليردوا عنهم كلَّ تهم السرقة ويصفوهم بالأمانة، وهذا الأسلوب لا يختلف عن سابقه في مردوداته السلبية، ولا يمكن بأي حال أن يكوِّن اتجاه الأمانة بشكل سليم لدى الطفل.

3- احترام ملكية الطفل وتعويده على كيفية احترام ممتلكات الآخرين وأشيائهم، وعندما يحصل تجاوز من قبله نحو ممتلكات، الغير فيجب أن لا نغض

الطرف عن ذلك، بل يجب أن نتدخل فورًا، ولكن بهدوء ورفق لنوجهه إلى هذا التجاوز، ونشعره أنه طالما لا يرغب هو بأن يسلبه الآخرون أشياءه وممتلكاته، فإن الواجب يحتم عليه هو أيضًا أن يفعل ذلك.

4- عندما يسرق الطفل - أو عندما نتصور أن ذلك سرقة - يجب ألا نلح عليه بالاعتراف حيث إننا بذلك سوف نقوده إلى ممارسة أسلوب خاطئ آخر لا يقل خطورة عن السرقة، ذلك هو الكذب، فعندما يكذب علينا ليبرر خطأه ويجد نفسه أنه قد نجا ، فإنه سوف يستمرئ الكذب، وسوف يتمادى في كلا السلوكين السرقة والكذب.

5- إضفاء جو من الحب والعطف والحنان والدفء العائلي، دون إسراف يقود إلى التدليل المفرط الذي ينمي لدى الطفل روح الأنانية التي تهيؤه لممارسة السرقة والاستحواذ على أشياء الآخرين.

6- دراسة حالة السرقة التي يقوم بها الطفل بهدوء وبلا انفعال؛ لمعرفة هل هي الحالة الأولى أم أنها متكرر؟ فإذا كانت عارضة، أو أنها وقعت دون إرادته وأنه قد تورط فيها مثلاً، فيجب أن نكون مرنين إزاءها، ونتسامح معه؛ لأنها وقعت بسبب سوء فهمه وإدراكه لما يقترفه. أما إذا كانت متكررة فإنها تحتاج لدراسة هادئة متعمقة للوقوف على دوافعها ومن ثم حلها.

7- أن يعمل الأبوان على ألا يمنحا الطفل الفرصة ليستثمر سرقته ويحقق غايته منها، بل يشعرانه فورًا بأن ما جناه لا يقود إلّا لخسارته وضعف موقفه أمام أهله، وأن ما يمارسه هو خطأ يجب أن يتجنبه مستقبلًا، ويكون التوجيه من خلال تجارب وأمثلة واقعية يقدمانها له مع شيء من ضبط النفس والهدوء وعدم تهويل الأمر.

* * *

3- مشكلة الخجل Shyness

الخجل حالة انفعالية معقدة، تنطوي على شعور سلبي بالذات، أو على شعور بالنقص والعيب لا يبعث الارتياح والاطمئنان في النفس، مما يدفع بالطفل للانزواء وعدم الاندماج في الحياة، فلا يتعلم من تجاربها ولا يرتبط بصداقات وعلاقات مع الأطفال الآخرين، فتصبح خبراته محدودة لدرجة قد يصبح معها عالة على نفسه وعلى مجتمعه لبعده عن الآخرين وانطوائه على نفسه.

ويظهر الخجل في فتراتٍ معينة من العمر تحت ظروف خاصة في حياة الإنسان، فالمعروف أن من خصائص النمو الاجتماعي أن يمر الأطفال عامة بفترة من الشعور بالخجل، وخاصة عند الاختلاط بالغرباء ، إلا أن الخطورة في ذلك هي استمرار الالتجاء إلى الخجل كوسيلة للهروب من الاحتكاك الضروري بالآخرين، فيتحول الخجل عندئذ إلى عادة قد تتطور إلى أحاسيس مرضية؛ كالشعور بالاضطهاد والعزلة، ويلعب الكبار دورًا مهمًّا في هذا المجال، حيث نجد أن بعض الكبار يولون الخجل تقديرًا اجتماعيًّا، ويعدونه دليلًا على التربية الجيدة التي يريدونها لأبنائهم، فهم يرون في الطفل الهادئ والوديع والذي ليس له أصدقاء بأنه طفل ملاك، والأدهى من ذلك أن هؤلاء الكبار يقومون بمكافئة هذا الطفل على هدوءه، وعلى بعده عن المشاكل التي يثيرها الآخرون، وتفضيله الدراسة على اللعب بشكل دائم، ويمنحونه التشجيع والإطراء أمام الآخرين، مما يدفعه إلى الالتزام بهذا السلوك وتبنيه دون أن يدري هو أو الكبار الذين دفعوه إلى هذا المسلك الخاطئ بوقوعه في شرك الخجل الذي لا يختلف في مظاهره العامة عن الجبن والشعور بالخوف والتردد والهرب من المواقف، ففي دراسة أجراها بيكر Beker وآخرون قارنوا فيها (32) أسرة لهم أطفال مشكلون تراوحت أعمارهم بين 6- 12 سنة مع (25) أسرة لهم أطفال أسوياء، كشفت النتائج أن الوالدين الذين بالغا في التشدد والضبط، وعاقبا محاولات الطفل للاستقلال الذاتي كان أطفالهما خجولين جدًّا وهيابين[1].

(1) Beker, W.C, Peterson , D.R. Hallmer, L.A, shoemaker, P.J and Quay H.C (1959) "Factors in parental benaviowin children "Journal of psychology vol.23 p.p118-167.

ولو عدنا إلى الأطفال الخجولين لوجدنا أنهم كثيرًا ما يجدون صعوبة في التركيز على ما يرونه حولهم؛ لأنهم يميلون إلى التفكير في الانطباع الذي يتركونه على الآخرين، وهذا العجـز في التركيز قد تكون له آثاره السلبية التي تظهر فيما بعد على شكل صعوبات في التعليم، ومن الممكن أن تشتد الحالة لدرجة تدفع الطفل إلى عدم مشاركة الآخرين داخل الصف، وبالتالي صعوبة تكيفه بالجوِّ المدرسي ونظامه، وإذا ما اضطر إلى البقاء في المدرسة؛ فإنه قـد يستمر في كبت عواطفه ويفرط في هدوئه إلى حد الجمود، ويميل إلى الأوهام وأحلام اليقظة.

والأطفال الخجولون عـادة ما يكونـون ذوي حسٍّ مرهـفٍ، لهذا تجدهم يبتعدون عـن المواقف التي تحمل معها النقد والتجريح لذواتهم؛ فيزدادون عزلة وانكماشًا، مما يزيد المشكلة تعقيدًا، فيصبح الخجل حالة يصعب التخلص منها، خاصة إذا ما دخل الطفل في مرحلة المراهقة، حيث إن التغيرات الجسمانية التي تسبق فترة البلوغ بسبب نشاط الغدد -وخاصة الصماء منها- لها آثار بالغة في زيادة الحساسية والخجل عند المراهقين، وفي تثبيت هـذه الظاهرة كسمة من سمات شخصياتهم فيما بعد.

مظاهر الخجل:

في البدء لابد من القول بأن للخجل معنيين يمكن تمييزهما، حيث يشير المعنـى الأول إلى أن الخجل هو: أزمة تحدث في وقت من الأوقات، وبمناسبة من المناسبات. والمعنى الثاني يشير إلى صفة دائمة من صفات الطبع يتصف بها فرد معين فتميزه وتؤثر في حياته وتصرفاته وأفكاره؛ ويمكن القول بأن المعنى الأول إنما يدل على حالة عرضية، يمر بها كل الناس، ويتعرض لهـا أي إنسان في مختلف مراحل حياته. أما المعنى الثاني - وهذا هو الذي يعنينا هنا - فيمكن القـول بأنه حالة مرضية، وأن المصاب بها لابد أن يعالج من هذا المرض الذي يسبب له اضطرابًا وضيقًا، ويسد في وجهه سبل النجاح والتقدم، ويبعده عن المشاركة في أنشطة مجتمعه وحياة أقرانه.

ومظاهر الخجل بوجه عام هي : شلل يصيب الجسم والنفس معًا، يمكن ملاحظته من خلال الحركات المضطربة المترددة والعاجزة، كما يمكن الاستدلال عليه من الأفكار المضطربة والغامضة، والكلام المبهم أو المتلجلج والمتقطع والتعبيرات الفارغة الغبية، وبالطبع فإن احمرار الوجه هو أبرز مظاهر الخجل، وذلك بسبب اندفاع الدم إلى الرأس، وكثيرًا ما يرافق الاحمرار اضطراب في التنفس وخفقان في القلب، ومن المظاهر الأخرى : الحركات الطائشة للأيدي، وإغماض العينين ، وإحاطة الرأس باليدين.

أما المظاهر النفسية للخجل فيمكن إجمالها بالضيق الذي يصل بالطفل الخجول إلى حد الألم، ومما يدل على ذلك أنه يحرص على تجنب المواقف الخجولة بأي ثمن، وكذلك القلق والحساسية المفرطة، حيث يتصور أن الآخرين يتابعون ويتصيدون أخطاءه فيفقد الثقة بنفسه ويحاول الابتعاد عن الآخرين، ويتجنب التعامل معهم، فيخلد إلى الهدوء والسكون ليغرق في أحلامه وأوهامه، وليقيم مع ذاته حوارًا داخليًا لا ينقطع عن هذه الأحلام والأوهام التي لا تجد لها مكانًا إلا في مخيلته الضيقة، وباختصار فإن نفس الخجول يضمها ضباب مظلم قاتم، ويجثم عليها كابوس مخيف، فضلاً عن انهزامية مريرة.

ومن الصفات والمظاهر الأخرى للخجل المتصل بالطبع هي عزة النفس الثائرة، والكبرياء، وعدم الثقة بالنفس، والميل إلى الظهور والتفوق.

أسباب الخجل:

1- أسلوب التربية الخاطئ لبعض الأسر: ويتضمن هذا الأسلوب صورًا مختلفة، لكن مردوداتها وتأثيراتها السلبية واحدة ومنها:

أ- إبعاد الطفل من قبل والديه عن المجتمع المطلوب أن يندمج فيه ويتفاعل مع أعضائه، وهذا الإبعاد قد يأخذ صورًا تبريرية غير مقبولة؛ منها الحرص، والخوف عليه من الإيذاء، أو بدعوى إبعاده عن أعين الحسّاد، أو الخوف عليه من عدوى الأمراض وما شابه ذلك.

ب- التدليل الزائد للطفل وتوفير كل ما يحتاج إليه، أو إلباسه ملابس لغير جنسه، وإطالة شعره، ومداعبته بأوصاف وألقاب مثيرة لسخرية الآخرين وتهكمهم.

ج- وعلى العكس من النقطة السابقة، فإن التشديد في معاملة الطفل وتوبيخه وزجره عند كل صغيرة وكبيرة، لاسيما أمام الآخرين، وسوف يثير فيه مشاعر الضَّعة والدونية وعدم الثقة بالنفس، فينزوي ويتحاشى مثل هذه المواقف .

2- العيوب والعاهات الجسمية: حيث إن بعض الأطفال يميلون إلى العزلة، ويكونون خجولين هيابين بسبب بعض العيوب الخلقية، أو العاهات الواضحة مثل: ضعف السمع أو البصر، أو اللجلجة في الكلام، أو عدم انتظام المشي لعيب معين في أحد أجهزة الجسم المسئولة عن اتساق حركة القدمين، أو بسب الهزال الشديد، أو السمنة المفرطة، أو بعض العيوب الظاهرية على الوجه، كتفلج الأسنان وعدم انتظامها، وما شابه ذلك.

3- أسباب دراسية: ويأتي في مقدمتها التأخر الدراسي، حيث يشعر الطفل بضعف الثقة بالنفس، فيسعى للابتعاد عن الآخرين للتخلص من إحراجهم له، ومن المواقف التي قد يزجّونه فيها ؛ وهنا لابد من التنويه إلى مسألة مهمة جدًّا؛ وهي أن التأخر الدراسي في الوقت الذي يكون فيه سببًا للخجل؛ فإنه قد يكون نتيجة لهذا الخجل، كما لابد من الإشارة أيضًا إلى أنه ليس كل خجول متأخر دراسيًّا، فهناك أذكياء ومتفوقون دراسيًّا غير أنهم خجولين، أي إن لكل حالة مسبباتها ودوافعها، ويجب أن تدرس بشكل مستقل عن مثيلاتها من الحالات.

ومن الأسباب الدراسية الأخرى للخجل والتي يجب عدم إغفالها : النظام المدرسي الصارم ، والمعلم المتشدد في تعامله مع تلاميذه، والأساليب التعليمية العقيمة التي يستخدمها معهم، وصعوبة المناهج وأساليب العقاب المستخدمة في بعض المدارس، يضاف إلى كل ذلك عدم تعاون الأسرة مع المدرسة في متابعة المسيرة الدراسية للتلميذ، وإقالة العثرات والمصاعب التي تعتري مسيرته الدراسية منذ بدء حصولها وعدم تركها لتتفاقم وتصبح مشكلة يصعب معها العلاج.

علاج الخجل:

1- هناك رابطة قوية بين التربية المنزلية والخجل، ومن هنا فإن على الوالدين أن ينتبها إلى أطفالهما بهذا الخصوص، ويقومان بدفعهم إلى الاختلاط مع الأطفال الآخرين، وتشجيعهم على ممارسة هوايات مفيدة، والتعرف على الأصدقاء ممن يميلون إلى مثل هذه الهوايات، واكتساب خبرات جديدة منهم، والبحث معهم عن أماكن ملائمة لاكتساب مثل تلك الخبرات؛ لتنمية شخصياتهم الاجتماعية على أسس قوية تؤكد ثقتهم بأنفسهم وبقواهم وبتجربتهم الخاصة، ولتحصينهم من ذلك الخجل السلبي الذي قد يصبح مشكلة صعبة العلاج.

2- تربية الروح الاستقلالية لدى الطفل، وعدم الإفراط في تدليله؛ لأن التدليل الزائد ينتج طفلًا اتكاليًّا، لا يثق بنفسه، ولا يعرف كيف يتصرف في بعض الأمور، كما أن نضجه الانفعالي يكون ناقصًا، فيشعر بالعجز والذلّة ولا يقدر على التصرف السليم كما ينبغي.

3- تجنب إثارة كبرياء الطفل عن طريق نقده أو التهكم عليه، فما من شيء يثير عزة نفس الطفل كالتهكم عليه وجعله أضحوكة أمام الآخرين.

4- عدم دفع الطفل للقيام ببعض الأعمال والواجبات التي لا تتناسب مع قدراته واستعداداته، حيث إن ذلك يشعره بالضعف والعجز، فيندفع للعزلة والانطواء.

5- إقامة علاقات ودّية طيبة مع الطفل الخجول، ومحادثته وتشجيعه على الكلام وإبداء الرأي، وخلق جو من الألفة والمودة الطيبة معه، وتوجيه عبارات الإطراء والتشجيع له كلما تطلب الأمر.

6- إذا كانت مسببات الخجل هي علل أو عيوب جسمية؛ فيقتضي الأمر عرض الطفل على الطبيب ليقرر إمكانية تصليح هذه العيوب، أما إذا كانت عيوب خلقية صعبة العلاج والإصلاح فإن التدريب قد ينفع معه، ويجب أن يرافق هذا التدريب تشجيع وتقوية الثقة بالنفس.

7- يجب أن نترك المجال واسعًا أمام أطفالنا لكي يعبروا عن أفكارهم وما يدور في دواخلهم بحرية تامة، فلا نُسِكت أحدًا منهم حينما يفتح فاه، بل إن الأمر يقتضي- منا نحن الكبار أن نشجعهم على طرح هذه الأفكار، ونناقشهم فيها في جو ملؤه الألفة والمحبة.

* * *

4- المخالفة وعدم الطاعة Disobeidence

قد يعجب البعض لو قلنا: إن هذه الظاهرة هـي ظاهرة إيجابية، ولعل التبرير في هـذا القول أنها موجودة لدى كل طفل ، كما أننا نحن الكبار لا نريد أن نـرى طفلنا يقـف موقفًا سلبيًا لا رأي له ولا يختلط ولا يناقش الآخرين الذين حوله، هذا فضلاً عن أن الطفل إنما يخالف ويشاكس؛ لأنه لا يفهم ولا يدرك ممنوعات الكبار ومحظوراتهم، ولا يستوعب قواعـد السلوك التي يتعامل بها الكبار، لهذا فهو يخالف ولا يرضخ بسهولة لما نريد منه؛ ومـما يؤسف لـه أن الكثير منا (آباء وأمهات ومربين) يرى في الطفل المخالف طفلاً سيئ السلوك، أو غير مـؤدب، لا بل قد ينبري البعض منا في استخدام العقاب الصارم لكي يعيد هذا الطفل – الخارج عن النظام كما يتصور إلى جادة الصواب ، فتتعقـد الأمـور، وقـد تصـل إلى نتـائج غـير مرغوبة أو مضرة للطرفين، وقد لا يكتفي أحد الوالدين بإنزال العقوبة بالطفل المشاكس، بـل يظل ينعته داخـل الأسرة وخارجها وأمام أصدقاءه بأنه إنسانٌ حقودٌ أنانيٌّ مشاغبٌ مشاكس، وأنه سيسحب منه حبه وولاءه، وسوف يحرمه من بعض الامتيازات والحقوق داخـل الأسرة إن استمر في سـلوكه هذا.

إن الطفل المخالف أو المشاكس هو طفل لا يقتنع بسهولة ولا يلتزم بما يقال لـه أو يوجـه به ، طفل كثير الحركة ، يحدث باستمرار ضوضاء وجلبة ، ويريد أن يمسك بكل شيء، وأن يتأمل كل شيء، ولديه أفكار كثيرة وآراء عديدة فيما يقوم به وما يمارسه، وقد يصب غيظه وحنقه على أقرب الناس إليه، فعندما يظن أن أمه لا تحبه كما يجب أو أنها عصبية معه، أو مشغولة عنه دائمًا؛ فإنه يريد أن يثأر لنفسه منها ومن صرامتها ، فيوجه غضبه نحوها، أو أن مخالفته ومشاكسته قـد تأخـذ صـورة الاستحواذ عـلى أشياء الأطفال الآخرين في الأسرة وممتلكاتهم ولوازمهم وكتبهم وملابسهم بقصد إغاظتهم وإزعاج ذويهم، أو أنها ترتبط بالسخرية الجسـمية والعقلية والخلقية من الآخرين لتصل إلى حد الإيذاء والعدوان عليهم.

أسباب المخالفة وعدم الطاعة:

المخالفة أو المشاكسة كظاهرة سلوكية لا تظهر من فراغ أو دونما سبب، إنما تحركها دوافع وأسباب كثيرة لتجعل من الطفل الهادئ الوادع طفلاً مشاكسًا لا يطاق؛ فالطفل يصبح غضوبًا معاندًا مخالفاً مشاكسًا عندما يعاقب لذنب يراه - من وجهة نظره- لا يستحق العقاب، وحتى إذا أحس بأن عقابه يحمل أحقية ومشروعية؛ فإنه يحاول أن يثأر لنفسه من هذا العقاب، فيبتكر أساليب يخالف بها الآخرين ويتشاجر معهم من أجل إغاظتهم، وليحصل على راحة نفسية مبعثها ثأره لنفسه وللعقوبة التي تعرض لها.

ومخالفات الأطفال قد يكون مبعثها شعور أحدهم بأنه قد فقد الاهتمام من قبل والديه، وأن هذا الاهتمام قد انصب على الطفل الصغير في العائلة أو أكبر الأطفال، عندها يلجأ هذا الطفل إلى خلق نوع من الإزعاج وحالة من الفوضى والمشاحنة داخل الأسرة؛ ليغيظ والديه وليبلغهم رسالته بأنه موجود، وأنه يجب أن يحظى هو الآخر باهتمامهم ورعايتهم، وتلعب الغيرة لدى الطفل دورًا مهمًا في تأجيج حالة التشاكس والمخالفة لدى الأطفال؛ إذ يشعر الطفل المشاكس بالنقص والاضطهاد والإهمال والقلق؛ فيلجأ إلى هذا الأسلوب كنوع من توكيد الذات، ولتطمين نفسه الحائرة الهائجة، وليعيد الثقة إليها.

وقد يكون للكبار دور في تشكيل هذا السلوك غير المرغوب عندما يمارسوا ضغوطهم على الأطفال، والتي هي بالأساس حصيلة ما عانوه هم إبان طفولتهم من والديهم أو معلميهم، وحرمانهم من ممارسة حقوقهم في اللعب، أو الهيمنة القاسية عليهم واضطهادهم، وعدم فهم وجهات نظرهم، وحرمانهم من العطف والحنان والحب، مما ترك في نفوسهم جروحًا لن تلتئم بمرور الأيام، ونداءً مدوِّيًا على الدوام بأخذ الثأر لتلك الطفولة التعيسة ، لكن للأسف فإن الذين يجب أن يؤخذ الثأر منهم قد غادروا الحياة، أو لم يعد لأخذ الثأر منهم معنىً لسبب أو لآخر، عندها يصبح الأطفال هم الضحية؛ إذ يمارس عليهم نفس الأسلوب الذي عاناه هؤلاء الكبار في طفولتهم.

أما المخالفة والمشاكسة داخل المدرسة فلعل من أسبابها هو طول اليوم المدرسي وما يترتب عليه من تعب نفسيـ وجسديـ يلحق بالطفل، كما أن للنظام المدرسي الصارم والإجراءات الإدارية والروتينية -التي لا تأخذ بنظر الاعتبار حاجات الطفل ودوافعه- دور في ظهور المشاكسة لدى الأطفال، ويمكن أن نضيف إلى الأسباب أيضًا أساليب المعلمين القاسية مع التلاميذ، أو عدم مراعاتهم بشكل منصف ومتساوٍ، وعدم الاهتمام بالفروق الفردية فيما بينهم، أو أي سبب مدرسي آخر يدفع الطفل لممارسة هذا السلوك.

علاج المخالفة والمشاكسة:

لما كانت هذه الظاهرة هي واحدة من ظواهر سلوكية عديدة يسلكها الطفل، وذات صلة وثيقة بمتغيرات اجتماعية ونفسية وفسيولوجية كثيرة، فإن علاجها بإعطاء وصفات جاهزة وعلى شكل نقاط محددة قد لا يكون دقيقًا بالشكل الذي يطمح إليه كل أب، أو مُربٍّ غير أننا عندما نلجأ إلى تحديد ذلك بنقاط إنما لنسهل مع المعنيين والمهتمين في هذا المجال أمر المعالجة ليس إلّا ، كما لا يفوتنا أن نقول أيضًا: إن لكل حالة تفاصيل تنفرد بها عن حالة أخرى مماثلة، وعليه فإنه يصبح من المستحيل أن نعطي علاجًا يغطي حيثيات كل الحالات إلا أن الذي يمكن أن يقال في مثل هذه الحالة هو إعطاء عموميات أو قواسم مشتركة لهذه الحالات ليفيد منها من يريد، ثم تبقى تفصيلات الحالات وعلاجها أمر متروك للمعنيين بالأمر ليتدبروه بأنفسهم وبخبرتهم ، عليه فإننا نقدم هنا بعض الوسائل التي تفيد في علاج هذه الظاهرة كظاهرة عامة يشترك فيها أغلب الأطفال:

أ) في البيت (داخل الأسرة):

1- إبداء العطف والحب والحنان للطفل، والإنصات إلى حديثه، والاهتمام بكل ما يتعلق بحياته، ليتمكن من تحقيق الثقة بنفسه ويحترم شخصيته.

2- تجاوز صيغ التهديد والتخويف والعقاب البدني للطفل، وإعطاؤه الحرية الكافية ليمارس حقوقه الطبيعية دونما حرمان أو إعاقة.

3- توفير حاجات الطفل الأساسية في اللعب والحركة والتحدث، وفهم وجهة نظره فيما يفكر ويقول، ومعرفة مشاكله ومساعدته في تذليلها وتهذيب انفعالاته

بلطف ومودَّة.

4- مساعدته على تصريف نشاطه الزائد خلال أوقات الفراغ بوسائل وأساليب مفيدة ومسلية.

5- مساعدة الطفل في إقامة علاقات اجتماعية سليمة في المدرسة وخارجها مبنية على أساس احترام الآخرين ومراعاة حقوقهم.

6- التشاغل وعدم إظهار الاهتمام ببعض السلوك الذي ينطوي على المخالفة والمشاكسة، فإن ذلك يخفف من عملية تثبيت هذا السلوك وتدعيمه، مع مراعاة عدم إعطاءه انطباعًا بأنه يمكن أن يحصل على ما يريد ويفعل ما يحلو له، ولكن يجب إفهامه بأننا نتركه يفعل ما يحلو له بإرادتنا ورضانا.

ب) في المدرسة:

1- تقصير اليوم المدرسي أو تخفيف أيام الدراسة الأسبوعية، وهو أسلوب شائع في كثير من بلدان العالم.

2- تخفيف الإجراءات الإدارية والروتينية اليومية في المدرسة، والتي ترهق الأطفال وتحد من حريتهم وتحرمهم من ممارسة بعض حقوقهم، وإشراكهم في مجاميع تلعب سويًّا، وتقدم مشاريع جماعية لخدمة المدرسة، بما يعزز في نفوس الأطفال قيمة هذا العمل، ويساعد على فهم الأدوار لكل منهم.

3- اهتمام المعلمين بالفروق الفردية بين الأطفال، وأن لا يشغلوا أنفسهم كثيرًا بهذه الظاهرة مادامت مظهرًا طبيعيًّا لا يدل على روح عدوانية أو مسلك جانح.

4- أن يكون المعلم قدوة طيبة في القول والعمل للطفل داخل المدرسة، وأن يبذل له الحب والفهم في التعامل معه.

5- استخدام أسلوب الثواب والعقاب بحذر، بحيث لا تتحول إلى أساليب تعيق نمو الطفل، ويكون مردودها سلبيًّا على مسيرته التربوية والخلقية والدراسية، وأن يكون هناك استقرارٌ في أسلوب الإثابة والعقاب.

* * *

5- التخريب والتدمير Destructivness

سلوك التخريب والتدمير ظاهرة مؤذية للمجتمع وللفرد نفسه، فتدمير الممتلكات العامة وإتلافها ينطوي على عملية هدر كبير ة للأموال العامة في المجتمع، كما أن الطفل الذي يسلك سلوكًا تدميريًّا قد يدفع بنفسه في لحظة من اللحظات إلى هاوية الموت دونما وعي منه؛ وتنشأ هذه النزعة التدميرية لدى بعض الأطفال بسبب عدم وجود من يردعهم أو يوقف سلوكهم هذا ، والأدهى من ذلك أن البعض من الكبار يحاول أن يوجد الأعذار لهؤلاء الأطفال، بدعوى أن ما يقومون به من إتلاف وتخريب إنما هو للممتلكات العامة التي لا تعود ملكيتها لأحد، ولهذا فإن الذي يفعلونه مسموح به، فيما نجد أن هؤلاء الكبار أنفسهم يوقعون العقوبة بالأطفال إذا ما كانت نزعتهم التخريبية هذه موجهة إلى الممتلكات الخاصة في البيت أو السيارة أو زجاج النوافذ أو الأشجار أو أشياء الأسرة المختلفة كالملابس والكتب واللعب وغيرها.

ولابد من الإشارة إلى مسألة مهمة، وهي أن الأطفال بشكل عام ميالون إلى الحل والتركيب والتجريب، والكشف عن الأشياء بأنفسهم ومعرفة خواصها، لهذا فإنهم - وبسبب نقص خبرتهم - يتعاملون مع هذه الأشياء تعاملًا نسميه نحن الكبار تدميرًا أو تخريبًا، بينما واقع الأمر هو ليس كذلك، أو هو ليس مقصودًا لذاته، فالطفل الذي يرى والده يقوم بتشذيب حديقة المنزل، ويزيل بعض الأغصان التالفة أو الأدغال الضارة منها، قد يستغل فرصة غياب والده ليقوم بقص وقطع بعض النباتات والأغصان المثمرة والمزهرة من الحديقة، ويحيلها إلى خراب، أو أن الطفل الذي يرى والده يقوم بفتح غطاء الراديو ليقوم بتنظيفه أو صيانته، قد يقوم هو أيضا بفتح غطاء الراديو والعبث به وتعطيله أو كسر بعض أجزائه.

وهذه الأفعال التي يقوم بها ا لطفل وغيرها لا يشعر معها بأنه يقوم بإتلافها أو يلحق الضرر بها، بل نجده يعجب ويندهش عندما يؤنبه الكبار أو يوقعون به العقوبة على أفعاله هذه ؛ لأنه من وجهة نظره لم يقم بأعمال تستوجب ذلك، وأن ما

قام به إنما هو ترتيب وتنظيم وصيانة وعمل يستوجب الشكر عليه.

والعبث والتدمير الذي يقوم به الأطفال دون سن الخامسة يجب أن لا ننظر إليه على أنه مشكلة؛ لأن ما نسميه نحن تخريبًا هو في واقع الأمر الأسلوب الأساسي والضروري الذي يتعرف الطفل من خلاله على الأشياء وأسرارها ويسبرغورها، وعن طريق التجارب التي يقوم بها يدرك الفرق بين الأشياء، وصفاتها، وهكذا تتعزز خبرته وتزداد، ويصبح قادرًا على فهم الحياة مستعدًا للاستمرار فيها.

أما بعد الخامسة فإن السلوك التخريبي يعد مؤشرًا على اضطراب السلوك؛ لأنه يتسم بالرغبة الجامحة في تدمير الممتلكات الخاصة بالآخرين أو بالممتلكات العامة، وقد يرجع التخريب والتدمير في هذه المرحلة إلى طغيان الغيرة أو الغضب لدى الطفل، أو إلى صراع عقلي عميق، أو هو رد فعل على معاناة داخلية يعيشها الطفل بسبب الصراع أو التفكك العائلي، لهذا يصبح التدمير وسيلة يفرغ من خلالها الطفل معاناته هذه ، ومن هنا تصبح المتابعة لهذا الطفل ضرورية والبحث عن علاج لسلوكه هذا مسألة مهمة جدًّا.

أسباب التخريب والتدمير:

1- مشاعر الغضب والغيرة ، وعدم الشعور بالأمن، أو الاحساس بقسوة الوالدين، وعدم إشباع الحاجة للحب، أو المشكلات العائلية المتواترة قد تدفع الطفل إلى التدمير والتخريب، رغبة منه في توجيه الأنظار إليه، فهذا السلوك هو صرخة احتجاج يعبر من خلالها عن إحساسه بالظلم والاضطهاد ، لهذا فهو يدمر الأشياء ويتلفها انتقامًا ممن يخلقون لديه هذه المشاعر المقلقة والمؤذية، وكنوع من إثبات الذات.

2- زيادة إفراز الغدة الدرقية، مما يترتب عليه زيادة في توتر الطفل، فيصبح كثير الحركة لا يستقر في مكان، يتناول أي شيء قريب منه يعبث به، ثم ما يلبث أن ينتقل إلى مكان آخر لتناول شيء آخر وهكذا.

2- النشاط الزائد للطفل، وعدم قدرة الوالدين أو البيئة على امتصاص هذا

النشاط وتصريفه بشكل هادئ وأمين بسبب جهل الوالدين، أو فرض قيود على حركـة الطفل، أو أن البيئة لا تتوفر فيها المطالب الضرورية لتصريف هذا النشاط.

4- قد يحصل التخريب والتدمير بسبب الذكاء العالي والميول الابتكارية للطفل؛ فيعمد إلى الأجهزة والأشياء المتوفرة أمامه في المنزل، فيقوم بتفكيكها وتركيبها، فيعرضها إلى التلـف والأذى، وقد يكون السبب معكوسًا، أي: إن التخريب والإتلاف يحصل بسبب انخفاض مسـتوى ذكائه، فيقوم بإتلاف الأشياء وتدميرها بشكل عشوائي، غير مقدر لأهميتها وللخسارة التي يحدثها جـراء فعله هذا.

5- وقد يكون السبب في التدمير هو لإيذاء الآخرين، أو لإيذاء الـذات، ففـي الحالـة الأولـى يعمد الطفل – شعوريًّا أو لا شعوريًّا – إلى إيـذاء الآخرين وممتلكـاتهم بقصـد الانتقام مـنهم وإيذائهم وتسبيب الخسارة لهم، وقد يكون التدمير موجهًا نحو الذات؛ فيعمد الطفل إلى إتلاف ملابسه أو كتبه أو حتى جسمه ، أو ركوب المخاطر، وهـذا السـلوك يعـود إلى شـعور مكبـوت بالخطيئة، أو كراهية الذات بسبب كراهية السلطة الضاغطة التي يصعب عليه مواجهتها.

6- ويلجأ بعض الأطفال المدللين إلى التدمير والتخريب؛ لأنهم يعرفون تمامًا أن مـا يفعلونـه لا يوقعهم تحت طائلة العقاب، وأن أي سلوك يقومون به داخل العائلة وخارجهـا مقبـول مـن قبل الوالدين مرضيٌّ عنه، لهذا فهم يشعرون أن أي سلوك مهما كانت خطورتـه وعواقبـه مبـاح لهم.

علاج مشكلة التخريب والتدمير:

يستطيع الوالدان والمعلمون أن يخففوا من السلوك التخريبـي والتـدميري للأطفـال إذا مـا اتبعوا القواعد الآتية أو بعضها:

1- أن تحاول الأسر التي فيها أكثر من طفل تخصيص أمـاكن للأطفـال؛ يقضـون فيهـا أوقات فراغهم، وتزود هـذه الأمـاكن بلعب تتناسب مع أعمارهـم ومسـتويات ذكائهم، ويستحسن في هذه الحالة أن تكوه هذه اللعب علمية؛ يمكن تفكيكها

وتركيبها وبطرق وأشكال مختلفة ، حيث إن مثل هذه اللعب فضلًا عن فائدتها العلمية في تطوير المستوى العقلي والذكائي للطفل؛ فإنها توفر له التسلية الممتعة البريئة، ويستحسن أيضًا أن يكون الأطفال المجتمعين في مثل هذه الأماكن متجانسين إلى حدٍّ ما من حيث السن والقدرات العقلية والجسمية، حيث إن ذلك سوف يوفر تجمعات هادئة للأطفال، يعمل فيها الجميع كفريق واحد، أو كخلية نحل منسجمة.

2- امتصاص النشاط الزائد للأطفال، وذلك بزجهم في أعمال وأنشطة مختلفة تناسب قدراتهم وأعمارهم، كالفرق الرياضية والزراعية والأدبية والفنية، والجمعيات التي تعتني بالهوايات البريئة كجمع الطوابع والعملات القديمة وما شابه ذلك.

3- إن الضغط الأسري والمدرسي بحجة الحد من فوضى الأطفال وتحجيم نشاطهم التخريبي هو أسلوب غير تربوي ؛ لأنه يسبب الإحباط Frustration ويقتل روح النشاط والابتكار لدى الأطفال، ويحول بينهم وبين محاولة اللعب والاستكشاف، وبالتالي سوف تخلق هذه الإجراءات التعسفية أطفالًا مترددين هيّابين خائفين، يحسون بظلم الكبار وقسوتهم فيندفعون إلى ممارسة أنشطتهم التي يحبونها سرًّا، ومعروف أن مثل هذا السلوك قد يقود إلى سلوك أكثر إيذاء من السلوك التدميري، ذلك هو الكذب والغش والتزوير والخداع وحتى السرقة.

4- إشاعة جو من الثقة والتفاهم بين الوالدين وأطفالهم، وبين المعلمين وتلاميذهم، وتحقيق أقصى قدر ممكن من الإشباع للحاجات النفسية الضرورية ، واتباع القواعد التربوية السليمة في تهذيب الأطفال وتوجيههم بعيدًا عن القسر والعقوبة، أو النبذ والإهمال، فالمطلوب هو الوسط بين الاثنين دونما إفراط أو تفريط، فخير الأمور أوسطها.

* * *

الفصل الرابع

مرحلة الطفولة المتأخرة

Late childhood

وتسمى هذه المرحلة أيضًا بمرحلة ما قبل المراهقة، أو مشارف المراهقة، حيث بانتهائها يغادر الفرد طفولته ويتم بلوغه، ويدخل فترة جديدة من حياته، تلك هي المراهقة .

ولكيلا يأخذنا الكلام في سرد عموميات عن مظاهر هذه الفترة وعن التطورات النمائية التي تحصل فيها؛ فقد ارتأينا أن نتعرض لكل جانب من **جوانب النمو** هذه بشيء من الإيجاز والتركيز، لتكتمل الصورة عن هذه الفترة ومظاهرها:

1- النمو الجسمي والفسيولوجي: **Physical Growth**

تشير المظاهر النمائية الجسمية في هذه المرحلة إلى تباطؤ نسبي في معدلات النمو وسرعته، إلَّا أن الشائع هو أن الإناث يتفوقن على الذكور من حيث الوزن والطول، لكن النمو العضلي للذكور في هذه الفترة يكون متميزًا ، مما يوفر دافعًا داخليًّا لهم لكي ينشطوا وتزداد حركتهم وألعابهم العنيفة، بينما نجد أن الفتاة تترسب الطبقات الدهنية لديها تحت الجلد في بعض مناطق الجسم لتصبح هذه المناطق أكثر ليونة ومرونة، وقد تصبح أيضًا عاملًا مهمًّا في اتزانها وهدوئها في هذه الفترة.

أما الأطراف العليا والسفلى فتستطيل بشكل منتظم ومتناسق ورشيق، ويصبح شكل الرأس شبيهًا برأس الراشد، وتغادر الأسنان اللبنية بالكامل فم الطفل، ويستكمل أسنانه الدائمة في كلا الفكين.

أما في الجانب الحسي فنجد أن حاسة البصر تتطور بشكل كبير خلال هذه المرحلة، ويتمكن الطفل من التمييز بين الأشياء القريبة أو البعيدة، وتتحسن قدرته البصرية وهو يمارس بعض الأعمال أو الهوايات الدقيقة جدًّا التي تحتاج إلى تركيز وبصر حاد.

وفي ذات الوقت يتحسن السمع لدى الطفل، وتتطور قدرته على التمييز بين مختلف الأصوات، ويتمكن من التركيز وإصاخة السمع على الأصوات البعيدة أو المنخفضة، وتتطور لديه قدرة التفريق بين الأفراد من خلال أصواتهم دون أن يراهم (في الهاتف مثلًا) أما حاستي الذوق والشم فإنهما تكونان مكتملتين منذ فترة مبكرة من حياة الطفل.

2- النمو الحركي: Motor Growth

يعد النمو الحركي السليم منفذًا مهمًّا لتصريف الطاقة الزائدة لدى الطفل، وفي التخفيف من توتراته وانفعالاته، ومنحه الثقة بالنفس وبما يعزز روح الاستقلالية واحترام الذات لديه، فعندما يستطيع الطفل السيطرة على عضلاته – الكبيرة منها والصغيرة – فإنه سيقوم بتأدية بعض الانفعالات والمهارات بثقة وإتقان، فقدرته في السيطرة على العضلات الصغيرة سوف تمكنه من مهارة الكتابة والرسم والتلوين والتخطيط، وممارسة بعض الهوايات التي تتطلب التآزر البصري والعضلي معًا، أما قدرته في السيطرة على العضلات الكبيرة فهي تتيح أمامه ممارسة بعض المهارات الحركية Motor skills والألعاب الصعبة التي تحتاج إلى قوة وفن وبراعة مثل ممارسة لعبة الكرة، وركوب الدراجة، والسباحة، وألعاب التوازن والتأرجح والجري والتسلق والتدحرج، وغيرها من الألعاب التي تتطلب قدرًا من السيطرة والاستعداد والدقة و المرونة.

وعلى العموم فإن كل هذه النشاطات الحركية لا يمكن أن يؤديها الطفل إلا إذا امتلك الرغبة لممارستها أو الدافع لأدائها، وهذا بالطبع يتأتى من خلال تمتعه بالصحة الجيدة أولًا، ومن خلال نموه الاجتماعي السليم وقدرته على التوافق مع نفسه ومع الآخرين، وفضلًا عن ذلك فإن هناك حقيقة أساسية لابد من ذكرها، وهي أن هناك فروقًا واضحة بين كلا الجنسين في النمو الحركي عائد إلى التركيب البيولوجي والتنشئة الاجتماعية لكل من الذكور والإناث، ففي الوقت الذي يمارس فيه الذكور مهارات حركية وألعابًا تتسم بالقوة البدنية والعضلية، نجد أن البنات يملن إلى الأنشطة التي تتصل بالرشاقة وببعض الحركات السويدية، واستخدام

العضلات الصغيرة للقيام ببعض الأعمال الدقيقة كالتطريز والخياطة وتنسيق الزهور والرسم وما شابه ذلك.

3- النمو العقلي: Mentalistic Growth

يبدأ الطفل في هذه المرحلة باستخدام إستراتيجية خاصة ينظم من خلالها العلاقات بين الأشياء والأفكار، وتنمو لديه البنى المعرفية، وتزداد ثباتًا وشمولًا وتنوعًا، وتتبلور الكثير من المفاهيم وتأخذ صورًا ومعانٍ وأبعادًا يضعها في مخيلته، ولعل أهم هذه المفاهيم هي المفاهيم المجردة التي تتعلق بالحياة والموت والقيم والحجوم والأوزان والكتل والزمن والمسافات والأعداد، والعلاقات السببية والزمانية والمكانية بين الأشياء وغير ذلك، ويصبح تفكير الطفل في هذه المرحلة تفكيرًا استنباطيًا، أي: إنه يستطيع أن يستنتج مفاهيم جديدة ومواقف جديدة من خلال المعطيات التي يتعامل معها، فضلًا عن قدرته على التصنيف في هذه المرحلة، بمعنى أنه يضع تقسيمات معينة ضمن وحدات خاصة يرسمها في ذاكرته، ويحاول أن يدرج تحت كل وحدة من هذه الوحدات ما يناسبها من متشابهات أو تصنيفات، لتسهل عليه عملية استعادتها واسترجاعها عند الحاجة.

والشيء المهم في النمو العقلي للطفل في هذه المرحلة هي قدرته على ربط العلة بالمعلول، فهو قادر على إدراك الكليات باعتبارها مجموعة مفاهيم مرتبطة فيما بينها، ومن ثم يستخرج من خلال هذه العلاقات الأسباب التي أدت إلى النتائج الملاحظة، وهذه المسألة مهمة جدًا؛ لأنها تيسر له عملية التكيف الاجتماعي داخل بيئته الاجتماعية، والدور الملائم له والذي يجب أن يمارسه، وعملية التكيف هذه من وجهة نظر بياجيه هي عملية ممارسة الفرد لذكائه، فالفرد لا يمكن أن يقوم بعملية المواءمة Accomodation والتكيف Adaptation مع البيئة والتناغم مع معطياتها وحل مشكلاتها إلا من خلال مستوى الذكاء الذي يمتلكه.

4- النمو اللغوي: Linguistics Growth

تعد اللغة أداة مهمة وضرورية لتحقيق الاتصال الاجتماعي بين الطفل

والآخرين، وفي هذه المرحلة تزداد الثروة اللغوية للطفل، ويتعرف على المترادفات ويتعلم أضداد الكلمات، ويفهم معنى الأفعال الدالة على فعل أو حركة ، فضلًا عن قدرته على القراءة بمجهود فردي خاص دون الاستعانة بالآخرين، ويشارك في المناقشات والحوارات التي تجري بينه وبين أفراد أسرته، أو مع أقرانه داخل أو خارج المدرسة، ويستطيع أن يعبر عن نفسه وعما يدور في داخله من خواطر وأحاسيس وإن كانت بلغة بسيطة إلى حدٍّ ما ؛ ويستخدم مع اللغة بعض التعبيرات الوجهية، أي قيامه بالتمثيل وهو يتكلم في موضوع معين أو يعبر عما يجيش في داخله.

5- النمو الانفعالي: Emotional Growth

تعد هذه المرحلة مرحلة استقرار انفعالي لدى الأطفال؛ إذ إنهم يكتشفون أن التعبيرات الانفعالية الحادة غير مقبولة اجتماعيًا فضلًا عن ميلهم لمغادرة مثل هذه الانفعالات إدراكًا منهم بأنها ما عادت تناسب أعمارهم، لهذا فقد يلجئون إلى أساليب أخرى يعبرون بها عن انفعالاتهم، كالصمت ، والوشاية الهادئة بالآخرين، أو التمارض بقصد لفت النظر إليهم، كما يصبح الأطفال في هذه المرحلة أكثر هدوءًا وثقة بالنفس من المراحل السابقة، وتتغير المنبهات التي تثير انفعالاتهم، حيث تتلاشى بعض المنبهات السابقة التي كانت تثير مخاوفهم كالشرطي، واللصوص، والظلام، والأشباح، والقوى الطبيعية، فيما تظهر لديه منبهات جديدة ومن نوع جديد، كالامتحانات، والمستقبل وفقدان أحد الوالدين، أو عدم القدرة على إرضاء الوالدين، ويختلف أسلوب التعبير عن هذه الانفعالات بين الجنسين، ففي حين تلجأ الإناث إلى التعبير عن انفعالاتهن بالبكاء والانزواء، نجد أن الذكور يعبرون عن انفعالاتهم بالتجهم والعبوس ولوم الحظ وتقطيب الجبين.

وبشكل عام فإن أبرز وأهم الانفعالات التي يمكن ملاحظتها في هذه المرحلة هي الخوف الذي يشتمل على المخاوف المدرسية (الامتحانات ، المعلمون، الرسوب، التعرض للتهديد والإهانة أمام الغير..) والغضب، والفضول، والعدوان.

6- النمو الاجتماعي: **Sociological Growth**

يتميز النمو الاجتماعي للطفل في هذه المرحلة برغبته في الانسحاب من عالم الطفولة والولوج في عالم الكبار، وهذا ينمي لديه الشعور بالاستقلالية والإحساس بالفردية، وبالذات المتفردة التي يتوجب عليها أن تتحمل المسؤولية التي تناط بها من قبل المجتمع، لهذا نجد أن الطفل في هذه المرحلة يحاول أن يلعب دوره الجنسي بالكامل، حيث يحاول الذكور التشبه بالرجال في سلوكهم وملابسهم وحركاتهم، والإناث يتشبهن بالنساء في الملابس وتصفيف الشعر، والحديث، وممارسة بعض الواجبات المنزلية.

ولكي يؤدي الطفل هذه الأدوار فإنه لا يمكن أن يقوم بها في فراغ، فهو بحاجة إلى رفاق في مثل سنّه، يفهمون تطلعاته ونوازعه، ويختبر من خلالهم شخصيته الجديدة، لهذا نجد أن الطفل في هذه المرحلة دائم التغيير لأصدقائه ورفاقه، فهو يشعر دائمًا بأنه بحاجة إلى من يفهمه ويتقبل سلوكه، فتنحسر علاقاته في هذه المرحلة إلى حدٍّ ما.

أما الأسرة، فإن لها النصيب الأوفى في تشكيل شخصية الطفل الاجتماعية في هذه المرحلة، لاسيما الوالدان الذان يختاران أساليب وطرق تنشئة أطفالهما، وهناك من الأسر من تضن بكل ذلك عليهم وتعده نوعًا من الإفساد لهم، فيما نجد بعض الآباء والأمهات يمتلكون طموحات عالية وغير واقعية، ويطالبون أطفالهم بتحقيقها، فيصابون بالفشل والإحباط، وهناك من الأسر من يشيع في أجوائها التعاون والعلاقات الديمقراطية، ويسود التفاهم والمودة بين أفرادها، فيما نجد أسرًا أخرى تجد أن ذلك إسرافًا وتدليلاً وتضييعًا لحقوق الوالدين ولمكانتهما على أن أخطر كل هذه الاتجاهات التي تسود بعض الأسر أسلوبان متناقضان بارزان ؛ هما: الأسلوب التسلطي الذي يمسح شخصية الأطفال تمامًا ليترك شخصية الأب أو الأم فقط تتحكم في كل تفاصيل حياتهم دونما أي مجال للتفاهم أو المناقشة، وهذا النوع من التعامل غالبًا ما ينتج أطفالاً خانعين تابعين، أو على الضد من ذلك أطفالاً مسيطرين ووقحين .

أما الأسلوب الثاني فهو أسلوب التدليل الزائد والحماية والمفرطة over-Protection للطفل بحيث لا تتاح أمامه أية فرصة لممارسة حياته كبقية الأطفال، فكل شيء جاهز ومتوفر له وهذا الأسلوب غالبًا ما ينتج أطفالاً اتكاليين، ضعيفي الثقة بالنفس، لا يمتلكون الاستقلالية في اتخاذ قراراتهم، وقد يكون مصير الكثير منهم الجنوح والانخراط في مهاوي الجريمة عندما يفقدون السند العاطفي في الكبر، أو الانهيار النفسي وتفكك الشخصية وانحلالها.

وتبقى كلمة أخيرة في هذا المجال، وهي أن الأسرة هي البيئة الأولى التي تترعرع فيها بذور الشخصية، وتنمو فيما بعد لتقدم للمجتمع نمطًا سلوكيًا مُشكلاً لا يمكن إعادة صياغته فيما بعد، فكلما كانت العلاقات الأسرية حميمة دافئة متماسكة تسودها الألفة والاحترام والتفاهم، يعرف فيها كلُّ فردٍ دوره ويؤديه بروحٍ من الاطمئنان والاندفاع المتزن، كلما كانت هذه الأسرة بيئة خصبة وثرية ومنتجةً لأفرادٍ متكيفين فاعلين ومنتجين ، وكلما كان العكس كانت النتيجة كذلك.

7- النمو الخلقي: **Moral Growth**

قبل الكلام عن تطور النمو الخلقي لدى الأطفال في هذه المرحلة، لابد من الإشارة إلى أن السلوك الخلقي يعني ذلك السلوك المتطابق مع المفاهيم الخلقية السائدة في البيئة التي يعيش فيها الطفل، والتي تتعامل بها الجماعة في تلك البيئة، وهي بمعنى آخر كل القواعد الخلقية التي يمارسها أعضاء المجتمع ويرضون عنها، وعند مخالفة هذه القواعد أو خرقها يحل السلوك اللاخلقي ويسود المجتمع.

وينشأ السلوك الخلقي لدى الطفل في مرحلة مبكرة من عمره، فهو يتشرب القيم الخلقية ويتعلمها من أسرته (والديه والكبار المحيطين به) عن طريق التوحد والتقليد الذي يحصل بشكل غير مقصود للمثال أو النموذج الذي يحتذي به، كما أن الطفل يتعلم المعايير الخلقية والسلوك الخلقي المطلوب عن طريق التدريب والتعلم المباشر، وهذا يوجب أن تكون القواعد السلوكية التي يتعرض لها ثابتة ومنسجمة داخل البيئة، فما هو صحيح يبقى صحيحًا باستمرار، وما هو خاطئ يبقى كذلك، عندها تترسخ هذه القواعد وتأخذ استقرارًا وثباتًا لديه.

ولأن المفاهيم الخلقية هي مفاهيم مجردة كالأمانة ، والصدق ، والمروءة، والإيثار، والتواضع.. لهذا فإن الطفل يمكن أن يتعلمها بعد الحادية عشرة من عمره عندما يتمكن من التفكير المجرد Abstract Thinking ، بمعنى آخر: إن النمو الخلقي يرتبط ارتباطًا وثيقًا بالنمو العقلي، فضلا عن ارتباطه الوثيق أيضًا بالنمو الاجتماعي، فالطفل عندما تتحدد لديه ملامح شخصيته في بداية مراهقته، ويشعر أنه بدأ ينتقل من عالم الطفولة إلى عالم الكبار، فإن استعداده للمصارحة والمواجهة وقول الحق يصبح أكثر قوة في هذه الفترة، لهذا فقد بينت بعض الدراسات أن أشد ما يؤلم نفوس الأطفال في هذا العمر هو (الظلم، الاستهزاء، الفظاظة، الضحك عند وقوع الأذى بالغير).

كما أن الأطفال في هذه المرحلة تكون أحكامهم صريحة وواضحة إزاء التضارب في القيم الخلقية لدى الكبار ، ويكون البعض منهم على استعداد لمواجهة الكبار بهذا التناقض، وكلما ازداد نمو الأطفال، كلما انتقلت عملية الضبط السلوكي هذه من الخارج إلى الداخل، حيث يبدأ الطفل بمحاسبة نفسه عن الأخطاء التي يرتكبها، ويشعر بالندم ويتملكه القلق والخوف عند ارتكابه أخطاء يشعر معها بالإثم، وتنتقل هذه المشاعر من مركزية الذات إلى الشعور بما يشعر به الغير، ويبدأ بمحاسبة نفسه كأنه يراها .

مشكلات مرحلة الطفولة المتأخرة:

فيما يأتي عرض لمشكلات هذه المرحلة:

1- الخوف.

2- الغضب.

3- السلوك العدواني.

4- الغش.

5- التأخر الدراسي.

6- الهروب من المدرسة.

7- الجنوح.

1- الخوف Fear

الخوف: حالة انفعالية طبيعية تدفع الفرد في بعض المواقف؛ لأن يسلك سلوكًا يبتعد به عن مصدر الضرر، وينشأ هذا السلوك عن استعداد فطري أوجده الخالق العظيم في الإنسان والحيوان لحكمة تتعلق بصالح الكائن الحي، وعليه فإن الخوف يتصل بتكوين الإنسان، ويدفعه للمحافظة على النفس من كل مثير قد يسبب له ضررًا، وبهذا فإن الخوف المعقول والطبيعي مفيد للإنسان؛ إذ يساعده في اتخاذ الحيطة والحذر قبل أو عند وقوع مثير الخوف، أما انعدام الخوف لدى أي إنسان- صغيرًا كان أم كبيرًا- فهو أمرٌ غير عادي، وهو قلَّما يقع، وإن حدث فإن سببه واضح وهو قلة الإدراك، وسوء التقدير، كالطفل الذي يلاعب الثعبان دون أن يدرك خطره عليه.

لقد اتفق علماء النفس على حقيقة ثابتة هي أن مخاوف الطفولة تنمو مع الفرد وتصاحبه في حياته المستقبلية، فقد توصلت الدراسات النفسية التجريبية إلى جملة حقائق تخص المخاوف التي تزول والتي تبقى في مجال الفرد النفسي حيث وجد: " أن نسبة 40% من مخاوف الطفولة تبقى ملازمةً للراشدين، وأن 27% من هذه المخاوف في سن الرشد بقيت على الحدة والشدّة،التي كانت عليها في سن الطفولة"[1].

وفي دراسة أخرى أجريت على المراهقين وجد" أن عددًا كبيرًا من مخاوف الطفولة بقي ملازمًا لهم، فقد أعطي المبحوثون الذين ناهز عددهم الثلاثمائة فرد في تلك الدراسة أوصافًا مكتوبة لما يزيد على الألف من المخاوف التي عُدَّت استرجاعًا لمخاوف الطفولة، وأشار المبحوثون إلى أن (349) صنفًا من المخاوف الألف يحل بهم بين آنٍ وآخر"[2].

(1) عفيفة البستاني (1971) : محاضرات في علم النفس التكويني ، بغداد، مكتبة النصر للطباعة ص53.
(2) ميخائيل إبراهيم أسعد ومالك سليمان مخول (1982): مشكلات الطفولة والمراهقة، بيروت، دار الآفاق الجديدة، ص334.

وهذا يعني أن مخاوف الفرد تتكون أثناء طفولته نتيجة لتعامله مع بيئته وتأثره بالنمط الحضاري لهذه البيئة وما فيها من مفاهيم وعادات وأساطير ومواقف؛ وتميل الدراسات السيكولوجية الحديثة إلى الاعتقاد بأن الخوف لا يظهر عند الطفل قبل بلوغه الشهر السادس من عمره وحتى في هذا السن؛ فإنه لا يكون واضحًا ولا محدودًا، بل يحدث كاستجابة لبعض المثيرات المادية القوية كالأصوات العالية المفاجئة مثلًا، غير أنه عندما يتقدم به العمر ويتصل ببيئته بشكل مباشر تتضح مخاوفه وتتحدد متأثرة بالطابع الحضاري للمجتمع والثقافة السائدة فيه، فالطفل الذي يعيش في محيط لا يخاف الحيّة مثلًا ينمو ويكبر وهو لا يخافها أما الطفلة التي تسمع صراخ أمها حين ترى فأرًا فإنها سرعان ما تتشرب هذه الاستجابة من أمها لتصبح متخوفة من الفأر حتى عندما تكبر.

وقد يتصور البعض منا - نحن الكبار - أن مخاوف الطفولة ما هي إلّا ضرب من الحمق والسخافة وقصور الإدراك وما إلى ذلك من كلمات الهزء وعدم الاهتمام، وهذا بسبب عدم فهمنا لهذه التجارب التي يمر بها الطفل وتأثيراتها النفسية عليه فيما بعد، فنحن نرى أن بعض الآباء يسخرون ويثيرون ضحك أفراد العائلة على الطفل الخائف، ظنًّا منهم أن ذلك يزيل خوفه، لكنه في حقيقة الأمر إنما يجعل منه وسيلة للتسلية والضحك والتندر يقوم بها إخوانه أو أقرانه بتخويفه مما يخاف باستمرار، وبالتالي تعقيد مشكلة هذا الطفل، وخلق حالة من سوء العلاقة بينه وبين والديه وأفراد أسرته؛ أو قد يلجأ بعض الآباء إلى أسلوب غير واقعي حيث يأبون أن يشعر أطفالهم بالخوف، أو لا يشجعونه في الإفصاح عن مخاوفه حتى الطبيعية منها، وهم بذلك إنما يقمعون انفعالات الخوف لدى هذا الطفل، مما يزيد في خوفه ويعقد شخصيته، بسبب عجزهم عن فهم سيكولوجية الطفل ومشاعره ومخاوفه الطبيعية، ناسين أنهم مرّوا بنفس الانفعالات في طفولتهم.

مظاهر الخوف:

يظهر الطفل مخاوفه بأساليب متعددة تبعًا لعمره ودرجة وعيه وقدرته على الكلام ورغبته فيه، فالطفل قبل مرحلة الكلام قد يحاول الهروب من الحالات التي

تخيفه بأساليب خاصة كالبكاء أو الصراخ أو التمسك بأُمّه، وأحيانًا يكون من الصعب جدًّا أن نتمكن من تحديد السبب المولّد للخوف عنده، أما الطفل الأكبر فقد يتردد في تسمية ما يخاف منه، وقد يتحدث عنه بالتفصيل، وذلك بحسب تخيلاته وخوفه من أنه إذا تكلّم عنه فسوف يتحقق فعلًا.

وبشكل عام يمكن القول: إن الخوف عند الطفل في سنوات عمره الأولى يظهر على أسارير وجهه، وقد يكون مصحوبًا بالبكاء والصراخ، ثم يتطور فيما بعد إلى الصياح والهرب المصحوب برعشة وتغيرات في ملامح الوجه، وتقطع الكلام، وقد يصحبه في بعض الأحوال التعرق أو التبول والتبرز.

ويتطور الخوف بتقدم العمر، ليخرج عن كونه مجرد خوف صريح ليتخذ شكل إحساسات أخرى قد تبدو أنها لا تمت للخوف بصلة، ولكن الواقع أن أساسها الخوف مثل ضعف الثقة بالنفس، والخجل، والقلق، والوسوسة، وهذه الإحساسات في الواقع هي أخطر مضاعفات الخوف[1].

كما يرتبط بموضوع الخوف صفة أخرى كثيرة الشيوع هي ضعف الروح الاستقلالية لدى الطفل، ويكون هذا دالًا في الغالب على فقدان الأمن أو وجود الخوف، ومن مظاهر هذا الضعف: « التردد، وانعقاد اللسان في التجمعات، والتهتهة واللجلجة والانكماش، وعدم القدرة على التفكير المستقل، وعدم الجرأة، وتوقع الشر، وشدة الحرص»[2].

أما الخاصية الأساسية لاستجابة الخوف فهي «الانكماش والانسحاب وغالبًا ما يبلغان الذروة في استجابة هروبه، فخوف الشخص من عدم تقبل المجتمع له قد يجعله يتجنب الوظائف الاجتماعية ويصير منعزلًا ومنسحبًا ومكتئبًا»[3].

(1) عبد المنعم الزيادي (1957): حياتك مع الأسرة. ط1، القاهرة ، الشركة العربية للطباعة والنشر ص76.
(2) عبد العزيز القوصي (1981): أساس الصحة النفسية. ط9، القاهرة ، مكتبة النهضة المصرية ص27.
(3) طلعت منصور وآخرون (1978): أسس علم النفس العام ـ القاهرة ، مكتبة الأنجلو المصرية ص53.

وإذا كانت هذه مظاهر الخوف وخصائصه، فإنه ولا شك يرتبط أيضًا بالكراهية، ولذا نجد أن الطفل يكره كل ما يتصل بمثيرات خوفه، فالذي يخاف زميلًا له أو معلمه يكره كل ما يتصل بهما حتى المدرسة نفسها.

أسباب الخوف:

الخوف حالة انفعالية تلازمنا من المهد إلى اللحد؛ فتعمل على البناء أو الهدم في تكوين ذواتنا وشخصياتنا، وبالتالي فهو قد يشتت الطاقة العقلية المراد توجيهها نحو الأهداف النافعة، أو قد يدفع عنا القوى الهدَّامة المؤذية، أي: إنه يصبح حاجة ضرورية لتوفير الأمان للفرد ولإزالة ما قد يتهدد هذه الحاجة من مثيرات، غير أنه لابد من القول هنا: إن بعض الأطفال بطبيعتهم ولأسباب كثيرة جسدية ونفسية أقرب إلى استشعار الخوف وأسرع من غيرهم في ذلك لاسيما إذا كانوا قد مرّوا بخبرات سببت لهم ألما أو إصابة أو تولّد لديهم إحساس عام بعدم الكفاءة، والقلق، وعدم الأمن.

وبشكل عام يمكن تلخيص أسباب ومثيرات الخوف فيما يأتي:

1- تأثر الطفل بمخاوف الآخرين من المحيطين به من الكبار والصغار، غير أن الخوف يكون أكثر شدّة لديه عندما يرى الكبار يخافون، حيث يوحي له ذلك بأن هناك خطر داهم يحيط به، لا يستطيع الكبار دفعه أو تفاديه، مثال ذلك خوف الأُم من الظلام أو الفأرة أو بعض الحيوانات الأليفة.

2- القصص المخيفة التي يحكيها الكبار للصغار عن الوحوش والحيوانات المفترسة، أو بعض الكائنات الوهمية ذات الأشكال المرعبة، أو بعض الأفلام المخيفة التي يراها الطفل في السينما أو التلفزيون، حيث تبقى أحداثها مرتسمة في مخيلته، وقد تظهر ثانية بشكل أحلام مفزعة عندما يخلد الطفل للنوم.

3- الحرص الشديد من قبل الوالدين على الطفل، وكثرة التهديدات والمحظورات التي توحي بالخطر المستمر الذي يهدد الطفل، بحيث يتولد عن ذلك سيطرة مشاعر الخوف عليه، ومن ثم فقدانه الشعور بالأمن ، وتوقع الخطر، والشك

والتردد، وعدم الإقدام ومجابهة المواقف الجديدة، مما يؤثر حتى على قدراته العقلية وكفاءته الإنتاجية حاليًا ومستقبلًا، ومن تلك التحذيرات والتهديدات التي يطلقها بعض الآباء والأمهات لأطفالهم: (إذا لم تهدأ وتوقف حركتك سنستدعي لك الشرطة، أو سنتركك ونخر ج بعد أن نقفل الباب عليك أو سوف يأتيك الحرامي أو أبو سبع عيون .. إلخ).

4- غياب الأم المتكرر عن المنزل، وتركها للطفل فترات طويلة، فيتولد لديه شعور بفقدان الأمن والسند، وبالتالي فقدان القدرة على التفكير المستقل والجرأة على التصرف، فيتوقع الشر وتزداد مخاوفه.

5- التغيير العنيف المفاجئ الذي يتسبب عنه صوت عال أو سقوط مفاجئ أو أجراس الإنذار أو الحريق أو الإطلاقات النارية، كلها أصوات تخيف الطفل إذا لم تكن له بها معرفة أو قد سمعها من قبل.

6- وتلعب العلاقات العائلية السلبية دورًا كبيرًا في ترسيخ المخاوف لدى الأطفال، كالشقاق، والمشاجرة بين الأم والأب، والسلطة الأبوية الجائرة على الأبناء، والتفكك الأسري، حيث إن كل ذلك يثير القلق في نفوس الأبناء ويزيد من مخاوفهم.

دور التعلم في تكوين مخاوف الطفولة:

تتحدد درجة الخوف وطريقته في التعبير على ظروف الطفل وقت حدوث انفعال الخوف سواء كانت فسيولوجية أو نفسية ، فإذا كان الطفل متعبًا أو مضطربًا انفعاليًا أو وحيدًا بين غرباء..كانت استجابته لمنبهات الخوف قوية جدًّا مما قد يؤثر على صحته النفسية، أما إذا كان آمنًا لقربه من أُمه أو مع من يطمئن إليه فإن استجابته لمتغيرات الخوف تكون أقل حدّة، وهذا يعني أن الخوف لا يتوقف على مثيراته الخارجية فقط، بل يتوقف أيضًا على ظروف الطفل الداخلية وحالته النفسية والفسيولوجية أثناء حدوث الانفعال، وعمومًا يمكن إجمال المواقف التي تؤدي إلى تعلم الطفل للمخاوف بما يأتي:

1- للتقليد والإيماء دور كبير في تكوين مخاوف الأطفال؛ كأن تُقلِّد الطفلة أمها التي تخاف من أبو بريص أو الفأرة، أو يقلد الطفل أخاه الذي يخاف من الكلب أو القط أو صوت الرعد.

2- إن بعض الآباء يزرعون الخوف في نفوس أبنائهم بدافع الحرص عليهم، أو لدفعهم للكف عن القيام بسلوك معين لا يرتضونه، مثال ذلك منع الطفل من الصعود إلى الأماكن العالية، أو تخويفه بالشرطي أو الحرامي وما شاكل ذلك.

3- إن بعض المخاوف يتعلمها الطفل عن طريق الاقتران الشرطي، فقد يحدث أن يقترن أحد مثيرات الخوف مثل حركة الشجرة أو ظلها في الحديقة مع بعض الأصوات التي تحدثها أيدي أحد أفراد العائلة على باب الغرفة بقصد تخويفه.

4- وتلعب الأحداث والتجارب القاسية والمؤلمة التي سبق للطفل أن مرّ بها دورًا كبيرًا في تكوين مخاوفه، مثل ذلك خوفه من الممرضة؛ لأنها أعطته في يوم ما حقنة عندما كان مريضًا.

5- وقد يخاف الطفل من أشياء لا يدركها إدراكًا حسيًّا كاملاً مع جهله بها وبطبيعتها، مثال ذلك خوفه من الغول والعفريت والسحالي بعد أن أوحى له الكبار أن هذه الكائنات مخيفة ومرعبة، لهذا فإنهم يستغلون فيه ضعفه وخوفه منها؛ ليرغموه على القيام بأعمال يرغبون في قيامه بها.

المخاوف الطبيعية والمخاوف الشاذة:

الخوف انفعال مهم وضروري للإنسان، لاسيما إذا التزم الحدود السوية، حيث يصبح انفعالًا بنائيًّا مفيدًا للنفس والسلوك بما يجعل شخصية الفرد مقبولة اجتماعيًّا، وفي ذات الوقت هادئة مطمئنة، أما إذا زادت حدّته ودرجة استثارته أصبح مشكلة نفسية تحتاج إلى وقفة وإلى علاج.

وقبل الاستطراد في هذا الموضوع لابد من التنويه إلى أن (فرويد) يرى أن الخوف أو القلق هما أساس جميع الحالات العصبية، وسواءً أخذنا بهذا الرأي أو لم نأخذ به فإننا لابد أن نقِّر بحقيقة الخوف، هذا الانفعال الذي يرافق كل إنسان في

حياته، ونعلم أنه أمر طبيعي للكائن الحي ـ سواء في ذلك الإنسان أو الحيوان ـ أن يخاف في بعض المواقف التي تهدده بالخطر، فالفرد السوي إذا ما واجهته سيارة مسرعة في الطريق فلابد أن يشعر بالخوف، وإذا ما شهر أحدهم بوجهه مسدسًا مملوءًا بالرصاص فلابد أن يشعر بمثل هذا الشعور، وهذا الخوف حالة انفعالية داخلية طبيعية، يشعر بها الإنسان في بعض المواقف، ويسلك فيها سلوكًا يبعده عن مصادر الضرر، ومنشأ هذا كله هو الاستعداد الفطري الذي أوجده الخالق العظيم في الإنسان والحيوان؛ ومن الطبيعي أن تقترن هذه الحالة الشعورية الانفعالية بالسلوك الملائم وهو التخلص من الخطر.

أما تضخم الخوف في موقف ما تضخُّما خارجًا عن النسبة المعقولة التي يتطلبها الموقف عادة، فإن هذا يعتبر أمرًا شاذًّا، فالطفل الذي يخاف القطط أو الظلام قليلًا فإن هذا أمرٌ عادي، ولكنه إذا خاف ذلك لدرجة الفزع، ووصل في انفعاله لدرجة ينقلب فيها اتزانه النفسي، فلا شك أن ذلك أمر غير عادي، ويعدُّ خارجًا عن الحد المعقول، ويقسم فرويد المخاوف إلى قسمين هما:

1- المخاوف الموضوعية أو الحقيقة: وفيها يرتبط الخوف بموضوع معين محدد؛ كالخوف من الحيوانات أو الظلام أو النار أو الثعابين وغيرها.

2- المخاوف العامة أو غير المحددة : وفيها لا يرتبط الخوف بأي موضوع، فحالة الخوف تكون كأنها هائمة أو عائمة لا تستقر على موضوع محدد، وصاحب هذه الحالة متشائم حزين، يتوقع الشر وسوء الطالع في أية لحظة وفي أي شيء، ويسمي فرويد هذه الحالة بالقلق العصبي Neurosis Anxiety وعادة ما يرجع هذا الخوف إلى الصدفة المحضة ، كالخوف من السفر في قطار، أو عدم الدخول في زحام خشية انتقال المرض، أو الخوف من رؤية الدم.

ويقسم آخرون المخاوف حسب واقعيتها ومثيراتها إلى قسمين أيضًا هما : المخاوف الحسية أو الواقعية، والمخاوف الوهمية أو الذاتية أو غير الحسية ؛ ومن الناحية العملية والتربوية فإن هذا التقسيم يمكن أن يفيد في تصنيف مخاوف

الأطفال بحسب موضوعاتها إلى حسية وغير حسيَّة ، فموضوعات الأولى يمكن للطفل إدراكها بحواسه المختلفة، كالخوف من بعض الحيوانات، أما النوع الثاني فهو الخوف غير الحسي كالخوف من الموت أو الشياطين والجن والأشباح.

العوامل التي تساعد على تكوين مخاوف الأطفال في المدرسة:

تعد الأيام الأولى للالتحاق بالمدرسة مثيرة للمخاوف، خصوصًا للطفل الخجول أو الذي يعتمد على أهله اعتمادًا كبيرًا، ومما يسهم في تعزيز هذه المخاوف هو غرابة الجو المدرسي بالنسبة له بدءًا من الوجوه الجديدة من الأطفال الذين يراهم لأول مرة، ومرورًا بقاعة الدرس، ونظام المدرسة والمعلم... فضلًا عن بعده عن البيت وعن والديه ومن يأنس إليهم ويجد في وجو دهم طمأنينته وأمنه، وتزداد هذه المخاوف سوءًا إذا اقترنت ببعض المواقف غير السارة من قبل التلاميذ أو المعلمين، مثل حالات النبذ أو الإهانة أو الاعتداء والمضايقة والتهكم، ويزداد الأمر تفاقمًا إذا ما استمرت هذه المواقف مع الطفل بمرور الأيام فتزداد مخاوفه، وقد يكون لصعوبة التكيف مع الأطفال الآخرين دور كبير في خوفه من المدرسة،لاسيما عندما يفشل في محاولاته لكي يقبل بين أفراد هذه الفئة من الأطفال أو تلك مما يضطره إلى الانسحاب والانزواء، ومن ثم إحساسه بالخيبة والإحباط الذي يتولد عنه الخوف من أنه مرفوض ومنبوذ من قبل الآخرين، وأن عليه أن ينسحب من الجو الدراسي الذي يفرض عليه مثل هذه الخيبة المريرة.

ويلعب المعلم دورًا واضحًا ومسئولًا في عدم تكيف الطفل داخل المدرسة؛ لأنه يقضي وقتًا غير قصير مع تلاميذه، يستطيع من خلاله أن يميز بين الأطفال، ويبحث عن أسباب عدم تكيفهم سواءً مع أنفسهم أو مع المحيطين بهم، وهذه المهمة ليست سهلة، ولا يمكن أن يقوم بها إلا المعلم النابه الذي يحب مهنته ويعرف مراحل النمو، ومميزات كل مرحلة، ويقيّم سلوك تلاميذه وفقًا لهذا الفهم.

وتعد أيضًا مشكلة توافق الطفل مع النظام المدرسي من المشكلات المهمة التي تسهم في تكوين المخاوف المدرسية لديه، فالنظام الشديد والأساليب القسرية غير

المرنة هي بالنسبة للطفل أساليب مؤذية وغير سارة، تختلف - وقد تتناقض - مع الحرية التي يتمتع بها خارج المدرسة وفي البيت بشكل خاص، مما يتولد عنه كرهًا للمدرسة ولنظامها، ومن ثم الخوف من التعامل معها ومع نظامها.

وإلى جانب ذلك فإن الامتحانات المدرسية أيضًا تسهم إسهامًا فعّالًا في خلق المخاوف لدى الأطفال، فالامتحان المرتبط بأشكال قاسية من العقاب يمكن أن يكون مبعث خوف للتلميذ وخاصة عندما يكون غير مستعدًا استعدادًا تامًّا، وحين تكو ن حساسيته الانفعالية شديدة.

فوائد الخوف:

يبلغ الخوف ذروته في أوقات التعلم السريع - تعلم الطفل أمورًا حول نفسه وحول البيئة التي يعيش فيها - ومثل هذا التعلم السريع لابد له من ثمن ، فالمتطلبات التي تفرض على الطفل من جراء إدراكه لنواحٍ جديدة من العالم الذي يعيش فيه توجد نوعًا من الخلل في التوازن يجعل الطفل - ولو بشكل مؤقت - مفرطًا في الحساسية تجاه الأشياء والأحداث التي تمر في حياته، وهذه الزيادة في الحساسية تجد تعبيرًا لها في الخوف أو في طريقة التعبير عنه، فالطفل الذي يشعر بالخوف يمكن أن يعبر عنه بطلب المساعدة ممن حوله على اكتشاف حدود الموقف الجديد، وكذلك حدود مقدرته الخاصة على معالجة ذلك الموقف ؛ فخوف الطفل يقوّي إدراكه لما حوله، ويجعله يقظًا لما يعترض حياته من أخطار ، كما يساعده في تكوين الطاقة الضرورية لمواجهة المواقف الخطيرة ويجعله على أهبة الاستعداد لاجتناب الخطر؛ إما بالهرب والاختفاء، أو بالصراخ طلبًا للنجدة، مما يهيئ له أحد الضمانات لدرء الأذى عنه.

ويرى هادفيلد أن الحاجة إلى مواجهة الخطر تجعلنا شجعانًا، كما تساعد على ضبط النفس ومنعها من التهور، فالخوف يلعب دورًا لا بأس به في تكوين بعض صفاتنا الأخلاقية، وإليه ترجع الدوافع الأولى للحياة الاجتماعية ؛ فلولا خوف الإنسان الأول من الأخطار لما تجمّع في جماعات وعشائر وقبائل، وكان لهذا التجمع

الأثر الكبير في بناء الحياة الاجتماعية الراقية وما لها من دساتير وأعراف وعادات وتقاليد، ولكي يتمتع الفرد بحماية الجماعة وحبها كان عليه أن يراعي مصالح غيره، وأن يكون على علاقات حسنة مع من حوله، وأن يكيف نفسه ليعيش بينهم حتى يكون سعيدًا، ومعنى ذلك أن الخوف في الواقع هو أحد العوامل الرئيسية في الحياة الاجتماعية والثقافية والأخلاقية[1] ، فالخوف - في ظل هذه الظروف - يعد من أبرز القوى التي تعمل على بناء الشخصية وتكوينها ونموّها، لاسيما إذا سيطر العقل على الخوف، عندها يصبح من أعظم القوى نفعًا للمجتمع والفرد وأصبحت له قيمة بنائية كبيرة .

علاج الخوف:

لاشك أن أهم مصدر من مصادر خوف الأطفال هو نحن الكبار من خلال ما نعرضه أمامهم من سلوك سلبي يتسم بالقلق والخوف والاضطراب والقسوة على الأطفال، وزجرهم أو إهمالهم، وتجاهل أسئلتهم ، واستثارة مخاوفهم بشتى السبل أو دون وعي ، لهذا يتوجب علينا القول بأن علاج الخوف لدى الأطفال يلعب فيه الكبار دورًا كبيرًا ومهمًّا في توجيه الأطفال وتخفيف مخاوفهم وتوضيح الأمور الغريبة وتقريبها من إدراك الطفل وربط مصادر خوفهم بأمور سارة ومحببة بدلًا من ربطها بأمور تثير الخوف، وعليه فلكي نقي أطفالنا، ونعالج من يعاني من الخوف منهم أن نعتمد المبادئ الآتية:

1- أن يكون الآباء والأمهات والمعلمون عمليين في سلوكهم أمام الأطفال، ضابطين لانفعالاتهم، مما يخفف كثيرًا من مسببات خوف الأبناء، وعلى الأخص إذا لم يتعمدوا إثارة أشياء مسببة للخوف وبعيدة عن إدراك الأطفال وحسِّهم.

2- عدم ترك الطفل ينسى مواقف الخوف بسرعة؛ إذ إن عملية النسيان هذه تتم عن طريق الكبت، فتصبح فيما بعد مصدرًا للاضطرابات النفسية.

---

(1) رمزية الغريب، العلاقات الإنسانية في حياة الصغير ومشكلاته اليومية، القاهرة. مكتبة الأنجلو المصرية ، ص258.

3- أن الطفل سريع التأثر، شديد الانفعال، قليل الإدراك ، نادر الخبرة ، ضئيل الحيلة ، وهذا كله يستدعي منا أن نخلق جوًّا مناسبًا له في البيت والمدرسة قوامه المحبة والدفء العاطفي والأمن والعطف والحنان وبدرجات موزونة ومعقولة.

4- تنمية الثقة بالنفس والقدرة على مجابهة ما يخافه بصورة مباشر ة يتعذر تطبيقها عندما تكون المخاوف معقدة وغامضة، وهذا يستدعي الحيطة والحذر، ودفع الطفل إلى المواقف الجديدة دفعًا متدرجًا لا عنف فيه ولا مفاجأة ، وأن نظل إلى جانبه نطمئنه ونساعده على التصرف الحسن قِبَل الموقف الجديد؛ مما يخفف من حدّة مخاوفه، ويتيح الفرصة أمامه للتغلب عليها.

5- التوضيح والشرح المنطقي الذي يجب أن يلي العون العاطفي والبدني، فكثيرًا ما يتطلب الأمر تكرار وإعادة الإيضاحات المباشرة والبسيطة في كل مرة تعود فيها حالة الخوف، أو يظهر فيها الشيء الذي يخاف الطفل منه، وقد يكتسب القوة تجاه مخاوفه من خلال تكرار الصيغة ذاتها في كل مرة ، إلى أن يصبح قادرًا على التمييز بين شعوره بالخوف من جهة وبين حقيقة أن الشيء الذي يخافه لا يستطيع إيذاؤه فعلًا.

6- عدم الاستهانة بمخاوف الطفل والتقليل من شأنها؛ فهي إذا كانت بالنسبة لنا مخاوف وهمية أو تافهة ؛ فهي بالنسبة له مخاوف حقيقية ، وإن الاستهانة بها وعدم التعاطف معه قد يخلق لديه شعورًا بالعجز وعدم الأمن، وقد يقود ذلك إلى الهلع والذعر والرهبة، مما يزيد الوضع تعقيدًا .

7- ربط الشيء المخيف بموضوعات سارة يميل إليها الطفل؛ حتى يتعود على رؤيته مقترنًا بما يحب ، ومحاولة زجّه مع أطفال لا يخافون من نفس الشيء الذي يخافه؛ لتطمئن نفسه وتزداد ثقته بها .

8- "ويعد الإيحاء الذاتي Autosuggestion من أهم أنواع العلاج، حيث يتوجب على المربي أن يحمل الأطفال الخائفين على القول بأنهم شجعان، وأنهم لا يهابون موضوع خوفهم، وقد يساعدهم الراشدون مساعدة كبرى بأن يعلنوا أن هؤلاء الأطفال شجعان لا يخافون ، مثيرين كبريائهم وعزة أنفسهم" [1] .

---

(1) فاخر عاقل: (1978) أصول علم النفس وتطبيقاته. ط3 بيروت ، دار العلم للملايين ص221.

9- يجب أن يسلك الكبار أمام الأطفال سلوكًا هادئًا متزنًا دونما تهويل وانفعال عندما تتعرض العائلة أو أحد أفرادها لسوء؛ لأن حالات الفزع والانهيار التي يلحظها الطفل عند الكبار سوف تنتقل إليه عن طريق المشاركة الوجدانية والإيحاء التقليدي، وبذلك سوف يتعلم أسلوبًا جديدًا لمواجهة المواقف المماثلة ينطوي على نفس الاستجابة المتعلمة.

10- إبعاد الطفل عن مثيرات الخوف التي تقع تحت سيطرتنا، مثل الحكايات الخرافية ، وما يتعلق ببعض الحيوانات المخيفة التي لا وجود لها؛ كالغيلان والسحالي والثعابين ذات الرءوس السبعة .. أو عن بعض المخلوقات الغريبة كالجن والشياطين والسحرة.

11- مساعدة الأهل للطفل الخائف بتشجيعه على مواجهة ما يخيفه دون مبرر، واستنباط أساليب ملائمة من شأنها مساعدته في السيطرة على مخاوفه، ويأتي في مقدمتها تشجيعه ومكافئته وامتداحه في كل مرة يستطيع فيها أن يسيطر- ولو بشكل طفيف- على مخاوفه.

12- وعندما تدوم المخاوف لفترة غير قصيرة، وعندما يستمر الطفل باستبدال مخاوف بأخرى، أو عندما تصبح المخاوف المتزايدة معطلة للوظائف العصبية للطفل أو للعائلة عمومًا فإن استشارة الأخصائيين النفسيين والاجتماعيين تصبح ضرورية.

* * *

2- الغضب Anger

يُعدُّ الغضب انفعالًا طبيعيًا، يفترض وجوده لدى أي طفل بقدر معين، والطفل الذي لا يغضب على الإطلاق إنما هو طفل غير طبيعي، فيه شيء من البلادة والغباء، وهذا الانفعال الذي يفترض وجوده لدى كل طفل سوي تختلف المواقف المثيرة له من طفل لآخر، كما تختلف أساليب التعبير عنه أيضًا تبعًا للفروق الفردية بين الأطفال من جهة، واختلاف الظروف البيئية التي يعيشون فيها من جهة ثانية ، والتي سنذكرها عند الحديث عن أسباب الغضب وسبل علاجه.

والغضب كحالة انفعالية يتعلمها الطفل من الكبار بطريقة المحاكاة والتقليد Imitation ، فهو عندما يجد أحد والديه ينفجر غاضبًا لأي سبب فإننا نتوقع أنّ الطفل - الكبير خاصة - سوف يكرر هذا المشهد الغاضب على أحد إخوته أو أقرانه عندما يلعب معهم، وإذا كان الغضب حالة شائعة في الأسرة ؛ فالمتوقع أن هذا الطفل قد لا يكتفي بأن يصبَّ حنقه وغضبه على إخوته وزملائه وحسب؛ بل قد يوجه ذلك إلى والديه أو إلى أي فرد مهما كان موقعه ومنزلته، وبهذا فهو يشعر بأن هذا الأسلوب من شأنه أن يزيل القيود المفروضة عليه، ويعد وسيلة مهمة لجذب الانتباه والحصول على ما يرمي إليه.

وصورة الغضب لدى الأطفال ذات وجهين مختلفين، حيث يشيع الوجه الأول بين الأطفال الانبساطيين، ويتميز بالصراخ أو الضرب وتكسير الأشياء وإتلافها، وقذف الآخرين بالكلمات النابية والتهجم عليهم، ويمكن القول بأن صورة الغضب هذه تعد إيجابية ؛ لأنها تعطي الفرصة للطفل للتعبير عما في داخله من كبت، أي: إن غضبه في هذه الحالة إنما هو حالة تفريغ لما يعانيه من كبت وإحباط، يشعر بعدها بشيء من الراحة والهدوء، أما الصور الثانية للغضب فهي تشيع بين الأطفال الانطوائيين، حيث يكظمون غيظهم ويكبتون غضبهم؛ مما يدفعهم للاستغراق في أحلام اليقظة Day Dreames التي تبعدهم عن الواقع لترسم لهم

أحداث حياتهم كما يريدونها أو يتمنونها؛ وفي هذه الحالة يصبح الغضب المكبوت ضارًا بشكل كبير لصحة الطفل النفسية وللآثار التي تتركها عليه في المراحل اللاحقة من حياته.

ومن هنا يمكن الاستنتاج أن السماح للطفل بالتعبير عما يعتمل في نفسه بحدود معقولة ومقبولة بقصد الوصول إلى حلٍّ ما لمشكلته مع اهتمام واضح يحسه الطفل من قبل الوالدين بهذه المشكلة سوف يعوّده على كيفية التحكم في ثورات غضبه، وبعكس ذلك سيكون عرضة للحزن والاكتئاب والقلق، وهذا - كما ألمحنا - سيؤثر عليه في مراحل نموِّه المقبلة.

وفي الغالب فإن الأطفال يظهرون غضبهم بشكل واضح عندما يجدون أن هذه الوسيلة تحقق لهم مآربهم، وتوصلهم إلى ما يبغون وصوله، سواءً كانت هذه الغايات مادية أو معنوية ، فالطفل يختار الوقت والمكان المناسبين ليمارس غضبه حينما يعرف أن أهله سوف يحققون له مطالبه، وبهذا يصبح قادرًا على السيطرة والتحكم في غضبه وفي ابتزاز ذويه، ويصبح الغضب سلاحًا فعَّالًا يشهره بوجه من يريد متى أراد وأنّى شاء، وقد تكتشف الأسرة هذه الوسائل التي يستخدمها طفلها، عندها لابد له من استخدام وسائل أخرى جديدة يعبر بها عن غضبه، وبالتالي سيطرته على ذويه، فإذا وجدهم لا يستجيبون لمطالبه فإنه لا يكتفي بالبكاء وضرب الأرض برجليه؛ فقد يعمد أيضًا إلى الصراخ والارتماء على الأرض وتكسير الأشياء، وإذا وجد أن أهله مازالوا مصرِّين على موقفهم فقد يعمد إلى ضرب نفسه وشد شعره، ومحاولة التقيؤ أو التظاهر بتخشب الجسم، مما يضطر أهله للاستسلام لرغباته وتنفيذها، وبالتالي يخرج من هذه (المعركة) منتصرًا ومعطيًا لأهله الضوء الأحمر بعد رفضهم لمطالبه مستقبلًا وهكذا.

مظاهر الغضب:

إن أساليب التعبير عن الغضب كثيرة متنوعة ، فقد نأخذ أسلوب التحطيم للسبب المثير للغضب، أو بالضرب، أو العض بالأسنان Aggression Biting ، أو

الاعتداء على ممتلكات المثير أو أي شيء يتصل به، وقد تدفع النوبات الغضبية إلى تدمير الأشياء وإحراقها، أو اللجوء إلى السلب أو الشتم، والنقد والتهديد، وربما تدفع الطفل الغاضب إلى استخدام آلات وأدوات التدمير والقتل.

ويخضع الغضب لقوانين الوراثة ولعوامل البيئة كالتقاليد والمثل، وإلى ارتفاع درجة الحرارة وانخفاضها، وإلى طبيعة الموقف الذي يعيشه الطفل الغاضب، فقد تتوافر في هذا الموقف من المثيرات ما يزيد من الغضب ويدفعه باتجاهات سلبية مؤذية، وقد لا تكون هذه المثيرات قوية، فما يلبث الطفل الغاضب أن يهدأ بمجرد أن يفرغ غضبه ويعود إلى وضعه الطبيعي.

وقد قامت جودانوف Goodenough بدراسة مظاهر الغضب لدى الأطفال في أعمار مختلفة ؛ فوجدت أن هذا الانفعال يأخذ أشكالًا متباينة تبعًا لسن الطفل، وقد توصلت إلى أن:

1- استجابات الأطفال في السنة الأولى تأخذ شكلًا نشاطيًا غير موجهٍ مثل الصراخ Crying ، الرفس بالقدمين Kicking ، إلقاء نفسه على الأرض، العض Biting، القفز إلى أعلى وأسفل.. إلخ.

2- وفي سن الثانية والثالثة تكون استجابات الطفل الغضبية على شكل بكاء شديد مع تصلب وتوتر في أعضاء الجسم، والعض، وشد الشعر والملابس، ومحاولة إيذاء من هم أصغر منه سنًا.

3- وفي السنة الرابعة تأخذ مظاهر الغضب شكل احتجاجات لفظية يقصد بها قذف الآخرين وتهديدهم وتوعدهم لأخذ الثأر منهم.

4- وفي سن الخامسة يعبر الطفل عن غضبه في صورة بكاء شديد وعنادٍ مع ضرب الأرض برجليه في محاولة لجذب انتباه الآخرين إليه.

5- وفي سن السادسة والسابعة تكون مظاهر الغضب لدى الأطفال على شكل عصيان وهياج وتمرد ومحاولة إيذاء الأفراد أو الأشياء التي سببت غضبهم.

6- وفي سن الثامنة يعبر الطفل الغاضب عـن غضبه بالشكوى والتـذمر والبكاء والملـل والسلبية والانزواء.

7- أما في سن التاسعة والعاشرة فإن الطفل يتخذ مواقف سلبية إزاء من يثيرون غضبه مـع التمتمة ببعض الألفاظ غير المسموعة وغير المفهومة، وتتغـير تعبـيرات وجهـه ، غـير أن ذلك لا يصاحبه عنف أو ثورة غضبية واضحة كما كانت تحصل في المراحل السابقة من حياته.

8- وبعد هذا السن يقف الطفل على أبواب مرحلـة جديـدة وخطيـرة؛ تلك هـي مرحلـة المراهقة، وبهذا فإن مظاهر غضبه تتسم بالعدوانية والمشاجرة والعصيان ومحاولة فرض وجوده وآرائه في المنزل وعلى زملائه الآخرين [1].

أسباب الغضب:

الأسباب التي تثير غضب الأطفال كثيرة ومتشعبة ، ولا يمكـن الإحاطـة بهـا بشكل كامـل ونهائي، فهناك أسباب قد تثير طفلًا مـا ولكنهـا لا تثير طفلًا آخـر، غـير أن هنـاك أسبـابًا عامـة ومشتركة يمكّن أن تكون فعالة أكثر من غيرها في استثارة غضب الأطفال نوجزها بالنقاط الآتية:

1- السلطة الوالدية المتغيرة : ونقصد بها أسلوب التنشئة الذي تتخذه الأسرة تجاه طفلهـا، والذي يكون بشكل متذبذب غير مستقر، أو منحـاز لجانـب الطفـل أو بـالعكس، فبعض الأسـر التي تسودها التوترات الانفعالية وتسودها مشكلات الضبط الأُسرى، ومشكلات العلاقة الزوجية بين الأبوين سوف تقود بالتأكيد إلى عدم استقرار الضبط والتوجيه المطلوب للأبناء، حيث يوجه كلٌّ منهما الطفل بالطريقة أو الأسلوب الـذي يرتأيـه، وفي بعـض الأحيان إذا كانت المشاحنات العائلية على أشدها فإن أسلوب التوجيه للأبناء قد يأخـذ صيغة الإغاظـة بـين الوالـدين، ففـي الوقت الذي يلبي فيه الأب رغبات طفله فإن الأم قد تمنع أو تعيق عنـه هـذه الرغبـات بقصد إغاظة زوجها؛ لأنها على خلاف معه أو بالعكس، غير مدركين ما

---

(1) Goodenough Florence (1951): Anger in young children. University of Minesota. Inst. child Welf . monogr ser. Q.p. 121

لهذا الأسلوب من آثار ضارة على نفسية الطفل حاليًا وفي المستقبل، وبالتأكيد فإن الطفل قد يستسيغ ذلك؛ لأنه متأكد تمامًا من حصوله على مبتغاه بمجرد أن يمارس غضبه أمام من يلبي له هذه الرغبات من والديه، فضلاً عن أن هذه الطريقة سوف تخلق منه شخصية انتهازية مكروهة فيما بعد، ويمكن أن ندخل في هذا الإطار أيضًا تعدد السلطات الضابطة والموجهة لسلوك الطفل داخل الأسرة الواحدة مثل الجد والجدة أو الأعمام والأخوال والخالات وغيرهم، خصوصًا إذا كان والد الطفل بعيدًا عن المنزل لسبب ما، أو متوفى، أو أن والدته قد تركته بسبب زواجها أو وفاتها، ففي هذه الحالة سوف تتعدد وتتضارب السلطات الضابطة للطفل؛ فهي تارة شديدة صعبة، وتارة متراخية متساهلة يمكن استغلالها والسيطرة عليها بمجرد إعلان غضبه وتمرده عليها.

2- الانفجارات العصبية والغضبة التي يظهرها بعض الآباء والأمهات أمام أطفالهم ، ونزوعهم الشديد للسيطرة مع أبنائهم، أو توجيه اللوم والنقد اللاذع لهم لأتفه الأسباب، مما يجعلهم يشعرون بالغيظ والغيرة والحقد والمرارة ، وفقدان الشعور بالأمن والطمأنينة والحرمان من الدفء العاطفي، فيلجئون إلى مكايدة الآخرين، بدءًا بالأبوين فالمعلمين ثم الأقران وغيرهم بافتعال نوبات غضبية سبق لهم أن تعلموها، بقصد الوصول إلى أهداف مرسومة في نفوسهم.

3- تدليل الطفل وتلبية رغباته بمجرد الإعلان عنها لأسباب يعتقد الأبوين بوجاهتها خطأ، حيث إن هذا التدليل سوف يعطي الطفل المدلل سلاحًا ماضيًا يستخدمه متى ما أراد، ذلك هو الغضب الذي يمارسه كلما أحس أن والديه لا يلبون مطالبه أو يحققون رغباته، فضلاً عن ذلك فإن الوالدين إنما يجنون على هذا الطفل؛ لأنه سيبقى ذا شخصية هشة؛ يثور كلما واجه موقفًا صعبًا، أو عجز عن تحقيق رغباته الطفلية.

4- تقييد حرية الطفل وحركته، سواء كان ذلك بالتدخل في لعبه من قبل الكبار، أو منعه من التعبير عن رأيه وإثبات ذاته، كذلك عند ممارسة الضغط عليه ومحاولة تقييده، أو عندما يشعر بالظلم والاضطهاد من قبل والديه أو معلميه أو زملائه، أو أن الآخرين من الكبار يحابون غيره من الأطفال.

5- الغيرة أيضًا تعد من الأسباب المهمة في شيوع انفعال الغضب بين الأطفال، فالطفل يغضب بسبب شعوره بالحرمان من حب والديه وعطفهما بعد مجيء مولود جديد للأسرة وانشغال الوالدين بهذا الوافد الجديد، فيغضب الطفل الكبير لهذا التهديد لمركزه في الأسرة، فيشرع باستخدام غضبه بقصد جذب الانتباه إليه وتحويل اهتمام والديه نحوه، وقد يغضب الطفل بسبب غيرته من زميله في المدرسة الذي يتقدم عليه دراسيًّا، فيثور في وجهة لأتفه الأسباب، أو قد يحوِّل غضبه إلى كل ما يتصل بهذا الزميل من أصدقاء أو معلمين أو نظام مدرسي.

علاج الغضب:

1- منح الطفل فرصة للتعبير عن نفسه وعن ذاته، وتجنب فرض القيود المحددة لحريته وحركته، وعدم المبالغة في التدخل في شئونه الخاصة ، لاسيما فيما يتعلق بألعابه وساعات راحته وطعامه، ومساعدته قدر الإمكان في تحقيق رغباته المشروعة، والتنفيس عن مشاعره المكبوتة وممارسة هواياته.

2- تجنب إذلال الطفل والسخرية منه، والاستهانة به وبآراءه، لاسيما أمام الآخرين، كما يتوجب عدم شكوى الوالدين للأقارب والضيوف من طفلهما بحضوره واعترافهما بسطوته وخضوعهما لإرادته عندما يغضب ويثور؛ لأن ذلك سوف يجعله أكثر تمسكًا بهذا الأسلوب.

3- ضبط النفس أمام الأطفال في المواقف التي تضطرنا للتعبير عن غضبنا وثورتنا، لأننا إذا لم نستطيع ذلك فإننا سنوفر لأطفالنا فرصة تقليدنا دون أن ندري.

4- يجب أن يعوِّد الوالدين طفلهما أن لا مكافأة عن الغضب ، وأن هذا الأسلوب لا يمكن أن يحقق له ما يريد، وأن رغباته لا تتحقق إلا من خلال هدوء الطبع والسلوك المقبول بعيدًا عن الانفجارات الغضبية المرفوضة ، وهذا لا يتم – بالطبع – إلَّا من خلال القدوة الحسنة للوالدين أما أطفالهما، ومن خلال التدريب المتواصل الذي يتطلب الصبر والهدوء والمرونة في التعامل مع الأطفال.

5- عدم استثارة الأطفال لتسلية أنفسنا وحجب بعض الأشياء والامتيازات عنهم من أجل أن تستمر استثارتهم وتزداد تسليتنا، ثم نقوم بعد ذلك بمنحهم هذه الأشياء والامتيازات بسبب استمرار ثورتهم وغضبهم، حيث إن الطفل يتصور أن حصوله على هذه الامتيازات إنما جاءت بسبب غضبه؛ هذا ليس غير، وبالتالي سيصبح هذا الأسلوب هو المتبع دائمًا للحصول على أي شيء آخر.

6- لا يجوز المقارنة بين الأطفال وعلى مسمع منهم، سواء كانوا أخوة أو اقرانًا، لأن ذلك سيخلق بينهم الغيرة التي تقود إلى البغضاء والتشاحن، وبذلك يسهل إغضابهم واستثارتهم.

7- أن يكون هناك تفاهم بين الوالدين حول الأسلوب التربوي الذي يتبعانه في تربية أطفالهما بحيث لا يجد الطفل أي فارق في التعامل بين أمه وأبيه.

8- ملء أوقات فراغ الطفل بالأنشطة المفيدة والتي تستهويه، سواء كانت هذه الأنشطة على شكل ألعاب يميل إليها أو أنشطة رياضية أو اجتماعية أو ترويحية أو هوايات ومساعدته على تنميتها وتطويرها.

9- وفي الحالات الغضبية الحادة والمتكررة يتوجب إجراء فحوص جسمية للطفل، إذ قد يكون الغضب ناشئا عن اختلال في إفرازات الغدة الدراقية أو الغدد التناسلية أو الكظرية ، أو قد يكون بسبب الإمساك أو التعب الشديد أو قلة النوم، أو سوء التغذية، وغير ذلك.

٭ ٭ ٭

3- السلوك العدواني Aggressive Behaviour

يتصور البعض منا أن بعض السلوك المشكل الذي يمارسه الأطفال هو محض سلوك سلبي عدواني هدَّام، ولكنه في حقيقته سلوك إيجابي لا كما نتصور، فهو كما يقول فرويد : " منشأ الحيوية ومبعث الإيجابية والنشاط " وقد أيده في هذا الرأي المؤتمر الدولي للصحة النفسية الذي انعقد في لندن عام 1948 والذي أشار إلى أن بعض سلوك الأطفال الذي نطلق عليه (السلوك العدواني) ما هو إلا سلوك سوي يحتاج الطفل إلى ممارسته بدلاً من أن يُدفع إلى اجتنابه ويشجع للإقلاع عنه.

وقد ظهرت آراء شتى اختلفت كثيرًا واقتربت قليلاً ، وهي تفسر السلوك العدواني للأطفال ، وغير أن هذا السلوك - بشكل عام – سلوك ضار وغير مرغوب فيه من قبلنا نحن الكبار، لاسيما إذا كان موجهًا ضد الأفراد، وأصبح سلوكًا شاملاً يعتمد التدمير والتحطيم والتخريب، وتجاوز حدوده بحيث ترتب عليه شعور الطفل بالذنب وكره نفسه وكره الآخرين.

ويظهر السلوك العدواني لدى الأطفال في أفعال من نوع الضرب أو الرفس والعض، وفي الكلام القاسي أو البذيء ، وفي السخرية والاستهزاء والحط من قيمة الآخرين.. وهي كلها استجابات ترتبط بعدد من المشاعر والدوافع الناشئة عن توتر داخلي من نوع يضايق صاحبه، مثل الكره والغضب والغيرة والرفض والتمرد والعصيان، أو قد تكون مرتبطة بمشاعر التفوق والاستعلاء كما هو الحال في معاكسة الآخرين والتهديد والوعيد والتحكم والسيطرة ؛ أو أنها قد تكون مرتبطة بمشاعر اللذة والارتياح، كما هو الحال في السخرية والنقد اللاذع ومضايقة الآخرين، ويغلب أن يكون الارتباط في كل حالة متعدد الجوانب كثير التعقيد.

والطفل العداوني يسعى إلى السيطرة على كل حال، وقد لا يقف عند حدود الضرب والرفس ، بل يتعداها إلى كسر الأشياء وتحطيمها ، وإلى الصراخ وغيره، فإذا ما لجأ الوالدان في مثل هذه الحالة إلى منحه ما يريد ولبَّوا طلباته مؤثرين السلامة في ذلك، فإنه سوف يستمرئ ذلك ويكرر هذا السلوك في المرات القادمة،

وسوف لن يكون ذلك إلى جانب السلامة التي تحتاجها الأسرة ولا إلى جانب السلوك السوي الذي تؤثره، ولهذا يحدث أحيانًا أن يأخذ العدوان شكل الانسحاب حين يرى الطفل العدواني أن الموقف أقوى منه وليس في صالحه، وأن (أسلحته) غير كافية.

ويبدو أن هناك اتفاقًا عامًّا بين الباحثين في هذا المجال على أن السلوك العدواني يزداد ظهوره بين الذكور ، وخاصة حين تكون هناك حاجة لاستخدام القوة واستعراض العضلات والمباهاة بقصد توكيد الذات ، فالذكر عادة ما يكون أكثر عدوانًا من الأنثى، وهذا لا يعني أننا ننكر عدوانية الإناث، ولكن يمكن القول: إن عدوانها لا يثار كلية إلا كاستجابة للتهديد ، بينما تظهر فعالية عدوان الذكر تلقائيا في التنافس والاستعراض وبشكل أسرع مما هو لدى الأنثى.

والذي نريد التنويه إليه هنا هو أن السلوك العدواني يخضع في ظهوره إلى عوامل عديدة يلعب فيها العامل الحضاري الدور الأكبر والأهم ، فقد يمارس طفلاً سلوكًا مُعينًا، ويعد هذا السلوك عدوانًا في حضارة ما، بينما يعد هذا السلوك أمرًا عاديًا في حضارة أخرى، كما أن لكل مرحلة عمرية مظاهر خاصة بالعدوان الذي يمارسه الطفل فيها ، فالطفل في مرحلة الرضاعة يكون معتمدًا اعتمادًا كاملاً على أمه في إشباع حاجاته الأولية الفسيولوجية بطريقة لا تخلو من الفرض والإلزام ، ويحاول أن يجعل أمه مُسخرة له على الدوام في تلبية ما يحتاج ، وما أن يصل إلى الثانية من عمره حتى يبدأ تدريجيًا بالانفصال عن أمه، ويتميز سلوكه العدواني بالخطف والضرب وشد الشعر ، وقد يكون هذا السلوك خاليًا من النية أو القصد في إيذاء الغير، أما في سن الرابعة فيغلب على سلوكه المشاحنة والمشاجرة وتحدي سلطة الأم أكثر من ميله للعدوان على الآخرين ، بينما نجد طفل العاشرة يحاول أن يصب عدوانه على الأطفال الذي يصغرونه سنًا، وهذه دالة تشير إلى ميله للاستبداد في المستقبل، واستعداده للتمرد على سلطة الأسرة والقانون، وهي دوافع مكبوتة قد يكون سببها الرئيسي الشعور بمركب النقص الذي يتم تعويضه بالممارسات العدوانية كنوع من التوكيد للذات المقهورة التي تعيش في داخله .

التليفزيون والسلوك العدواني:

يعد التليفزيون واحدًا من أبرز وسائل الإعلام التقنية التي جذبت إليها العقول والأبصار، بحيث أثرت كثيرًا على أولئك الذين تتعرض حياتهم لبرامجها، لاسيما الشريحة الكبيرة والعريضة التي يتألف منها سكان الوطن العربي ، إذ تبلغ النسبة المئوية لفئة الأطفال حوالي 45 % من السكان، ولكل 17 طفلاً عربيًا من هؤلاء هناك جهاز تليفزيون واحد [1].

وأمام اختلاف طبيعة الآثار التي يمكن أن يحدثها التليفزيون على سلوكية الطفل والمتصلة أيضا بالاختلاف في أساليب عرض مضامين البرامج التي يشاهدونها أصبح من الصعب تحديد نوعية هذه الآثار وحصرها في إطار ثابت ؛ لأنها كما يبدو تظل تتخبط ما بين السلب والإيجاب، وأحيانا أخرى تتسم بازدواجية التأثير، فكما هو معلوم أن للتليفزيون تأثيرًا إيجابيًا يتضح من خلال إكسابه معلومات وثقافات توسع أفق الطفل وتخصب خياله ، لكن لهذا الجهاز آثارًا سلبية أخرى ضارة بالطفل مثل أفلام العنف والإثارة والجنس ، وبعض البرامج غير المدروسة تمامًا والتي تكسب الأطفال قيمًا وعادات غير طيبة .

ففيما يتعلق بالآثار السلبية التي تخلفها مشاهد العنف على الأطفال تشير ماكوبي Mc coby إلى أن الأطفال يتعلمون من التليفزيون كيف يتصرفون في المواقف المختلفة ، وقد يتصف تصرفهم بالخشونة إذا دعت الظروف إلى ذلك، وتؤكد أنه كلما استمر الطفل في مشاهدة برامج العنف والغضب ؛ فإنه يتغذى ويتعلم منها خاصة إذا كان لديه ميل طبيعي إلى هذا النوع من السلوك [2].

أما جيورجي Georgy فيشير إلى أن السلوك العدواني لدى الأطفال يكون أكثر توقعًا بعد تكرار ما يشاهدونه من لقطات العنف في التليفزيون [3].

---

(1) عزت جراوات (1982) : نحو برامج تليفزيونية هادفة للأطفال. مجلة التربية القطرية ، العدد 53 يوليو 1982، ص80.
(2) انظر: نادية شكري يعقوب (1967) : أثر التليفزيون في تلاميذ المدارس الابتدائية ، رسالة ماجستير، كلية البنات ، جامعة عين شمس، القاهرة ، ص46.
(3) إبراهيم إمام (1979): الإعلام الإذاعي والتليفزيوني . دار الفكر العربي ، القاهرة ، ص185.

وحول نفس الموضوع يشير علماء الاتصال إلى أن الأطفال العدوانيين يختارون برامج عدوانية ، وهذا يعني أن الطفل يختار ما يدعم اتجاهاته السابقة [1].

وقد أبانت دراسات سيكولوجية عديدة منها دراسة أرنولد Arnold إلى أنه من الممكن استثارة الأطفال على الشعور العدواني والأعمال العدوانية عن طريق مشاهدة البرامج التليفزيونية ذات المحتوى العدواني أو العنيف [2].

ولو أردنا الإطالة في هذا الموضوع فإنه يمكننا أن نورد الكثير في هذا الصدد، ولكن ذلك يعني إلغاءً للدور الإيجابي الذي يؤديه التليفزيون في تنشئة الأطفال وغرس القيم والاتجاهات المرغوبة لديهم، والأمر الذي لا يمكن نكرانه هو أن السلوك العدواني سلوك ظهر مع ظهور البشر على وجه الأرض، وأن مقتل هابيل ابن سيدنا آدم عليه السلام على يد أخيه قابيل هو أول سلوك عدواني يمارسه الإنسان ضد أقرب الناس إليه، غير أن هذا السلوك قد تطور وتطورت أساليبه وأدواته تبعًا للتقدم الحضاري الذي وصل إليه الإنسان، حيث استطاع أن يمتلك أحدث الأسلحة وأفتكها وأكثرها إيذاءً وضررًا لأخيه الإنسان، بحيث أصبح بإمكانه أن يقوم بعملية إفناء لأعدادٍ هائلة من أبناء جنسه وهو جالس في مكانه، وبمجرد أن يضغط على زرٍّ أو آلة.

وجاء التليفزيون ليقدم لنا ولأطفالنا - ونحن جالسون في بيوتنا - بعضًا من نماذج التدمير والعنف والعدوان هذه ، كما أنه راح يقدم لنا نماذج لمن أطلق عليهم اسم السوبرمان Superman ليقوموا باستعراضات تذهل الطفل وتجعله يعيش في عوالم خيالية واسعة ، وفضلاً عن ذلك كله فإن أفلام الكارتون التي يعشقها الأطفال لا تفتأ تقدم للأطفال أيضا نماذج سلبية وسيئة عن كيفية ممارسة العدوان ووسائل، والذي يزيد في الطين بلة أن بعضا من القائمين على برامج الأطفال والمشرفين عليها لا يمتُّون إلى الطفولة ولا إلى عالمها بصلة ، ولا يمتلكون القدر المطلوب من التأهيل العلمي في هذا الجانب، وأخذوا يزنون الأفلام والبرامج التي

(1) المرجع السابق: ص133.

(2) Arnold, A.(1969): Violence and year chilled .Chicago, Henry Regnery Inc. p.83

يقدمونها للأطفال بميزان القيمة الفنية والجمالية والتقنية فقط، دون مراعاة للقيم الأخلاقية والمعرفية والسلوكية التي تبني شخصية الطفل وتعده للمستقبل.

أسباب العدوان:

هناك بعض الدراسات التي دلّت على أن العدوان يرتبط ارتباطًا إحصائيا كبيرًا بالبيئة، وبالتنشئة الاجتماعية Socialization داخل الأسرة ، فقد أشار ما كورد Mccord وآخرون إلى أن العدوان يظهر بسبب:

- التعرض للإيذاء من أحد الوالدين أو كليهما.

- اختلاف الوالدين في أسلوب تربية الطفل.

- كره الوالدين أو تذمرهما من الإنجاب، وإشعار الأبناء بأنهم قد جاءوا رغمًا عنهما ، وأنهما لم يكون راغبين بذلك.

- ضعف العطف والحنوّ من قبل الوالدين نحو الأبناء [1].

وهناك من يرى أن السلوك العدواني إنما يتوقف على عوامل منها:

- شدة رغبة الطفل في إيذاء الآخرين وإيلامهم.

- درجة إحباط البيئة وإثارتها للميول للعدوان.

- كمية القلق والشعور بالإثم المرتبط بالعدوان [2].

ومهما كانت الاجتهادات في هذا الصدد فإنه لابد لنا من القول بأن شعور الطفل بضعفه إذا ما قورن بالكبار يجبره على أن ينتهز أية فرصة لإثبات قوّته، ويحاول أن يتعلم أنه يجب أن لا يظل في الموقف الأضعف دائمًا وأنه لديه على الأقل بعض القوة لمواجهة الأفراد الآخرين، وهكذا يبدأ بتجريب عدوانه على الآخرين، وعندها سوف يجابه من قبل الوالدين إما بالعقاب أو بالتسامح، وعندما يكون

(1) Mc cord w. Mc cord J. and Howard A.(1962): Correlates of Aggression in nondelinquent male children, tournal of Abnormal psychology pp.79-93.

(2) جون كونجر وآخرون (1977) سيكولوجية الطفولة والشخصية. ت. أحمد عبد العزيز سلامة وجابر عبد الحميد جابر، دار النهضة العربية . القاهرة . ص357.

العقاب صارمًا وقاسيًا فإنه سوف يزيد من الدفعات العدوانية لدى الطفل، كما أن الإفراط في التسامح أيضًا مع عدوان الطفل سوف يؤدي إلى زيادة عدوانه وتكراره؛ لأن هذا التسامح هو بمثابة تعزيز وإثابة تدفع الطفل للتمادي في عدوانه.

وهناك أسباب أخرى كثيرة تدفع بعض الأطفال لممارسة السلوك العدواني، منها الحرمان من إشباع رغباتهم الرئيسية والمهمة، والقيود المفروضة على حرياتهم وحركاتهم وألعابهم، أو القيود المفروضة على حرية تعبيرهم عما يريدونه وما يشعرون به ، مما يولد لديهم إحساسًا بالظلم والاضطهاد، فيندفع للمقاومة والعدوان، كما يسهم الوالدان إسهامًا كبيرًا في إبراز هذا السلوك وتنشيطه عندما يستخدمان بعض الأساليب القسرية في التعامل مع أبنائهما، أو عندما تكون هذه المعاملة متذبذبة ومتغيرة وتميز طفلاً على آخر، فضلا عن استخدام العقاب بشكل مستمر باعتقاد أن هذا الأسلوب هو الوسيلة الوحيدة لخفض أو إطفاء السلوك غير المرغوب لدى الأطفال، ولهذا نجد أن بعض الأطفال يقلدون الكبار عندما يمارسون عدوانيتهم على الآخرين، وهذا يعني أن الكبار يعطون للصغار النموذج Modeling في ممارسة العدوان دون أن يدركوا ذلك، ولو لاحظنا طفلاً يُعاقب لوجدناه يمارس نفس الأسلوب الذي عوقب به من قِبَلِ الكبير تجاه أول طفلٍ يصادفه بمجرد أن يفلت من العقاب، ولاحظ أيضا الأطفال وهم يشاهدون فيلمًا من أفلام الكارتون فيه شيء من العنف والضرب، ولوجدت أنهم وبمجرد انتهاء الفيلم يقومون بضرب بعضهم بنفس الأسلوب الذي مارسه بطل الفيلم، وعادة ما يكون الضحية هو الطفل الأقل عمرًا والأضعف مقاومة بينهم.

علاج العدوان:

قبل الإشارة إلى الأساليب الواجب اتخاذها لعلاج السلوك العدواني لدى الأطفال، لابد من القول بأن تعبير الطفل عن غضبه واستجابته للإحباطات التي يواجهها بنوع من السلوك العدواني، وهو أمر طبيعي بل وضروري لكي ينمو نموّاً انفعاليًا سليما وتتكامل شخصيته ، غير أننا يجب أن نكون حذرين إزاء هذا الموضوع حذرًا شديدًا؛ لأن العدوان الإيجابي قد ينقلب إلى عدوان سلبي هدام إذا لم نحسن

التوجيه والتصرف مع أطفالنا ، وهذا يتطلب منا ما يأتي :

1- عدم اللجوء إلى أسلوب العقاب مع أطفالنا عندما يظهرون سلوكًا غير مرضٍ أو يخرقون النظام في البيت أو المدرسة ؛ لأن العقاب سوف يؤجج روح المقاومة والقتال لديهم، وتزداد عدوانيتهم وفي ذات الوقت لا يجوز لنا أن نترك الحبل على الغارب ونكون مفرطين في التسامح واللين وتلبية طلباتهم ورغباتهم كيفما شاءوا، وإنما يجب أن يكون هناك قدر معقول من الإحباط بين ما يرغبه الطفل والمحددات التي تعيق هذه الرغبة لكي نوفر له نموًّا انفعاليًّا سليما مع ثقة عالية بالنفس تساعده في المستقبل على قهر الصعاب التي يواجهها .

2- مساعدة الطفل على أن يتخلص من توتره، فلا ننزعج منه عندما يظهر غضبه في المواقف التي تستدعي الغضب؛ لأن التوتر إذا ما بقي مضغوطًا ومكبوتًا لدى الطفل فقد يولد انفجارات انفعالية مؤذية للطفل ولمن حوله.

3- لابد أن نعرف أن الطفل مقلد جيد ومن الطراز الأول ، وهو يقلد أقرب الناس إليه ويعده نموذجًا يتقمصه في ممارسته لسلوك ما ، وعلى هذا الأساس يمكننا القول بأن الطفل قد يتعلم السلوك العدواني من والده الذي يستخدم معه أو مع أحد إخوته العقاب؛ فيتعلم منه كيف يمارس عدوانه على الآخرين، أو قد يتعلم العدوان من فيلم كارتون يشاهده في التليفزيون ويحاول أن يتقمص شخصية بطل الفيلم الذي يحاول أن يفرغ عدوانه على الآخرين، وهذا الأسلوب الذي يتم بالتعلم يدعى بالنمذجة Sampiling or Modeling أي: إن الطفل يتخذ له نموذجًا يتقمصه، ويحاول أن يقلده في الأسلوب العدواني الذي مارسه النموذج ، وعليه فإن ذلك يتطلب منا أن نكون حذرين في هذا الجانب ، ونحاول جهدنا أن نبعد الأطفال عن تقليد النماذج التي تظهر العدوان أو تمارسه، سواءً منّا نحن الكبار أو من الأفلام التي يشاهدونها أو أية مواقف أخرى [1].

---

(1) باني الناصر ، وعبد الجبار توفيق البباني (1974) : استقصاء عادات تلاميذ المرحلة الابتدائية في مشاهدة البرامج التليفزيونية وما يفضلونه منها، مركز البحوث التربوية والنفسية. جامعة بغداد ، والمؤسسة العامة للإذاعة والتليفزيون والسينما .ج1، 1973، ج2، 1974.

4- أشارت بعض الدراسات [1] إلى أن تنظيم أوقات مشاهدة التليفزيون للأطفال يكاد يكون أمرًا مفقودًا لدى غالبية العوائل، وهذا الأمر ينطوي على خطورة كبيرة ؛ إذ يشير غالبية المختصين بالأمراض النفسية إلى أن الطفل الذي تتجاوز مشاهدته للتليفزيون الثلاث ساعات بحاجة إلى علاج نفساني؛ لأن الطفل كما يقول ماكوبي Mc coby يلجأ إلى التليفزيون عندما لا يكون على وفاق مع والديه حيث يجد فيه فائدة للهرب من والديه، وفي نفس الوقت الانتقام منهما خلسة بالإقبال على سلوك لا يرضيهما [2].

5- على الوالدين أن يتدخلا بحزم ولا يسمحان لأطفالهما بمشاهدة برامج موجهة للكبار، وخاصة تلك التي تمجد العنف والقوة، وتركز على القدرات الخارقة للإنسان؛ لأن مثل هذه البرامج تحدث آثارًا نفسية ضارة في نفوس الأطفال.

6- الاطمئنان والأمن النفسي ضروري جدًّا للطفل، وهذا يتأتى من خلال اهتمام الوالدين بطفلهما وبحياته المدرسية وبأصدقاءه؛ لأن فقدان هذا الاهتمام يدفع الطفل إلى خلق أجواء عدوانية يتسلط من خلالها على غيره باستخدام القوة بقصد الحصول على الأمن النفسي والرضا عن الذات اللذين يفتقدهما في حياته كنوع من التعويض.

* * *

(1) قاسم حسين صالح (1975) : علاقة طول مدة مشاهدة التليفزيون وطبيعة برامجه بالتحصيل المدرسي لطلبة الصف السادس الابتدائي. رسالة ماجستير. كلية التربية جامعة بغداد.
(2) Mc coby, Eleanor (1963) : The Effects of television on children in Wilbur schramm, ed, the seience of human communiation New york, Basic Books , p.121.

4- الغش Cheating

لا شك أن من الأهداف الأساسية والمهمة للتربية السليمة تخريج العديد من الأنماط البشرية والنماذج الإنسانة ذات الصفات المرغوبة والخصائص المطلوبة، ومن أجل هذا فإن جهودًا مضنية تبذل وأموالاً طائلة تنفق، ووقتًا كبيرًا يخصص وصولاً إلى هذا الهدف النبيل الذي لا يمكن تحقيقه إلا من خلال الامتحانات التي تعد ضرورة تربوية لا يمكن الاستغناء عنها، فهي أداة رئيسية ومهمة لقياس ما أسهمت به المناهج، وما تحقق للمتعلمين من فائدة، وللاطمئنان على أن جهود التربية المبذولة تسير في مسارها الصحيح، وعلى أن اكتساب قدرات معينة يعد شرطًا لانتقال التلميذ إلى المرحلة الدراسية التالية، وللكشف عن ميول التلاميذ ومواهبهم، وما بينهم من فروق لاختيار المسار التعليمي المناسب، فضلاً عن أن الامتحان يُظهر لنا مدى ما تقدمه المناهج مجتمعة من وفاء بالتزاماتها التربوية، وما قد تنطوي عليه من قصور وخلل إن وجد، حتى يصار إلى تداركه وتلافيه.

وفي الوقت الذي تستخدم فيه الامتحانات كمقياس لكل ذلك؛ فإنها قد تصبح أداة غير دقيقة وغير قياسية، وغير منصفة إذا ما أسيء استخدامها، وانحرفت عن مقاصدها، وأحيطت بجو من الرهبة والقلق والخوف، أو أنها كانت صعبة غامضة، أو إذا ركزت على الحفظ والتذكر وأهملت جوانب أخرى مهمة كالقدرة على الربط بين الأفكار والتعبير الذاتي عنها واستخدام أساليب التفكير العلمي المنطقية الصحيحة ، فضلاً عن إتاحتها الفرصة أمام المتعلم لكي يبدع ويبتكر ويتصور ويتخيل ويقيس ويوظف خبراته.

وهكذا يجب أن تكون الامتحانات وإلا فإنها ستخرج عن معناها ومغزاها، وتتبدد من جرّائها الجهود التي تبذل فيها ، وتفشل في قياسها لما تحقق من نمو معرفي للمتعلمين، وفي إظهار الفوارق بين المجدين والكسالى، ولهذا فإن ما يفسد دور الامتحانات كأداة للقياس والحكم والتقويم والتوجيه هو الغش الذي يعني استخدام وسائل غير مشروعة للحصول على إجابات صحيحة دون وجه حق،

وبهذا فإن يصبح ضربًا من السرقة والادعاء والظلم والتزييف والتطفل العلمي، وهو عدوان صارخ على الأمانة والصدق والثقة وكل القيم النبيلة.

والغش -كظاهرة غير تربوية- ملازم لأي نظام تعليمي في العالم، غير أن حجمها يختلف من بلد لآخر، ومن نظام تعليمي لآخر، إلا أن آثارها ونتائجها على المتعلم وعلى النظام التعليمي والمجتمع تكاد تكون متشابهة في كل البلدان، فالتلميذ الغشاش هو ضحية كبيرة لما اقترفت يداه، حيث يعتريه شعور بالضعف العلمي، وفقدان الشعور بالأهلية والكفاءة والمستوى، فضلاً عن أن الغش سيكون سبيلا ممهدًا للانحراف والانجرار لارتكاب المزيد من أعمال الشطط والمخالفة في الحياة ، وتوافر الاستعداد الداخلي للمساومة على المبادئ والقيم والحقوق.

وقد تكون أخطار الغش وأضراره وقتية أو مستقبلية، فمن أخطاره الوقتية : ضياع وقت التلميذ في أمور أخرى بعيدة عن المذاكرة والدراسة لاعتماده على الغش، وميله إلى اللامبالاة والاستهتار مع الطلبة والمعلمين، واستخفافه بالمادة الدراسية ، وعدم احترامه للنظام المدرسي فضلا، عن سقوطه الدائم في دوامة الخوف والرهبة والاضطراب، والتعرض للاستهجان وعدم الثقة والاحترام من قبل زملائه والمعلمين، أما مخاطر الغش المستقبلية فتتمثل في اتخاذ الغش عادة توقع صاحبها أسيرًا للاتكالية في جميع المواقف التي تتطلب منه العناية والتأمل، حتى في الأمور التي يجيدها، وعليه فهو دائم التعثر في دراسته وفي حياته العملية، وتعرضه إلى الكثير من المواقف الصعبة والمحرجة التي تقلل من شأنه وتكشف حقيقته العلمية في لقاءاته ومناقشاته مع الآخرين.

أما أخطار الغش على المجتمع فتتمثل في الغشاشين أنفسهم، فإذا ما تهيأت لهم سبل تولي قيادة عمل ما فسيكون لقيادتهم آثارٌ سلبية على المجتمع؛ إذا أن (فاقد الشيء لا يعطيه) ، وكلما كثرت هذه الفئة وأُسندت إليها بعض المهمات فإن الفشل سيكون من نصيبها ؛ لأن النجاح يحتاج إلى أساس متين، قوامه الفهم والعلم والمعرفة والأمانة ، كما أن هذه الفئة ستكون مثالاً سيئا للأجيال المقبلة؛ لأن الغش في حقيقته هو غش للنفس قبل كل شيء، فكيف لا يغش في عمله، وهل يمكننا أن

نتوقع منه غير الغش والكذب مع من يتعامل معهم إذا كان غير أمين مع نفسه وذاته؟

ولو تابعنا شخصية الغشاش عن الكتب؛ لوجدنا مظاهر نفسية تتميز بها شخصيته هذه، فهو إضافة لكل ما تقدم يتمتع بالكذب، النفاق، الخداع، السرقة، الأنانية، التوتر، العدوان، اهتزاز الثقة بالنفس، عدم احترام الذات، الشعور بالعجز والدونية، الاتكالية، التحايل، عدم القدرة على تحمل المسئولية.

أسباب الغش:

أ) أسباب تتعلق بالتلميذ وأسرته:

1- قد يكون الغش استجابة لدواعي التغيير الداخلي الساخط بحيث يكون موقف التلميذ في حالة الغش مقرونا بالدوافع لتحقيق نتائج بوسائل يرى أنها مباحة ومشروعة في ضوء غياب الشمول والاكتمال لمقومات التربية الأساسية.

2- غياب النموذج الملتزم والمنضبط داخل الأسرة بسبب سلبية العطاء، وضعف المتابعة الحقيقية، وأساليب التنشئة الخاطئة المعتمدة على الانفعال والتهور والمحاسبة على كل كبيرة وصغيرة.

3- ضعف المستوى العلمي للتلميذ الغشاش لأسباب عديدة.

4- انتقال هذه الظاهرة بين التلاميذ عن طريق (العدوى)، حيث إن ممارسي الغش يحاولون جذب أنظار الغير من التلاميذ، مصورين أنفسهم على أنهم قادرين على الحصول على النتائج بوسائل سهلة وميسورة كما يصورنها للغير، وأن أعمالهم هذه فيها شيء من الشجاعة والمخاطرة والمباهاة؛ ذلك أنهم يستطيعون أن يقوموا بالغش ولا ينكشف أمرهم، فهي العدوى والغيرة التي تدفع بعض التلاميذ من ذوي المستوي التحصيلي المتدني لممارسة هذا الفعل غير المقبول.

5- ضعف التوجيه التربوي والديني والخلقي الذي يجب أن تضطلع به الأسرة، وفشل بعض الأسر في توجيه أبنائها لضرورة احترام القوانين والقيم والضوابط الاجتماعية.

6- الأساليب المحظورة التي يتبعها التلاميذ في استذكار دروسهم.

7- إهمال المادة الدراسية المطلوب دراستها وعدم متابعتها بشكل يومي لحين تراكمها عندما يحين موعد الامتحان ، مما لا يجد معه التلميذ بُدًّا من الغش لعدم قدرته على مراجعة واستذكار هذا الكم الكبير من المادة الدراسية في وقت ضيق يسبق الامتحان.

8- عدم متابعة بعض أولياء أمور التلاميذ لمسيرة أبنائهم الدراسية داخل المدرسة، لاسيما التلاميذ من ذوي التحصيل المنخفض.

9- ضغط الآباء المستمر على أبنائهم من أجل الحصول على درجات عالية في الامتحانات قد تدفع بعض التلاميذ لممارسة الغش كيما يحقق رغبة والديه.

ب) أسباب تتعلق بالمدرسة:

1- ضعف الضبط المدرسي وتساهل الإدارة والمعلمون في تحجيم هذه الظاهرة والحد منها.

2- ضعف المعلم في ضبطه للصف، وضعف شخصيته وهبوط مستواه التدريسيـ وعدم قدرته على إيصال المادة إلى أذهان التلاميذ بشكل سهل وميسور، مـما قـد يدفع بعض الطلبة لممارسة الغش للحصول على درجة النجاح.

3- كثافة المادة الدراسية المطلوبة في الامتحان وتعقيدها.

4- صعوبة أسئلة الامتحانات أو طولها، أو اعتمادها على أسلوب نمطي ممل.

5- كثافة عدد التلاميذ الممتحنين في القاعة الامتحانية الواحدة.

6- عدم مراعاة التوازن بين عدد الأسئلة والزمن المقرر لها.

7- وليس التساهل وضعف الضبط هو الذي يدفع نحو الغش وحسب؛ بل إن الصرامة والشدة والاستبداد قد يدفعوا أيضًا بعض التلاميذ إلى الغش وبوسائل ذكية مبتكرة، وغـايتهم في ذلك هي الانتقام من المعلم وصرامته، والشعور بالزهو والانتصار داخل الذات أو أمام الآخرين عندما يستطيع التلميذ تحقيق ذلك.

8- أساليب التقويم غير الموضوعية التي يستخدمها بعض المعلمين في تقييم جهود تلاميذهم، وإعطاء الامتحانات أهمية كبيرة على الرغم من وجود أساليب أخرى كثيرة يمكن استخدامها، كالأنشطة العملية والمناقشات والأساليب الحوارية والبحوث وغير ذلك.

9- تركيز الأسئلة الامتحانية على جانب التذكر فقط، وعدم اهتمامها بالقدرة على التحليل والربط والاستنتاج.

علاج الغش:

1- تعاون الإدارة المدرسية مع المعلم في الإشراف على الامتحانات، ومجابهة المخالفين بشكل حازم يوقف أي تجاوز على النظام المدرسي.

2- تطوير نظام التقويم التربوي؛ بحيث ترتكز الامتحانات على قواعد صلبة لا مجال للغش فيها، واستخدام الوسائل الحديثة في التقويم، كالامتحانات الموضوعية، والتقويم المستمر طوال العام، والامتحانات الشفهية وغيرها.

3- انفتاح المدرسة (إدارةً ومعلمين) على التلاميذ، وذلك من خلال التوعية المستمرة، ومناقشة شئونهم الدراسية والصعوبات التي يواجهونها.

4- تعاون البيت مع المدرسة في التصدي للظواهر غير التربوية، ومتابعة التلميذ داخل المدرسة من حيث السلوك والمواظبة وتأدية الواجبات والتوجيه والمتابعة والبحث عن الحلول المناسبة لأية مشكلة قد تحدث، حتى لا يتعرض التلميذ لأي هزة قد تفقده الثقة في المدرسة، فيلجأ إلى التحايل والغش للتعويض عما قد يعانيه من نقص أو عدم مجاراته لزملائه الأسوياء.

5- توحيد جهود المدرسة والبيت في تنمية الوازع العلمي والخلقي والديني لدى التلاميذ، وتبصيرهم بأن الغش ما هو إلا سرقة لحقوق الآخرين، وتمرد على النظام، وأن الذي يغش في الامتحان الآن سيكون غشاشًا في سواه عندما يتقلد وظيفة أو تناط به مسئولية معينة.

6- اهتمام المدرسة والمعلمين بتوجيه التلاميذ إلى كيفية المذاكرة واستخدام الوسائل والطرق الصحيحة التي تسهل عليهم مراجعة دروسهم واستذكارها.

5- التأخر الدراسي Scholastic Backward

تعد مشكلة التأخر الدراسي من أبرز المشكلات التربوية التي تشغل بال الكثير مـن المـربين والمعلمين والآباء، وتبرز خطورة هذه المشكلة إذا عرفنا أنه من بـين كـل مائـة تلميـذ يوجـد مـا يقرب من عشرين منهم متأخرين دراسيًا، وإذا أهمل علاج هذه المشكلة فإن النتيجـة ستكون ارتفاع أعداد المتأخرين دراسيًا، واستفحال المشكلة، وبالتالي صعوبة إيجاد الحل.

والتأخر الـدراسي « هـو حالـة تـأخر أو نقـص في التحصيـل Under Achievement لأسبـاب عقلية أو جسمية أو اجتماعية أو انفعالية، بحيث تنخفض نسبة التحصيل دون المستوى العادي المتوسط بأكثر من انحرافين معياريين سالبين »[1]، وللأغراض التربوية يعرف التأخر الدراسي إجرائيًا على أساس انخفاض الدرجات التـي يحصـل عليهـا التلميـذ في الاختبـارات الموضـوعية في المـواد الدراسية[2]، أما المتخلف دراسيًا فهو المتخلف تحصيليًا Under Achiever الـذي يكـون تحصيله الدراسي أقل من مستوى قدرته التحصيلية، أي: إن نسبة تحصيله تنخفض عن المتوسط ويكـون بطيء التعلم Slow learner.

والتأخر الدراسي مشكلة متعددة الأبعاد، فهو مشكلة نفسية وتربوية واجتماعية يهتم بهـا علماء الـنفس والمربـون والأخصـائيون الاجتماعيـون والآبـاء؛ لأن تـأخر بعـض التلاميـذ دراسيًا، وعجزهم عن مسايرة أقرانهم تحصيليًا قد يثير لديهم العديد من الاضطرابات النفسية ومظاهر السلوك غير السوي، وفضلا عن ذلك فإن التأخر الدراسي ينعكس أثره اجتماعيًا في صـورة أمـوال تهدر بدون عائد يذكر، وكما يقول فروست وهوكس Frost and Hawkes فإن المتأخرين دراسيًا يمثلون فاقدًا في

_____

(1) هدى عبد الحميد برادة، وحامد عبد السلام زهران (1974): التأخر الدراسي، دراسة كلينيكية لأسبابه في البيئة المصرية ، القاهرة، عالم الكتب.
(2) محمد رياض عبد الخالق عزيزة (1975) : دراسة مقارنة بين التلاميذ المتخلفين في التحصيل الدراسي وعلاقة ذلك بميولهم المهنية ، رسالة ماجستير، كلية التربية، جامعة عين شمس.

الطاقة البشرية ، مما يعطل نسبة كبيرة من الطاقات اللازمة لتطوير المجتمع[1] .

وإذا كان التأخر الدراسي مشكلة بصفة عامة؛ فهو مشكلة أساسية في المرحلة الابتدائية بصفة خاصة؛ وذلك لأنها المرحلة الأولى الإلزامية من مراحل التعليم التي تستوعب معظم الأطفال، فضلاً عن أن هذه المرحلة تمثل إحدى مراحل النمو النفسي المهمة.

ولقد لقيت هذه المشكلة اهتمامًا عالميًا كبيرا في الأوساط العلمية والتربوية، وبدأ الاهتمام الجاد بها منذ مطلع القرن الحالي، وبالتحديد سنة 1904 ، حين طلبت السلطات التربوية الفرنسية من العالم الفرد بينيه Binet دراسة مشكلة التأخر الدراسي، ومنذ ذلك الوقت توالت البحوث وتزايد الاهتمام العالمي في الأوساط العلمية لدراسة هذه الظاهرة.

السمات الشخصية للمتخلف دراسيًا:

هناك بعض السمات النفسية والجسمية الشائعة التي يمكن أن نلحظها لدى غالبية المتخلفين دراسيًا ، غير أن هناك سمة عامة مشتركة بينهم؛ ألا وهي ضعف قدراتهم العقلية المتعلقة بالذكاء، وقد قدم لنا كيمنت Clement[2] 99 سمة نفسية وجسمية للمتأخرين دراسيًا، أن تارفر وهالاهان Tarver and Hallahan[3] اختصرا هذه السمات إلى إحدى عشرة سمة أكثر وضوحًا وشيوعًا بين المتأخرين دراسيًا هي :

1- الحركات البدنية المفرطة .

2- ضعف الإدراك الحسي - حركي .

3- حركة اليدين أو الرجلين المتطرفة .

---

(1) Frost J.L. and Hawkes, g.p. (1970) the Disadvantage child (2nd ed) Boston:Houghton. Mifflin.

(2) Clement S . D : (1966) Minimal Brain Dysfunction in children . washington D.C. U.S Depts of Health, Educiton and welfare.

(3) Tarver. s, and Hallahan , D.P (1976) :children with learning disabilities.columbos, ohio , charles e. Merrill.

4- اختلال التوازن أو التناسق الحركي ـ البصري.

5- عدم الانتباه والتركيز.

6- التهوُّر.

7- ضعف الذاكرة والتفكير.

8- مشاكل تعليمية واضحة في القراءة أو الكتابة أو الرياضيات .

9- صعوبات في الكلام.

10- مشاكل في اللغة .

11- صعوبات في السيطرة التامة على حركات الجهاز العصبي.

تشخيص المتأخرين دراسيًّا:

من المهم أن نشير إلى أنه ليس كل تأخرٍ دراسيٍّ أو سوء تكيف يرجع إلى قدرة عقلية محدودة، أو إلى وجود تلميذٍ ما يتعثر في دراسته ولا يستطيع أن يقرأ كما يقرأ الأطفال الآخرون، أو يهرب من المدرسة ، أو يحدث شغبًا، فهذه أدلة ليست قاطعة، ولا تقدم تشخيصًا دقيقًا، ولذلك فإن الأسلوب الصحيح والأفضل هو أن نفترض في البداية أن سبب التأخر يرجع إلى عامل - أو بعض العوامل - في البرنامج التعليمي المتبع بحيث يمكن التحكم فيه أو تعديله، كما يمكن إجراء اختبارات الذكاء أو عمل سجل تتبعي لكل تلميذ؛ يدون فيه مدى تقدمه الدراسي، ويحتوي هذا السجل على معلومات شخصية تتعلق بالصحة العامة للتلميذ وصحة حواسه كالسمع والبصر، والعوامل البيئية التي تؤثر على تقدمه الدراسي مثل علاقته بالآخرين، والمدارس التي تنقَّل بينها، غياباته، علاقاته الأسرية مدى ثقته بنفسه ، مستوى التغذية، توتر الانفعالي .. إلخ.

ورغم الفائدة الجمة التي يقدمها هذا السجل في علاج التأخر الدراسي للتلميذ، غير أن الاختبارات تعد الطريقة الفضلى في علاج هذه المشكلة وهي :

1) **اختبارات الذكاء الجماعية** : ويجب اختبار هذه الاختبارات قبل تطبيقها ،

بحيث نطمئن إلى أنها تحتوي على عناصر مشابهة تمامًا للتمارين المدرسية العادية التي يألفها التلميذ، وتكون تعليماتها سهلة ومفهومة ، أما الاختبارات التي تستخدم كلمات ومسائل ومشكلات غير طبيعية وغير منطقية فهي تسبب انفعالًا وارتباطًا للتلميذ المتأخر دراسيًا، ولهذا فمن المستحسن استخدام الاختبارات التي تحتوي على رسومات وصور، خاصة مع التلاميذ الصغار الذين لم يكونوا قد تعلموا القراءة بشكل كافٍ لأداء الاختبارات اللفظية ، كما يفضل أن يعطى اختبارين مختلفين لكل تلميذ قبل إعطاء أي قرار أو تقدير لمقدرة التلميذ، فإذا كانت تقديراته في الاختبارين ثابتة ومتقاربة بدرجة معقولة - ويفضل ألّا تتجاوز خمس درجات - فإن المتوسط يمكن أن يكون هو نسبة ذكاء التلميذ ، أما إذا تفاوتت درجات الاختبارين بأكثر من ذلك فإنه يتوجب مراجعة النتائج على أية تقديرات تتوافر لنا في اختبارات استيعاب القراءة أو الرياضيات، وأن نفترض أن التقدير الصحيح هو الذي يحصل عليه من اختبارات التحصيل هذه، ونفترض أن الدرجة الأعلى هي الصحيحة .

2) **اختبارات الذكاء الفردية:** وهذا النوع من اختبارات يحتاج إلى مشرفين مدربين تدريبًا جيدًا، ويقتصر إجراؤه على التلاميذ الذين نشك في نتائجهم التي حصلوا عليها من الاختبارات الجمعية، وهذه الاختبارات تحتاج إلى وقت طويل لإجرائها، كما أنها ليست متاحة دائمًا لعدم توفر من يشرف عليها، ويقوم بها، فضلاً عن أنها مكلفة ماديًا، غير أن نتائجها تكون أفضل من اختبارات الذكاء الجمعية ويمكن التعويل عليها.

أسباب التأخر الدراسي:

أولاً: الأسباب الذاتية المتعلقة بالطفل: وتتضمن:

1- الأسباب العقلية: حيث يعد ضعف الذكاء من أكثر العوامل ارتباطًا بالتأخر الدراسي، فحينما يكون ذكاء الطفل دون المتوسط بكثير فإن هذا العامل يكون في الغالب كافيًا لتعطيله عن التحصيل لمستوى معقول في العمل المدرسي،

وهذا الضعف في الذكاء العام قد يرجع إلى ما ورثه الطفل مـن قـدرة عقليـة ضعيفة أو محدودة، وبسبب من هذا الضعف أو القصور في الذكاء والقدرات العقلية فإن الطفـل يصـاب بتشتت الانتباه وعدم القدرة على التركيز ، وضعف الذاكرة، وهروب الأفكار، واضطراب الفهـم، وضعف التحصيل ، وقلة الاهتمام بالدراسة ، وبالتالي تأخره دراسيًا وتخلفه عن أقرانه.

2- الأسباب الجسمية : المقصود بها اختلال وظائف النمو الفسيولوجية التي تنظم عمليـة النمو عند الطفل، وتحدد سلوكه الجسمي، حيث إن لهـا تأثيرًا فعالًا علـى الوظـائف الذهنيـة، فحدوث خلل في أحد أعضاء الجسم أو حواسه سينعكس علـى تفكيـر الطفل وسلوكه فيتأخر دراسيًا، وقد يكون من الأسباب الجسمية التي تسهم في خلق هـذه المشكلة أيضًا هو ضعف الصحة العامة، أو الإصابة ببعض الأمراض المزمنة، أو الاضطرابات في إفرازات الغدد الصماء، أو ضعف البصر وطوله أو قصره، أو الإصابة بعمى الألوان، أو ضعف السمع، أو اضطرابات جهـاز الكلام أو اعتلاله، وما يترتب عليه من شعور بالنقص، أو إجبار الطفل الأعسر علـى استخدام يـده اليمنى بدلًا من يده اليسرى بالقوة .

3- الأسباب الانفعاليـة: وتتضمن هـذه الأسباب شعور الطفل بـالنقص وضعف الثقـة بالنفس، وسوء التوافق العام، والإحباط، وعدم الاتزان الانفعالي، والقلق، والخجل، والخـوف مـن مواجهة المواقف التعليمية المختلفة .

ثانيًا: الأسباب المدرسية:

وهذه الأسباب تتعلق بكل ما يتصل بالمدرسة من قوى بشرـية تتمثل في إدارة المدرسـة، وهيئات التدريس ، والمناهج ، والكتب ، والعاملين والتلاميذ، وعدم مراعاة الفروق الفرديـة بـين التلاميذ من قبل بعض المعلمين، إمـا بسبب ضعف تـأهيلهم التربـوي، أو بسبب سـوء توزيـع التلاميذ على الصفوف دون مراعاة للتجانس والتناسق في التوزيع ، كما أن للمواد الدراسـية دورًا مهمًّا في تأخر التلاميذ دراسيًا عندما تكون بعيدة عن الواقع وغير متناسبة مـع أعـمار التلاميـذ ومستويات

إدراكهم، يضاف إلى ذلك طرائق التدريس العقيمة التي تبعث على الملل والنفور؛ ويأخذ النظام المدرسي الصارم حصته في إبراز هذه المشكلة؛ بحيث يبعث على عدم مواظبة التلاميذ على الحضور وهروبهم من المدرسة ومن أجوائها الصارمة، ولا ننس هنا أيضا الأساليب الامتحانية التي يتبعها بعض المعلمين والإدارات المدرسية وما يرافقها من أساليب إرهابية مخيفة تدفع التلميذ إلى الهروب والتخلص من أسارها؛ وأخيرًا لابد من القول أيضا بأن ازدحام الجدول الدراسي بالمواد النظرية وخلوّه من ساعات النشاط الحر - سواءً كان رياضيًا أم فنيًا، أو أي نشاط ترفيهيٍّ آخر - قد يدفع التلاميذ إلى الهروب من المدرسة ومن موادها الدراسية بحثًا عن نشاطات أكثر إمتاعًا وبهجة لهم، يصنعونها ويمارسونها بأنفسهم دونما حفظ أو إكراه أو نظام.

ثالثا: الأسباب الأسرية:

وتشتمل هذه الأسباب على العلاقات الأسرية السائدة في منزل التلميذ ، فإذا كانت هذه العلاقات مضطربة بسبب الخلافات والمشاحنات بين الأم والأب، أو أن الأبوين يفرقان بين أطفالهما في المعاملة؛ فإن ذلك سيكون مدعاة لخلق جوٍّ من القلق والاضطراب الذي يؤثر بالتأكيد على حياة التلميذ المدرسية، ويؤدي به إلى التأخر الدراسي ، كما أن الطفل الذي ينشأ في أسرة جاهلة لا تهتم بمسيرته الدراسية ، ولا تهيئ له الأجواء الملائمة للاستذكار وأداء الواجبات المدرسية كما ينبغي، سوف تُسهم – دون قصدٍ – في خلق هذه المشكلة التربوية لدى الطفل ، كما يمكن أن يضاف إلى هذه الأسباب أسبابٌ أخرى مثل: الأساليب التربوية الخاطئة التي يتبعها بعض الآباء في تربية أبنائهم ، واللامبالاة ، وعدم الاهتمام بالتحصيل، وارتفاع مستوى الطموح لدى الوالدين بشكل لا يتناسب مع قدرات التلميذ وإمكانياته ، والظروف الاقتصادية الصعبة للأسرة، وعدم تنظيم مواعيد المذاكرة والنوم، وعدم متابعة الأسرة لطفلها في المدرسة، ومتابعة مسيرته الدراسية بشكل مباشر، والظروف السكنية السيئة، وحجم الأسرة.

علاج التأخر الدراسي:

مثلما كانت أسباب التأخر الدراسي كثيرة ومتشعبة ، فإن وسائل العلاج هي الأخرى تكون كثيرة ، وتتضافر فيها جهود أطراف عديدة للحد من هذه المشكلة التربوية ، ويمكن أن نصنف هذا العلاج وفق الأسس الآتية:

أ) العلاج التربوي : يتضح من التسمية أن هذا العلاج يفترض أن تقوم به المدرسة أو المؤسسات التربوية الأخرى التي تنتمي إليها أو تتصل بها كالإرشاد التربوي والمهني والتعليم العلاجي، وفي هذا الصدد يقدم لنا يسلدايك وسالفيا[1] Yesseldyke and Salvia طريقتين رئيسيتين لعلاج التأخر الدراسي هما :

1- تدريب القابلية : وهذه الطريقة تعتمد على ملاحظة أداء المتأخرين دراسيًا للفعاليات التعليمية اليومية التي يقوم بها، ومن ثم تشخص نقاط الضعف والعجز، وتوضع التعليمات الخاصة بتوجيه الفعاليات عند المتأخرين دراسيًا لعلاج تأخره وتحسين أداءه وإنجازه بصورة أفضل.

2- تدريب المهارة : وتشتمل على تعريف السلوك المطلوب تعليمه بصورة واضحة ثم تحليل المهارة الواحدة وتبسيطها إلى أجزاء صغيرة ، ويطلب من المتأخر دراسيًا أن يتعلم جزءًا واحدًا في وقت واحدٍ، وتكون طريقة التعليم هذه مباشرة وفردية مع التكرار لمرات عديدة ، تليها مرحلة القياس والتقويم من قبل المعلم للمحافظة على تحسن أداء المتأخر دراسيًا وتقييم التعليمات.

وباعتقادنا أن هاتين الطريقتين ليس من السهل تطبيقهما في مدارسنا، لعدم وجود العدد الكافي من الاختصاصيين في هذا المجال، ولعدم وجود برامج يمكن أن يهتدي بها من يريد القيام بهذه المهمة ، وعليه فبالإمكان تقديم وسائل أخرى أيسر منها يستطيع المعلم القيام بها لعلاج تلاميذه المتأخرين دراسيًا منها :

1- الاهتمام بالفروق الفردية بين التلاميذ ، وهذا الموضوع تتبناه الإدارة المدرسية قبل المعلم، وذلك من خلال التوزيع المتجانس للتلاميذ في الصفوف،

(1) yesseldyke, J.E and salvia J (1974): Diagnostic Prescriptive teaching: two models Exceptional children p.181 -186.

بحيث تراعي قدر الإمكان عوامل الذكاء والعمر ومستوى التحصيل، ثم يأتي بعد ذلك دور المعلم الذي يراعي هو الآخر مبدأ الفروق الفردية من خلال اهتمامه بتلاميذه بشكل يوفر لهم أقصى درجات النمو العقلي والتحصيلي بشكل متكافئ.

2- فتح صفوف خاصة للمتأخرين دراسيًا، كما يفضل أن تفتح مدارس خاصة بهم أيضًا، حيث إن ذلك قد يكون وسيلة فعالة لعلاج هؤلاء التلاميذ، كما أنه يسهل عمل المعلمين، حيث إن هذه الصفوف سيكون لها برامج وخطط وطرق تدريسية خاصة تتناسب مع مستويات ذكائهم وقدراتهم التحصيلية، فضلاً عن أن التعليم الجمعي لتلاميذ في مستوى واحد ومتجانس أدعى إلى النجاح من صفوف لا تراعي هذه المسألة.

وتواصلاً مع هذه النقطة فإن الأمر يدعو إلى التفكير بتهيئة معلمين قادرين على قيادة وتعليم مثل هؤلاء التلاميذ يتم إعدادهم في معاهد خاصة ؛ وكعلاج سريع يمكن فتح دورات تدريبية للمعلمين الموجودين في الخدمة حاليًا ويرغبون العمل بمثل هذه الصفوف والمدارس، مع توفير المحفزات المادية والمعنوية التي تدفعهم لذلك.

3- يجب أن تهتم المدرسة بالامتحانات، وتعيد النظر باستمرار في الأساليب والإجراءات الامتحانية المعتمدة فيها بقصد خلق جو من الأمن والطمأنينة من رهبة الامتحانات التي يعاني منها التلاميذ.

4- كما يتطلب من الإدارة المدرسية أيضا أن تتابع الطرائق التدريسية التي يستخدمها المعلمون داخل المدرسة، ومدى تناسبها مع قدرات التلاميذ في السن والمرحلة، وهذا يتطلب أيضًا أن تكون العلاقة السائدة بين الإدارة والتلاميذ، علاقة ديمقراطية ؛ تسمح لهم أن يدلوا بآرائهم ومقترحاتهم وشكاواهم من المواد التي يعانون منها.

5- تحقيق أقصى وسائل الاتصال بين المدرسة ومنزل التلميذ، وبما يوفر صيغًا تربوية يتم من خلالها تدارس مشكلات التلاميذ التربوية وأسباب تأخرهم الدراسي.

6 توفير الأجواء التربوية والاجتماعية المناسبة للتلاميذ داخل المدرسة، كي يشبعوا حاجاتهم ورغباتهم بما يتفق وميولهم وهواياتهم، وتشيع الألفة بينهم وبين مدرستهم التي توفر لهم ما يطمحون إليه.

7- وقد تكون بعض الأسباب التربوية للتأخر الدراسي متداخلة مع بعضها مثل قسوة بعض المعلمين أو النظام المدرسي الصارم، أو خوف التلميذ من أقران له يعتدون عليه ولا توفر المدرسة الحماية له منهم، أوكره التلميذ لمعلم معين بسبب صعوبة مادته وعقم طريقته، وعدم مراعاته لمستويات تلاميذه ..إلخ، وهذا يستدعي أن تدرس هذه الأسباب، ومن ثم وضع الحلول المناسبة لكل حالة.

ب) العلاج النفسي: ولعل أبسط أنواع هذا العلاج هو ما يمكن أن يقوم به المرشد التربوي والنفسي في المدرسة، حيث يقيم بينه وبين التلميذ المتأخر دراسيًا علاقة علاجية، تأتي ثمارها فيما بعد، لاسيما إذا استطاع أن يتصل بأسرة هذا التلميذ ويرشدها إلى كيفية مساعدته على محو أعراض تأخره وتنمية قدراته ومهاراته وتشجيعه وتعليمه على كيفية تعديل سلوكه ذاتيًا.

وهناك وسيلة أخرى يمكن الاستفادة منها في علاج التأخر الدراسي، وذلك بافتتاح مراكز لعلاج التلاميذ الضعاف في الهجاء أو القراءة والحساب، وغيرها من المواد الدراسية، حيث يرسل التلميذ إلى المركز كل يوم لمدة ساعة، ثم يقوم أخصائي بدراسة حالته وعلاجها بعد تدريب فردي لمدة وجيزة، كما أن هناك أسلوبًا متقدمًا آخر هو العيادات التربوية والنفسية التي يجب أن يشرف عليها متخصصون في هذا الجانب، فإذا كان التأخر الدراسي بسبب انحرافات وجدانية أو عوامل نفسية أو مشكلات تتعلق بالسلوك أمكن الالتجاء إلى مثل هذه العيادات.

ج) العلاج الطبي : هناك قول يتضمن هذا الجانب، مؤداه : " ليس هناك أطفال كُسالى، وإنما هناك أطفال مرضى ".

فالمرض يولد الكسل والتراخي والإهمال، بينما ينتج عن الصحة التكيف السليم نحو الذات، ونحو المدرسة ، والمقصود بالعلاج الطبي هنا أن يشتمل على

الرعاية الصحية الكاملة للتلميذ، بدءًا بالصحة الجسمية العامة واللياقة البدنية والعقلية، ومرورًا بصحة وسلامة حواسه، ولاسيما حاستي البصر والسمع، وأمراض جهاز الكلام العضوية، وهذه بالتأكيد تتجاوز مهمات الأسرة والمدرسة، وتستوجب عرض التلميذ على المختصين من الأطباء.

د) العلاج الاجتماعي : يعد العلاج الاجتماعي ضروريًّا للتأخر الدراسي ، وقد أدخل كثر من رجال التربية بمدارسهم بعض النظم للخدمة الاجتماعية؛ لأنهم يرون أن من واجبات المدرسة أن تبذل كل جهد للتأثير على الوالدين أو غيرهما ليوفروا للتلميذ المتأخر أسباب الحياة المطلوبة ، كما أن من أُولى مهمات العلاج الاجتماعي هي تدعيم الصلة بين منزل التلميذ المتأخر دراسيًّا وبين دراسته بمختلف الوسائل المتاحة ، ومحاولته تحسين مستوى التوافق الأسري والاجتماعي له.

* * *

6- الهروب من المدرسة Truancy

ظاهرة الهروب من المدرسة ظاهرة مألوفة لدى بعض التلاميذ في المدرسة الابتدائية ، وقد يكون الهروب من المدرسة كليًا بشكل عزوف تام عنها، أو أنه هروب من بعض حصصها ودروسها باستخدام أساليب وحيل مختلفة يبتكرها الطفل الهارب ليوحي للآخريين بأنه ينتظم بشكل أصولي بالمدرسة، وقد تأخذ صيغة التمرد والعصيان التام حينما يعلن الطفل كرهه للمدرسة، وعدم رغبته بالذهاب إليها، والتصريح علانية بأنه سيهرب منها إذا ما مورس أي ضغط عليه للانتظام فيها.

وحالة الهروب من المدرسة قد تشمل طفلاً واحدًا يكره المدرسة ، ولا يريد أن يلزم نفسه بقوانينها وأنظمتها، أو ربما تأخذ صيغة جماعية؛ حيث يتفق مجموعة من الأطفال على عدم الذهاب إلى المدرسة، ويقوم بعملية الاستقطاب للمجموعة أكبرهم سنًّا وأقدمهم في المدرسة، حيث يطرح عليهم فكرة تتعلق بمشاهدة مباراة لكرة القدم، أو التجول في الشوارع والأسواق، أو الذهاب إلى السينما مثلاً، أو إقناعهم بأي فكرة يستطيع من خلالها جمعهم على شكل زمرة متمردة يتزعمها ويقودها بعيدًا عن المدرسة .

وفي الغالب فإن الأطفال الهاربين لا تقل أعمارهم عن عشر سنوات؛ لأن الأطفال في أعمار دون هذه السن يخشون الاندفاع في مثل هذه المغامرة بسبب نقص الخبرة وعدم القدرة على التدبر في المواقف الصعبة ، وعلى العموم فإن الطفل الهارب من المدرسة هو طفل يتميز في الغالب بتدني المستوى العلمي، وضعف التحصيل الدراسي قياسًا بأقرانه الآخرين، وربما يعاني من اضطراب سلوكي وانفعالي ، لهذا يصبح مثل هذا الطفل عرضة للأخطار والمزالق والإغراءات التي قد تدفعه للجنوح والانحراف السلوكي واضطرابات الانفعالية المختلفة ، وباختصار يمكننا أن نجمل الأضرار المترتبة على هروب الطفل من المدرسة فيما يأتي :

1- إن الهروب من المدرسة وعدم إتمامها يعني عدم التحاق الطفل بمراحل

التعليم التالية، وبالتالي انضمامه إلى صفوف العاطلين أو المتشردين والمنحرفين، أو على أقل تقدير انضمامه إلى صفوف الأميين.

2- إن الهروب من المدرسة وعدم الاستمرار ومواصلة التعليم فيها يعد في العرف التربوي إهدارًا وفاقدًا تعليميًا لا يمكن تعويضه.

3- إن هروب الطفل من المدرسة - ولأي سبب كان- يعني هيامه على وجهه دونما هدف معين، وهذا يعني أنه سيكون عرضة لأخطار كثيرة وانحرافات خطيرة، ستكون دافعًا كبيرًا له لممارسة الكذب والسرقة والتدخين والتخريب والتدمير والقسوة والاعتداء على الآخرين، وربما الانخراط في عصابات شاذة خلقيًا وسلوكيًا تقوده إلى غايات سيئة وأهداف مهلكة.

أسباب الهروب من المدرسة:

هناك أسباب عديدة تدفع الطفل للهروب من المدرسة، منها ما هو متعلق بالطفل نفسه، ومنها ما له علاقة بأسرته، ومنها ما يتعلق بالمدرسة والنظام التعليمي فيها، وسوف نقدم كل واحدة منها فيما يأتي :

أولاً: الأسباب المتعلقة بالطفل (الأسباب الشخصية) :

1- إحساس الطفل بأن التعليم لا يلبي حاجاته الشخصية، ولا ينمي فيه المهارات والميول والهوايات التي يحبها.

2- عدم توافر النضج الكافي للتعلم لدى بعض الأطفال عند دخولهم المدرسة الابتدائية ، والمقصود هنا هو المستوى المطلوب من النضج الاجتماعي والنفسي والعقلي والجسمي.

3- تأثير رفاق السوء على الطفل، سواء كان هذا التأثير عن طريق التشجيع على ترك المدرسة، أو بالامتناع أو بالتهديد أو أية إغراءات أخرى.

4- وقد يهرب بعض الأطفال من المدرسة بدافع السعي للمغامرة وحب الاستطلاع والبحث عن الخبرات الجديدة خارج بيئة الأسرة أو المدرسة .

ثانيًا: الأسباب الأسرية:

1- عدم إيمان الوالدين بقيمة التعليم ومتابعة أطفالهم في المدرسة متابعة جادة ومتواصلة، حيث إن المدرسة وحدها لا يمكن أن تؤدي رسالتها بالشكل المطلوب إذا لم تكن الأسرة متعاونة معها في متابعة المسيرة الدراسية للطفل.

2- وقوع بعض الأسر في خطأ عقد المقارنات بين الطفل أو إخواته وأقرانه من المتفوقين؛ مما يشعره بالعجز والفشل وفقدان الثقة بالنفس، وبالتالي كره المدرسة التي أصبحت - كما يتصور - السبب في كل معاناته هذه .

3- استخدام الشدة والعقاب، وإرغام الطفل على التحصيل ومحاسبته عندما لا يحقق النتائج التي يأملها الوالدان منه، كل ذلك يجعله يكره المدرسة وينفر منها، ويصبح اتجاهه سلبيًا نحوها، فيتركها ويهرب منها.

4- الأجواء العائلية المشحونة بالمشكلات والخلافات الدائمة قد تدفع الطفل إلى الهرب من المدرسة كنوع من الاحتجاج أو التمرد والعصيان على كل ما من شأنه أن ينغص عليه حياته ويجعله في قلق وخوف دائمين.

ثالثًا: الأسباب المدرسية:

1- شعور الطفل بعدم الحب والتقدير من زملائه ومعلميه ومدرسته.

2- طريقة معاملة الطفل في المدرسة من قبل معلميه؛ وإحساسه بفقدان الأمن والظلم والاضطهاد وعدم العدالة.

3- صعوبة تقبل الطفل للمدرسة ولمناهجها وطرق تدريسها، وإحساسه بعدم تناسبها مع قدراته واهتماماته وحاجاته.

4- عدم مراعاة المدرسة للفروق بين الأطفال لاسيما في الجوانب اللغوية والتعبيرية والانفعالية والعقلية.

5- عدم قدرة المدرسة والمعلم بشكل خاص على جذب اهتمام الطفل وتشويقه لعملية التعليم.

6- عدم تلاؤم وارتباط المناهج وأساليب التدريس مع حاجات الطفل بشكل يراعي قدراته الخاصة ويبني شخصيته.

7- الفشل الدراسي والرسوب المتكرر يجعلان الطفل غير راضٍ عن نفسه فاقدًا للثقة بها، مع شعوره بالنقص وعدم الكفاية.

8- كثرة الواجبات المدرسية المطلوبة من الطفل، والمكلف بإنجازها بعد عودته من المدرسة إلى البيت والتي قد تكون سببا في حرمانه من اللعب مع أقرانه، أو في ممارسة هواياته بعد الدوام المدرسي، وتزداد وطأة هذه الواجبات عندما تقترن بالعقوبة من قبل المعلم أو النظام المدرسي.

علاج الهروب من المدرسة:

مثلما كانت مسببات الهرب من المدرسة ، شخصية وأسرية ومدرسية، فإن المفروض أن يشتمل العلاج الذي نوصي به على هذه الأطراف الثلاثة أيضًا؛ وحيث إن الموضوع الذي نحن بصدده يتناول الطفل الذي يهرب من المدرسة ، ولذلك فلا جدوى من أن نقدم وسائل علاجية موجهة للطفل، يقوم هو بدور فيها، وستقتصر توصياتنا العلاجية على الأسرة والمدرسة:

أولاً: الأسرة :

1- يجب أن تتأكد الأسرة من توافر النضج الكافي لطفلها ، فعدم النضج سيفقد الطفل القدرة على التعلم، وهذا يعني احتمال حدوث تخلف أو تأخر دراسي، ومن ثم كراهية للمدرسة يتبعها هروب منها؛ ويمكن أن نضيف إلى هذا أيضا ضرورة أن تتأكد الأسرة من سلامة الطفل صحيًا وعقليًا ، مع توفر الشروط اللازمة لتكيفه النفسي والاجتماعي قبل إدخاله المدرسة.

2- الحذر من مقارنة الطفل بطفل آخر في أسرته أو من أقرانه أفضل منه دراسيًا؛ كيلا يشعر بالدونية والإحباط والفشل والعجز عن مواصلة الدراسة.

3- حث الطفل وتشجيعه على أن يختار له من بين زملاءه في المدرسة أصدقاء يمكن أن يدعوهم إلى المنزل بعد عودته من المدرسة، وفي بعض المناسبات السعيدة الخاصة به، فالطفل يتعلق بالمدرسة التي تهيئ له مثل هذه الصداقات.

4- توفير الأجواء الأسرية الهادئة التي يشعر معها الطفل بالأمان والاستقرار النفسي- والدفء العائلي؛ ليتجه إلى دراسته ويهتم بعمله المدرسي برغبة واندفاع.

ثانيًا: المدرسة:

1- يجب أن تهيئ المدرسة إمكانياتها ومناهجها وطرائقها التدريسية بما يشجع الأطفال على الاستمرار في الدراسة والتشوق لها.

2- معاملة المعلمين الحسنة للأطفال دونما تحيز أو مزاجية، وبما يساعدهم على تقبُّل الوسط المدرسي، ويكسبهم خبرات معرفية ومهارية متنوعة .

3- اهتمام إدارات المدارس بتهيئة الأجواء الصحية، وتوفير الجو الملائم لمعالجة مشكلات الطفل النفسية والدراسية بالأساليب الديمقراطية في التعامل، والتحرر من الأساليب التقليدية في الإدارة والإشراف.

4- يجب أن تنفتح المدرسة على أُسر التلاميذ، وتشجعهم للتعاون معها باعتبارها امتداداً لجهودهم في المنزل، وهذا يتطلب أيضًا الاهتمام بمجالس الآباء والمعلمين، والحرص على عقد ها بشكل منتظم ومدروس.

5- الاهتمام بالأنشطة الصيفية واللجان المختلفة التي تستقطب التلاميذ في نشاطاتها وصبِّ جهودهم واهتماماتهم فيها.

6- الاهتمام بسجلات الحضور والغياب ؛ لأنها تعطي الصورة الواضحة عن مسيرة الطفل في المدرسة وانتظامه فيها، كما أنها تقدم للمعلم تصوُّرا واضحًا يساعده في العلاج قبل استفحال الأمر.

7- من الضروري جدًّا أن يكون المعلم مراعيًا ومدركًا للفروق الفردية لتلاميذه، وأن يكون قادرًا على تهيئة الفرص المتكافئة لكل طفل للنمو ولكسب الخبرات بما يتناسب وقدراته واستعداداته وميوله.

8- تخفيف الواجبات المنزلية قدر الإمكان ، وجعلها واجبات من أجل التمرين والتدريب، لا من أجل النجاح والرسوب، وألا ترتبط بالدرجات والعقاب.

7- الجُنوح Delinquency

الجنوح ظاهرة اجتماعية موجودة في كل المجتمعات، وتشتمل على المخالفات والتجاوزات التي يرتكبها الصغار والأحداث ضد القوانين والأعراف والنظم الاجتماعية السائدة عمدًا أو سهوًا، ولعل من أبرز هذه الممارسات الضارة التي يرتكبها هؤلاء الجانحون هي السرقة والرغبة في إيذاء الآخرين، والهروب أو التغيب عن المدرسة ، ومخالفة القوانين، والفرار من المنزل، وهذه الممارسات قد يكون مردّها الحيوية المتدفقة لهؤلاء الأحداث، وقلة الخبرة، وروح اللهو والعبث والانقياد التلقائي للمنافع واللذات، وعدم تقدير نتائج أفعالهم تقديرًا حسنًا وسليمًا، لهذا نجد أن بعض الجانحين حينما يتورطون بفعل من هذا النوع فإنهم قد لا يعودون إلى فعله ثانية ، فقد أشارت معظم الدراسات التي تناولت الجنوح إلى أن نصف الجانحين لأول مرة لا يعودون إلى هذه الأفعال ثانية، وهذا مؤشر جيد على إمكانية الإصلاح وإعادة الحدث إلى جادة الصواب.

وهناك عوامل أخرى كثيرة تتضافر فيما بينها وتدفع الحدث للجنوح، فقد اتفقت أغلب الدراسات على أن أغلب الجانحين هم من الطبقات الفقيرة والأحياء المزدحمة، وهم خريجوا بيوت مفككة Broken Homes وعوائل بائسة، تتنازعها المشاكل والتوترات ، والتخلف الاجتماعي، وهذا الكلام لا يبرئ بعضا من أبناء العوائل المُرَفَّهة والغنية ممن ينزلقون في مهاوي الجنوح، إلا أن نسبة هؤلاء أقل من غيرهم؛ لأنهم كما يبدو يمتلكون وسائل وأساليب عديدة يستطيعون من خلالها إبعاد نظرات الشك عنهم ، ولديهم القدرة على تمويه مخالفاتهم؛ أما الجانحون القادمون من عوائل مهدمة فتدفعهم لارتكاب الخطأ والجنوح عوامل كثيرة ، فقد يقومون بذلك كرد فعلٍ لا شعوري لما تعرضوا له في طفولتهم المبكرة من ضغط سلبهم حريتهم وطفولتهم وبراءتهم، فالحدث عندما يجد أنه قد أصبح بمقدوره أن يحتج ويقاوم فإنه يفعل ذلك، فهي عملية إثبات للذات المقهورة من خلال نشدانه للاستقلال الذاتي ، وذلك بتحقيق حاجاته وإرضائها بنفسه، فهو سريع الاندفاع،

سهل الاحتواء والإغراء والتقبل لعوامل الإيحاء؛ وقد يكون لانخفاض المستوى التعليمي والتربوي للجانح دور في اندفاعه وتهوره، فقد أظهرت إحدى الدراسات[1] أن 85% من الجانحين كانوا متخلفين في دراستهم، ورغم ذلك فإن بعضهم يمتلك القدرة على القيادة والزعامة، ولديه القدرة على عقد الصداقات بسهولة ويسر، كما أنهم يبدون سعادة في المشاركة بالفعاليات الاجتماعية، ولديهم القدرة على الانسجام مع الآخرين، فضلاً عن أنهم ميّالون للتغيير والاستثارة ويملّون الحياة الرتيبة اليومية، ويكرهون قواعد الضبط.

وعلى العموم فإن مشكلة الجنوح هي مشكلة عالمية، لا يخلو منها أي مجتمع من المجتمعات الإنسانية، لا بل إنها في ازدياد رغم الجهود التي تبذل لمعالجتها، كما هو الحال مثلا في الولايات المتحدة الأمريكية ودول أوروبا الغربية ، فالإحصائيات تشير إلى تفاقم الجريمة وتناميها هناك لدى الأحداث بشكل مذهل، وحكومات هذه البلدان ترصد مبالغ ضخمة جدًّا لمكافحتها، وهناك دراسات وأبحاث كثيرة جدًّا تناولت هذا الموضوع بمختلف أبعاده، وأبرزت آثاره الخطيرة على هذه المجتمعات، وقدمت العشرات من البدائل والحلول، لكنها مازلت ظاهرة تتسع وتتفاقم، ولعل المعطيات الحضارية في هذه الدول قد أسهمت بشكل كبير في طغيانها وانتشارها.

أسباب الجنوح:

أسباب الجنوح كثيرة ومتشابكة ومتداخلة ومعقدة ، وهذه الحقيقة أكدها سيرل بيرت CyrilBurt منذ أكثر من ستين عاما، لكن أغلب الباحثين اتفقوا على أن هناك عوامل أساسية عامة يمكن أن تندرج تحت كل عامل منها عوامل فرعية أخرى، وسوف نقوم بعرض هذه العوامل المسببة للجنوح على شكل نقاط توخيًا لعدم الإطالة والاسترسال الذي قد يوحي للقارئ الكريم بأهمية عامل على آخر.

(1) S.S Gluck and E.T Gluck (1979): one Thousand Juvenile Delinquents. Harvard University press p.341

أولاً: العوامل البيولوجية:

1- الخصائص التكوينية: وهذا اتجاه قاده عالم الإجرام الإيطالي لومبروزو C.Lombroso ومؤداه أن المجرمين والمنحرفين يمتلكون سمات وتقاطيع وسحنة خاصة بهم، وقد حدد كل ذلك بجداول وشروحات ومواصفات معينة، وراح يخضع المفحوصين وفقًا لها، إلا أن هذه النظرية ثبت بطلانها وخللها؛ لأن بعضا ممن تنطبق عليهم هذه المواصفات كانوا من الطلبة الجامعيين ورجال الدين والناس الأبرياء.

2- تخطيط الدماغ: أشارت بعض البحوث الحديثة إلى أن الذبذبات الدماغية للجانحين لا تتلاءم مع أعمارهم ، كما أن لدى البعض منهم ذبذبات دماغية تشبه الهبّات الصَرَعِيَّة رغم عدم وجود الصرع لديهم.

3- الأمراض العضوية : ويقصد بها بعض العاهات البدنية والصرع الذي يعد الأساس في السلوك الاندفاعي نحو اللذة، أو نحو النكوص الطفولي ، وقد يكون لبعض الأدوية المستخدمة للسيطرة على نوبات الصرع مثل عقار الباربجيوريت Barbiturates أثر في اضطراب السلوك والإفراط في الحركة وعدم الاستقرار والتهيج، ومن الأمراض الأخرى التي قد يكون لها دور في ظهور الجنوح هو الأذى أو التهتك الذي يحصل في أغشية الدماغ أثناء عملية الولادة ، أو الذي يحصل نتيجة صدمة على الرأس.

4- اختلالات الغدد الصماء: وهذه العدد لها أهمية كبيرة في سلوك الفرد حتى إن بعض العلماء يسميها غدد الشخصية Personality Glands ، أو غدد المصير، وقد وجد كينبرج Keinberge [1] بعد فحصه عددًا كبيرًا من المجرمين في سجون إيطاليا وبعض بلدان أوروبا أن هؤلاء المجرمين يتفشى- فيهم عدم انتظام وظائف الغدة النخامية Pituitary gland ، أو أن السبب يعود إلى القصور الوظيفي في نشاط الغدد الجنسية، أو إلى النشاط الزائد في إفرازات الغدة الكظرية، وقد أشارت

(1) Keinberge, K.T, (1980) : chronicle problemes of juvenile Delinquency London : Allen and Unwin ltd p.122

بعض الدراسات إلى أن اللصوص وقطاع الطرق والنشالين يعانون من خمول في النشاط الوظيفي للغدة النخامية ، وعدم الانتظام الوظيفي في إفراز الغدة الدرقية Thyroid Gland .

ثانيًا : العوامل النفسية :

1- التخلف النفسي أو الشخصية السيكوباتيَّة[1] وصاحب هذه الشخصية هو فرد غير ناضج انفعاليًا، اندفاعي ، لا يدرك أو يهتم بنتائج الأفعال التي يقوم بها، ولا يتقبل النصح والإرشاد، ولا يقيم وزنًا للأنظمة والأعراف الاجتماعية والقانونية، أناني ، متقلب المزاج، يُقدم على اقتراف جريمته دون أن يكون له هدف واضح، أو أنه يقدم عليه من أجل هدف تافه، والجانح السيكوباتي يستخدم العنف عندما تقتضي الضرورة حتى مع نفسه، فقد يقدم على الانتحار عندما تضيق به السبل، فضلاً عن استخدامه أسلوب المماطلة والتسويق، والتلفيق ، والتزوير واختلاق القصص الوهمية وتزييف الحقائق، والتحايل ، والمخادعة، واستخدام أسلوب الإقناع للإيقاع بالضحية.

2- العقد النفسية: وقد تنشأ لدى الجانح بسبب إحساسه بالنقص الناجم عن عاهة مستديمة في جسمه، أو انحطاط سمعته وسمعة عائلته، وحفظ الإحساسات المكبوتة في باطن لا شعوره التي تدفعه لتعويض هذا النقص بالقيام بعمل يعوض نقصه أو شعوره بالخزي ، وهذا يجعله في مصاف البارزين أو المتفوقين ، من وجهة نظره بالطبع.

3- الأمراض النفسية: وهي كثيرة ، غير أن أبرز هذه الأمراض التي يمكن أن تدفع الفرد للجنوح هي الهستيريا الوهمية أو التسلطية ، والوساوس القهرية والصراع النفسي- والتوتر ، والقلق والإحباط والخبرات المؤلمة، والمفهوم السلبي للذات، والأزمات النفسية الحادة، والشعور بالنبذ وعدم التوافق مع الأقران، والعادات السيئة.

---

(1) الشخصية السيكوباتية Psychopathic Personolity : شخصية مضطربة اضطرابا نفسيًا، يتميز صاحبها بالفجاجة وعدم النضج الأخلاقي وقلة التبصر وسرعة الانفعال.

ثالثًا: العوامل الاجتماعية:

1- الأسرة : ونقصد بها العلاقات الأسرية المبنية على الشقاق والفراق والطلاق، وعدم الانسجام بين الزوجين ، وشعور الأطفال بسبب ذلك بالإهمال والضياع، يضاف إلى ذلك أسلوب المعاملة الوالدية ، إذ أثبتت كل الدراسات التي تناولت هذا الجانب أن الأسلوب التسلطي المبني على القسوة والإهمال والتذبذب في المعاملة والعقاب المستمر للأطفال من قبل آبائهم هو عامل مهم جدًا يدفع الأطفال إلى ارتكاب أعمال اعتدائية ضد الآخرين، وإلى القيام بالسرقة والهروب من المنزل والتشرد، وتحدي النظام، محاولين بذلك تأكيد ذكورتهم وقدرتهم على القيام بما يمكن أن يقوم به الكبار.

وفي المقابل فإن الأسلوب المتساهل والإفراط في اللين، وضعف الضبط في الرقابة، واللامبالاة من قبل الوالدين ، كل ذلك يدفع الطفل للجنوح؛ لأنه يجد نفسه في مأمن من الردع أو الحد لأي سلوك يرتكبه، ولعلنا لا ننسى الدور المهم للأم في الأسرة ، والذي أضحى غائبًا لدى نسبة كبيرة من الأسر بسبب دخولها ميدان العمل، وتخلِّيها عن بعض واجباتها العائلية، وخاصة تربية ورعاية أبنائها باعتبارها مصدر الدفء والحنان .

2- المدرسة:

أ- ضعف المستوى الدراسي والتحصيلي: لقد أثبتت الدراسات والأبحاث صلة الجنوح بتدني المستوى التحصيلي للجانح، فضعف المستوى الدراسي يقلق الجانح، ويشعره بفقدان الأمن والاستقرار والشعور بالذنب.

ب- النظام المدرسي الصارم: يدفع الطفل إلى اتخاذ موقف سلبي من المدرسة، ويملؤه بالحقد والكراهية والتذمر والرفض لكل القيم والمثل والضوابط الاجتماعية والأخلاقية التي تنادي بها المدرسة.

ج- موقف بعض المعلمين السلبي من تلاميذهم، وعدم مراعاتهم للفروق الفردية بينهم، وعجزهم عن فهم ظروفهم النفسية والاجتماعية والصحية، وإطلاق

بعض الأحكام الجائرة عليهم، وتجردهم عن دورهم التربوي والأبوي وهم يتعاملون مع تلاميذهم.

د- مصاحبة التلاميذ المتأخرين دراسيًا أو المشاكسين، والوقوع تحت حماية أحد التلاميذ الكبار الذي يفرض نفسه زعيمًا أو قائدًا لمجموعة من التلاميذ، ويملي عليهم أوامره، ويطلب منهم إمَّا تنفيذها، وإمَّا أن يبطش بهم، فيندفع الحدث اندفاعًا لا إراديًا وراء هذا (الزعيم) ويلبي أوامره ونواهيه رويدًا رويدًا، إلى أن يصبح جانحًا رسميًا.

3- **ظروف السكن:** إذ إن للمنطقة السكنية دورًا كبيرًا في جنوح الحدث، فكلما كانت هذه المناطق مكتظة بالسكان ومزدحمة بالدور وذات مستوى صحي متدنٍ، وخالية من أماكن اللهو والتسلية البريئة؛ فإنها تسودها الفوضى الاجتماعية، ويكثر فيها النزوع نحو مخالفة القانون والجريمة، وعادة ما تكون هذه المناطق السكنية الموبوءة في أطراف المدن الكبيرة وضواحيها ، فهي المركز الأول لاستقطاب النازحين من الريف إلى المدينة ، لهذا نجد أن مظاهر الفوضى تكتنفها في كل مجال، كما أنها بؤرة للقاذورات والعلل الصحية والنفسية، فضلاً عن كونها أماكن مناسبة لترويج الإشاعات والأفكار التكتلية والعصبية والعشائرية، وشيوع السلوك العدواني، وتدهور الحياة العامة وانحطاطها، وانتشار الفقر والمتعطلين عن العمل والخارجين عن القانون، فإذا ما عاش الحدث في بيئةٍ كهذه فإن النتيجة المؤكدة التي سيئول إليها مصيره هي الجنوح.

3- **الهجرة :** ونقصد بها الهجرة من الريف إلى المدينة ، وما يترتب عليها من سحق للقيم الخلقية والعلاقات الوطيدة التي كانت تجمع أبناء الر يف، وذلك بسبب اصطدامها بثقافة البيئة الجديدة (المدينة) وقيمها وعاداتها، إذ أن الفرد المهاجر يصبح مجبرًا على التخلي عن الكثير من قيمه ليحس بالأمن والاستقرار، ولكي يتمكن من توفير عيشه، ويوجد لنفسه معارف وأصدقاء يتكيف معهم في بيئته جديدة، إن هذه الهجرة وما يرافقها من صراعات قيمية وتنازلات عن بعضها سوف تولد لدى المهاجر شعورًا بالقلق والتوتر والحذر والشعور بالاغتراب، وهذا

سينسحب بالتبعية على أبنائه؛ فيولد لديهم تغيرات سريعة في مفاهيمهم ، ويجعلهم ينـدفعون نحـو مغريـات المدينـة دونمـا وعـي أو إدراك، وبالتـالي الانـزلاق في مهـاوي الجنوح والجريمة.

5- **وسائل الإعلام** : لا خلاف أن لوسـائل الإعـلام أثـرًا كبـيرًا في دفـع بعـض الأحـداث نحـو الجنوح، لاسيما ما يعرض في دور السينما أو التلفاز من أفلام بوليسـية تمجـد العنـف والجريمـة، وتعلم الأحداث وسائل وأساليب التفنن في الجريمة وكيفية التحايل عـلى النظـام والـتخلص مـن المآزق الخطيرة، وطرق استخدام أدوات ووسائل الجريمـة ، ويفعـل الكتـاب والصـحيفة والمجلـة نفس فعل الفيلم إذا ما كان في متناول الحدث بشكل سهل وميسور، وكانت موضوعاتها مخرِّبة للذوق والسلوك والآداب العامة.

وحيث إن الحديث في هذا المجال يتحمل الكثير مـن الكـلام، فإننـا سـنكتفي بهـذا القـدر، لكننا سوف نتطرق إلى وسيلة إعلامية جديدة راحت تغزو كل بيت، تلك هي الدعايـة التجاريـة المسموعة والمرئية في التلفاز، والتي تروج للملابس والأزيـاء والسـجاير وأمـاكن اللهـو والتسـلية التي تجتذب الأحداث والمراهقين، والتي تتطلب أموا لاً لتلبيتها والصرف عليها، والتي قد تكـوِّن سببا في دفع بعض الأحداث إلى اعـتماد وسـائل وحيـل وخروقـات قانونيـة مختلفـة (سرقـة أو عدوان) من أجل الحصول على الأموال اللازمة لتوفير هذه الرغبات.

رابعًا: أسباب عامة: ويمكن إجمالها في:

ضعف القيم والمعايير الاجتماعية التي يفترض أن يتعلمها الأبنـاء مـن الآبـاء، وافتقـار بيئـة الحدث إلى أماكن التسلية واللهو البريء وقضاء وقف الفراغ، والحاجة المادية، وضيق ذات اليـد لدى الأسرة وعدم قدرتها على توفير احتياجات أبنائهـا، وسـوء التربيـة الجنسـية ، وحجـم الأسرة الكبير بحيث لا يستطيع الحدث أن يأخذ دوره داخل الأسرة بشكل كامل، ولا يجد مـن يسـتمع إليه ويتفهم مشاكله ويسمع همومـه، ويسـاعده في حـل بعـض معضـلاته اليوميـة وإرهاصـاته الشخصية، كلها

وغيرها قد تكون أسبابا دافعة لانحراف الحدث ووقوعه في حبائل الجريمة والانحراف.

الوقاية من الجنوح:

رأينا فيما تقدم أن هناك ظروفًا عديدة لا يمكن حصرها، تتضافر في تشكيل شخصية الحدث الجانح، وعليه فإن سبل الوقاية أيضًا تتعدد تبعًا لتعدد الظروف والأسباب، غير أننا يمكن أن نقدم وسائل وقائية رئيسية تندرج تحت كل منها وسائل وقائية فرعية:

أولاً: الرعاية الأسرية والتربوية والاجتماعية:

1- تشديد القيود المفروضة على تعدد الزوجات إلا في الحالات التي تستوجب ذلك، وبشرط عدم التفريط بالأطفال وبرعايتهم، ويمكن أن يتم ذلك بتنشيط مكاتب الخدمة الاجتماعية في محاكم الأحوال الشخصية التي تدرس كل حالة، وترفع توصياتها للجهات الشرعية بالإذن في الزواج الثاني بعد إلزام الزوج بضمان حقوق أبناءه وعدم التفريط فيها بعد زواجه هذا.

2- فتح مكاتب للإرشاد الزواجي، يتم من خلالها تبصير الشباب المقدمين على الزواج وإرشادهم إلى المعايير القويمة لحسن اختيار الفرد لشريكه، ووسائل التفاهم الودّي ، وسبل تدعيم الحياة الزوجية ووقايتها من المشكلات التي تسبب تفككها وتصدعها.

3- أن تفرد وسائل الإعلام مساحات مناسبة وأوقات ملائمة؛ ليقدم من خلالها المختصون أحاديث وندوات وإرشادات حول العلاقات العائلية السليمة وسبل تجاوز المعضلات التي تواجه الأسرة، وكيفية تربية الأبناء والحرص عليهم ورعايتهم الرعاية السليمة المبنية على الود والتفاهم.

4- فرض عقوبات صارمة على الآباء الذين يهملون أبناءهم، أو يدفعونهم للتشرد والتسول ومخالطة سيئي السيرة، أو تعريضهم للانحراف الخلقي بدوافع مادية دنيئة ومشبوهة.

ثانيًا: الرعاية المدرسية:

1- تجنب استخدام العقاب البدني والتوبيخ والتأنيب للتلاميذ المخطئين أمام مرأى ومسمع من زملائهم الآخرين بدعوى: (جعلهم عبرة لغيرهم لكي يسود النظام في المدرسة ويلتزم كل تلميذ بأداء واجباته المدرسية كما ينبغي). والمثل العربي القائل: (من أطاع عصاك فقد عصاك). هو مثل في غاية الروعة والعمق؛ لأن العصا التي نستخدمها في غير محلها ووقتها مع المخطئين إنما تؤجج في دواخلهم نوازع الحقد والعدوان والكراهية والانتقام بمجرد أن تتاح أمامهم الفرصة لفعل ذلك، وقديمًا قال الفيلسوف اليوناني الشهير إيراسموس: "ثمة أطفال يفضلون أن يقتلوا على أن يعاقبوا ضربا"، فيما يقول المربي الكبير كرشتون ميلر: " يعتقد الناس أحيانا بأن ضررًا كبيرًا قد يصيب نمو التلاميذ العاطفي بسبب العقوبات البدنية، غير أنني أحب أن أقول من تجربتي الخاصة بأن الضرر الذي ينجم عن مدرس يسخر من التلاميذ ويهزأ بهم هو أشد فتكًا مما تسببه العصا" [1] .

2- لقد أضحت الظروف الراهنة وتعقيدات الحياة تملي على الدوائر التربوية المسئولة أن تهتم اهتمامًا جديًا بالخدمات النفسية والإرشاد التربوي في مختلف مراحل التعليم، ولاسيما التعليم الابتدائي والمتوسط باعتبار القاعدة الأساسية لكل مراحل التعليم التالية.

3- توفير فرص التعليم لكافة الأطفال في شرائح المجتمع المختلفة، ومَدِّ سن الإلزام، ومتابعة المتسربين من المدارس، ودراسة حالتهم وأسباب تسربهم، ووضع الحلول الفورية بالاستعانة بالأجهزة ذات العلاقة والمعنية بالطفل ومستقبله.

4- التخفيف من الازدحام الحاصل في الصفوف، فكلما كانت أعداد الأطفال التي يرعاها المعلم قليلة كلما تمكن من متابعتهم ومعرفة ظروفهم التفصيلية داخل وخارج المدرسة، وبالتالي قدرته على المعالجة بمساعدة المدرسة أو الأسرة أو أية جهة لها علاقة بالطفل.

---

(1) وجي ماكبرايد (1986) : علم النفس يحررنا من الخوف. ت : عزيز المطلبي وصائب أمين ، الموسوعة الصغيرة (261). إصدار وزارة الثقافة والإعلام . بغداد، ص37.

5- فك الازدواج الحاصل في الأبنية المدرسية؛ لأن هذا الازدواج قد أضعف كثيرًا العلاقة بين الطفل ومدرسته، والتربية الكاملة لا يمكن أن تتم بشكل صحيح إلا من خلال الدوام الطويل في المدرسة وإحساس الطفل الدائم بانتمائه للمدرسة.

6- تخصيص وقت كاف للأنشطة الصيفية والترويحية والفعاليات الاجتماعية والرحلات المدرسية، ومحاولة زج أكبر عدد ممكن من التلاميذ في تفاصيل هذه الفعاليات؛ لتكوين روح الولاء للجماعة والمجتمع، ولكي يشعر التلميذ بأهمية دوره بين الآخرين.

7- تنشيط مجالس الآباء والمعلمين في المدارس، بحيث لا تكون إجراءاتها أو أعمالها شكلية، إنما يجب أن يكون هناك تواصل وتحاور وتفاهم بين الطرفين، ومتابعة جدِّية للمسيرة الدراسية والسلوكية لكل تلميذ.

ثالثًا: الوقاية القانونية والإدارية:

1- مراقبة النوادي وأماكن المقامرة التي يرتادها الأحداث، وضبط الجانحين والمنحرفين منهم، واستدعاء أوليائهم وإيقاع العقوبات بحقهم، مع أخذ التعهدات التي تلزمهم بمراقبة أبنائهم ورعايتهم.

2- مراقبة الكتب والمطبوعات والنشرات التي تتضمن قصصًا إجرامية، أو تساعد على المضي في هذا السلوك، ومراقبة أفلام الفيديو والصور الجنسية الفاضحة، أو التي تسيء إلى الذوق والآداب العامة، وتستهدف إثارة الشهوات الجنسية وإيقاع أقصى العقوبات بحق المتعاملين فيها أو المتاجرين بها.

3- استخدام مقاييس واختبارات يمكن من خلالها التشخيص المبكر لمن لديه الاستعداد للجنوح أو الانحراف السلوكي ليصار إلى وضع أساليب علاجية سليمة قبل تفاقم الحالة.

4- عدم تشغيل الأحداث الذين لم يكملوا الخامسة عشرة من العمر، وأن تكون الأعمال المناطة بالحدث غير مرهقة أو ضارة أو في الليل، مع تمتعه بفترات راحة مناسبة خلال العمل، وأن يصار إلى تشكيل لجان طبية واجتماعية تقرر أهليته للعمل، وتمتعه بصحة تتناسب مع العمل الذي يزاوله.

علاج الجنوح:

1- العلاج النفسي: ويتم بإحالة الجانح إلى الطبيب النفساني أو الباحث الاجتماعي أو المعالج النفسي؛ ليقوم كل منهم بدوره في تشخيص الحدث الجانح من خلال وسائل ومقاييس واختبارات وأجهزة معينة، فليس كل جانح يمتلك نفس الأعراض النفسية التي نلحظها عند الجانح الآخر، فأسباب الجنوح النفسية - كما مرَّ ذكرها – كثيرة ، ولكل حالة خصوصياتها وأسبابها، كما أن وسائل العلاج تختلف باختلاف كل حالة، وقد يستعين الطبيب النفساني بأطباء آخرين في مجال الأمراض العضوية؛ ليضع يده على مكمن الداء.

2- مراقبة السلوك: ويشترك في هذه المراقبة جهات عديدة ؛ منها الوالدين أو الباحث الاجتماعي الذي يعمل في المؤسسات الإصلاحية، أو في مكاتب الخدمة الاجتماعية ، وهذا بالطبع يجب أن يحصل في مرحلة الرعاية اللاحقة، أي بعد التشخيص، أو بعد خروج الجانح من المؤسسات الإصلاحية، كما أن الشرطة الإصلاحية يمكن أن تسهم في هذا المجال أيضًا من خلال متابعة سلوك الخارجين من مؤسسات الإيداع أو الإصلاحية، وإدامة الصلة بهم وبعوائلهم، ومساعدتهم في توفير فرص الدراسة أو العمل، أو في حل بعض المشكلات التي يواجهونها.

3- إبعاد الجانح عن بيئته وذويه، والغاية من ذلك انتشاله من الظروف التي دفعته للجنوح، لاسيما إذا كان هذا الحدث يعيش في بيئة موبوءة مرذولة ، وهناك تجارب عالمية كثيرة في هذا المجال تشير إلى أن عزل هذا الحدث يمكن أن يكون بإيداعه في دور أو معاهد أو مؤسسات رسمية أو غير رسمية؛ بقصد حمايته وتحصينه وانتشاله من بيئة المريضة السابقة، ففي فرنسا مثلا هناك مراكز استقبال عائلية يديرها مربون ومرشدون مختصون؛ يستقبلون مثل هؤلاء الأفراد ويوفرون لهم الحياة الطبية الهادئة، بحيث يمارسون دراستهم وهواياتهم تحت إشرافهم.

وهناك معاهد الإيواء التي تتبنى المتشردين والمتسكعين والمتسولين، وتوفر لهم أيضا كل مستلزمات الحياة الكريمة، وهناك أيضا المدارس الإصلاحية التي تهيئ

للجانح أيضا مستلزمات عيشه، فضلاً عن تأهيله اجتماعيًّا ومهنيًّا، بحيث يستطيع إذا ما غادر هذه الإصلاحية أن يؤمن لنفسه قوته ومستقبله من خلال المهنة التي تعلمها فيها.

4- العلاج الإرشادي والتربوي: وهذا العلاج يقوم به مـر شـدون تربويون واجتماعيـون، ويكون أما بشكل فردي أو جماعي، أو بين الجانح وأسرته، وفي كل الأحوال فإن هـذا الأسـلوب يسعى إلى تصحيح علاقة الجانح بـالمجتمع وتعـديل مفهـوم الـذات لديه، وتقـويم الاختـلالات السلوكية في شخصيته وحل صراعاته، فضلاً عـن توجيـه الأسر إلى كيفيـة التعامـل مـع الأبنـاء، وتشخيص الأساليب التربوية الخاطئة ، وتقديم المشورة التي تحتاجها الأسرة في هذا الجانب.

* * *

فهرس الموضوعات

الموضوع	الصفحة
مقدمة	5
الفصل الأول: مرحلة الرضاعة أو مرحلة المهد (1-2 سنة)	9
جوانب النمو في مرحلة الرضاعة أو مرحلة المهد	9
مشكلات مرحلة الرضاعة أو مرحلة المهد	9-21
- مشكلات التغذية	22
- مشكلة الفطام	27
- مشكلة التسنين	30
- التدريب على التواليت	34
- اضطرابات النوم	42
الفصل الثاني: مرحلة الطفولة المبكرة (مرحلة الحضانة ورياض الأطفال) (3- 5 سنة)	51
جوانب النمو في مرحلة الطفولة المبكرة	52-57
مشكلات مرحلة الطفولة المبكرة	58
- التبول اللاإرادي	58
- عيوب النطق	63
- مصُّ الأصابع	70
- الغيرة	80
- العناد	87
- قرض الأظافر	91

الموضوع	الصفحة

الفصل الثالث: مرحلة الطفولة الوسطى (6-8سنة) 95

جوانب النمو في مرحلة الطفولة الوسطى 101-96

مشكلات مرحلة الطفولة الوسطى........ 101

- مشكلة الكذب 102

- مشكلة السرقة 114

- مشكلة الخجل 119

- المخالفة وعدم الطاعة 125

- التخريب والتدمير 129

الفصل الرابع: مرحلة الطفولة المتأخرة (9-12سنة)........ 133

جوانب النمو في مرحلة الطفولة المتأخرة........ 139-133

مشكلات مرحلة الطفولة المتأخرة........ 139

- الخوف 140

- الغضب 152

- السلوك العدواني........ 159

- الغش 167

- التأخر الدراسي 172

- الهروب من المدرسة 182

- الجُنوح 187

فهرس الموضوعات 199

* * *

Printed in the United States
By Bookmasters